JN063005

増進型地域福祉への展開

——幸福を生みだす福祉をつくる

小野達也
朝倉美江／編著

同時代社

はじめに

小野達也

幸福を生みだす地域福祉

本書の基本的な関心は幸福としての福祉であり、焦点を当てているのは幸福を生みだす地域福祉、つまり増進型地域福祉である。

地域福祉は社会福祉として展開されてきた福祉の現時点での到達形態と言える。増進型地域福祉はそこに一つの方向性を示そうとするものである。そもそも幸福としての福祉という考え方は、福祉の語義や社会福祉の目的概念に沿ったものである。であるはずだが、実践としても研究としても幸福を生みだすというテーマは福祉分野では本格的に取り組まれてきていない。

地域福祉が主流化し、地域福祉の政策化が進められているいまは、地域福祉のあり方を問う時機である。地域福祉での幸福を取り上げる機会と言える。同時にまた、格差社会が進み、そこへコロナ禍、そしてロシアによるウクライナ侵攻、さらには社会の持続性への危惧と厳しい現実が眼前に連なっている。こうした課題から目を背けることはできない。しかしこうした困難な時だからこそ、福祉は自らの持つ潜在力を示すべきである。これまでの歴史的歩みの成果を的確に継承しつつ、福祉で幸福や理想を語り、実践することが求められていると考える。本書からはこうした福祉の可能性が開きつつあることがわかるであろう。

本書の目的

本書の目的は、幸福を志向する増進型地域福祉について探索的ながらも理論、実践、研究面から描き出すことである。増進型地域福祉は完成しているものではなく、理論的にも実践的にも構築の途上にあるが、これまでの探究の成果をここに提示する。

本書の特徴

本書の特徴を三点指摘する。

第一に、地域福祉で幸福の実現を明確に意図した著作である。幸福としての福祉という考え方に立つ地域福祉論である。地域福祉での幸福の実現可能性を理論的、実践的に明示することを試みているという点は、本書の最も重要な特徴と言える。

第二に、研究者と実践者の合作である。研究者間ではこの数年来、研究会を進めてきた。研究者と実践者との間には、かかわりの濃淡はありつつもこの間、報告会等も含めて増進型地域福祉について共通の理解を深めてきた。研究と実践をつなげていくという意図が込められた合作である。

第三に、増進型地域福祉の実践として、小地域の住民参加活動、福祉施設、社会福祉協議会、協同組合、ＮＰＯ、そして自治体と多様な場を取り上げている。また、テーマ的にもケアによる地域づくり、居住福祉、地域拠点、社会的連帯経済、多文化共生と多彩である。さまざまな場、テーマへの広がりを理解することができる。

本書の構成

本書は基礎編、実践編、研究編という三部構成である。

基礎編（序章〜第二章）は、増進型地域福祉の必要性、基本的な考え方、社会文化的文脈での意味を論究している。

実践編（第三章〜第八章）は、実践者が増進型地域福祉にどのように取り組んでいるか、取り組もうとしているかを提示している。

研究編（第九章〜第一三章）は、地域福祉にかかわる諸テーマについて増進型地域福祉の観点から究明を試みている。

基本的にはこの順でお読みいただきたいが、関心のある部分からで構わない。ただし、増進型地域福祉という目新しい考え方を知るには基礎編は必読と考える。そして、実践編は強くお薦めする。いま増進型地域福祉に関して何が起きているかが、リアルに伝わる内容となっている。研究編には地域福祉を考える上での主要なテーマが収められており、それぞれのテーマからどのように増進型地域福祉に展開できるかの大いなる示唆がある。要は、すべてお見逃し無く、である。

用語について

「増進型」という表現は、福祉を増して進め幸福を生みだすという意味で用いているが、いかにもごつごつした印象で、こなれていない。スマートではない。しかし、それがまさに構築途上という現状を示すものである。そして次なるもの、未知なるものに向かおうというエネルギーが込められている。希望や意欲を示すものである。この表現は「おわりに」にもある、編者二名の共通の「師」である佐々木一郎先生（元横浜市立大学）が福祉の可能性を示す際に使っていたものである。増進型地域福祉の着想、構想はそこからインスパイアされたものが大きい。本書は、その「師」への応答という意味合いもある。

目次

実践編

研究編

序章　幸福を生みだす地域福祉へ

小野達也

福祉はポジティブである

なぜ増進型地域福祉かを論じるにあたって、立脚点を確認しておこう。社会福祉ではなく地域福祉でもない、その基礎にある「福祉」についてである。

例えば広辞苑を引くと、福祉は次のように説明されている。

福祉　①幸福。公的扶助やサービスによる生活の安定、充足。
②消極的には生命の危機からの救い、積極的には生命の繁栄。

筆頭は幸福である。福祉にはもともと幸福というポジティブな性格がある。ただし、幸福という福祉の意味を単純に受け取ってはならない[1]。福祉が含んでいる幸福の意味合いは一つではない。「与えられる幸福」もあれば「つくりだす幸福」もある。「暮らしのよさ」もあれば「存在のよさ」もある。どのような幸福なのかが現実の政策や実践に反映することもある。福祉の語義は、第一章で見るように一定程度検討されている。先回りして言えば、本論では福祉の意味を「共同で生み出す『よいくらしむき』、『存在のよさ』という幸福」と捉えておく。

こうした福祉のポジティブな性格は社会福祉の目的概念にも見ることができる。一番ケ瀬康子は社会福祉の目的概念として「社会のしあわせ」「社会全体の幸福」という漠然とした意味内容、および、諸政策や制度がめざす目的をあげている。ただし、こうした目的概念は哲学や思想の領域としており、実際の科学の対象となるのは目的概念ではなく、実体概念だとしている。[2] これは半世紀以上前の指摘であるが、その時点では社会のしあわせや幸福は漠然としたものであり、諸政策や制度の目的とは区別されており、科学の対象ともなっていない。ただし、それであっても社会福祉の目的概念として幸福が明示されていることは違いない。

さらにこの性格は法律に対しても影響を与えている。第二次世界大戦後に社会福祉事業法の立案にかかわった当時厚生省社会局長の木村忠二郎は、その著書に次のように記している。[3]

「社会福祉事業」という…この言葉はまだ熟したものとはおもわれていないけれども、消極的な貧困の状態におちいったものを保護するにとどまらず、貧困の状態におちいることを防止することから、さらにすんでは積極的な福祉の増進までをもその目的にふくませたいという意気ごみをあらわしたものとして、これをもちいようという傾向がある。

その上で、社会事業と対比して社会福祉事業という用語を使った意図を示す。

もともと社会事業という言葉はかかる理想をもっていたものであるけれども、その積極性をとくに強調する意図をもって、社会福祉事業という言葉が採用されているものである。

みずみずしいともいえる意欲が伝わってくる。社会福祉事業という用語には福祉の増進という理想を積極的に強調するという目的が込められていた。このように福祉の原義や目的には、いくつかの留意すべきことや条件がつく場合もありながらも、幸福や積極性というポジティブな性格が内包されている。

「ポジティブ」はもともと積極的、肯定的という意味であるが、ここでは「ポジティブウェルフェア」[4]や「ポジティブ心理学」[5]、「ポジティブヘルス」[6]で用いるポジティブと同様の意味を持たせて、ネガティブや普通の状態と対比されて「よい状態」をあらわすものである。よい状態の究極は「理想」ともなる。本論では同様の意味を文脈に応じて「幸福」「幸せ」また「自己実現」という用語で表現していく。

このようなポジティブな福祉は「××がない（なくなる）」ではなく「〇〇がある」と表記されることになる。「問題がなくなる」や「不足がなくなる」こと、つまり「貧困がなくなる」や「虐待がなくなる」ということにとどまらない何らかのポジティブな状態、プラスの状態である幸福や自己実現、くらしむきのよさ、存在のよさがある状態を指す。「××がない」を消極的、「〇〇がある」を積極的とするのであれば、積極的なところまで含むことであり、それが本来の福祉であるという考え方である。

これまでポジティブな面は実現してこなかった

こうした福祉のポジティブな面は現実的にはこれまで前面化せず、実現してこなかった。むしろこれまで福祉は、社会生活上の負の側面や問題に焦点を当ててきた。こうしたことを対象とすること自体は否定すべきことではない。注意すべきは対象とされた人や地域が負の烙印を押されて、問題があるとされることである。さらに重視するのは、そうした対象や問題への働きかけが消極的なものになっていることである。「不幸をなくす、減らす」と「幸福をつくる、増やす」の対比で言えば[7]、圧倒的に前者のイメージが福祉にはついている。福祉の仕事は不幸を縮減、消滅させることであり、幸福という領域は対象外という考え方である。

これは日本ばかりに言えることではなく、欧米でも福祉は社会や生活の問題に焦点を当てて、欠落、あるいは不足を補うことを目指してきた。ここには福祉やソーシャルワークの歴史、また援助観の影響が考えられる。過去の福祉には生活に困難を抱える人を怠惰な人、道徳上の問題がある人ととらえて劣等処遇を施してきた歴史がある。また、医療モデルから影響を受けてきたソーシャルワークは問題を診断し、それを治してもとのように戻すという発想があった。もちろんその後は、医療モデルから社会生活モデルへの転換がうたわれている。エコロジカル・ソーシャルワーク、さらには、現代のソーシャルワークとしてのジェネラリスト・ソーシャルワークへの展開がある。しかし、「生態学モデル」についても依然として個人や社会の欠陥、問題に焦点があてられるという指摘があり[8]、また「適応」の考え方が、現代ソーシャルワークの基本的視座となっているとされている[9]。幸福を生みだすという発想ではなく不幸を減らすという発想を見ることができる。

誤解のないように言っておけば、以上のことはこれまでの福祉を否定しているわけではない。むしろ福祉がここまで来たということを成果として受け止めているのである。これまでの成果の上にこれからの福祉の展望がある。その起点となるのは、不幸を減らす消極的な福祉、狭義の福祉だけでは幸福を生みだすポジティブな福祉は実現しないということである。これまでのやり方では一番ケ瀬の言う社会福祉の目的概念と実体概念が分離したままである。いわば福祉の消極的な半分だけを具現化している「半福祉」の状態である。福祉を実現しようとすれば幸福を生みだすことにもアプローチしていくことが求められる。

近年、広井良典は「福祉の〝二極化〟」を指摘している[10]。一方の基本的な生存が脅かされる状況と、他方の高次な欲求、よりよい状態の求めが関心事になりつつある状況という両者の隔たりが大きくなっていることを意味する。後者には、確かにポジティブな福祉の萌芽を見ることができる。しかし両者が二極に分かれてしまっている状態では、社会としての福祉は実現しない。二極化を前提としてそれぞれの実践を進めていけば格差が固定・強化されるだけである。

福祉の持つポジティブな面を顕在化し、福祉を全体として実現していこうとすれば、目的概念と実体概念が乖離しないようにつないでいくこと、そして、福祉の二極化を超えていくことが求められている。

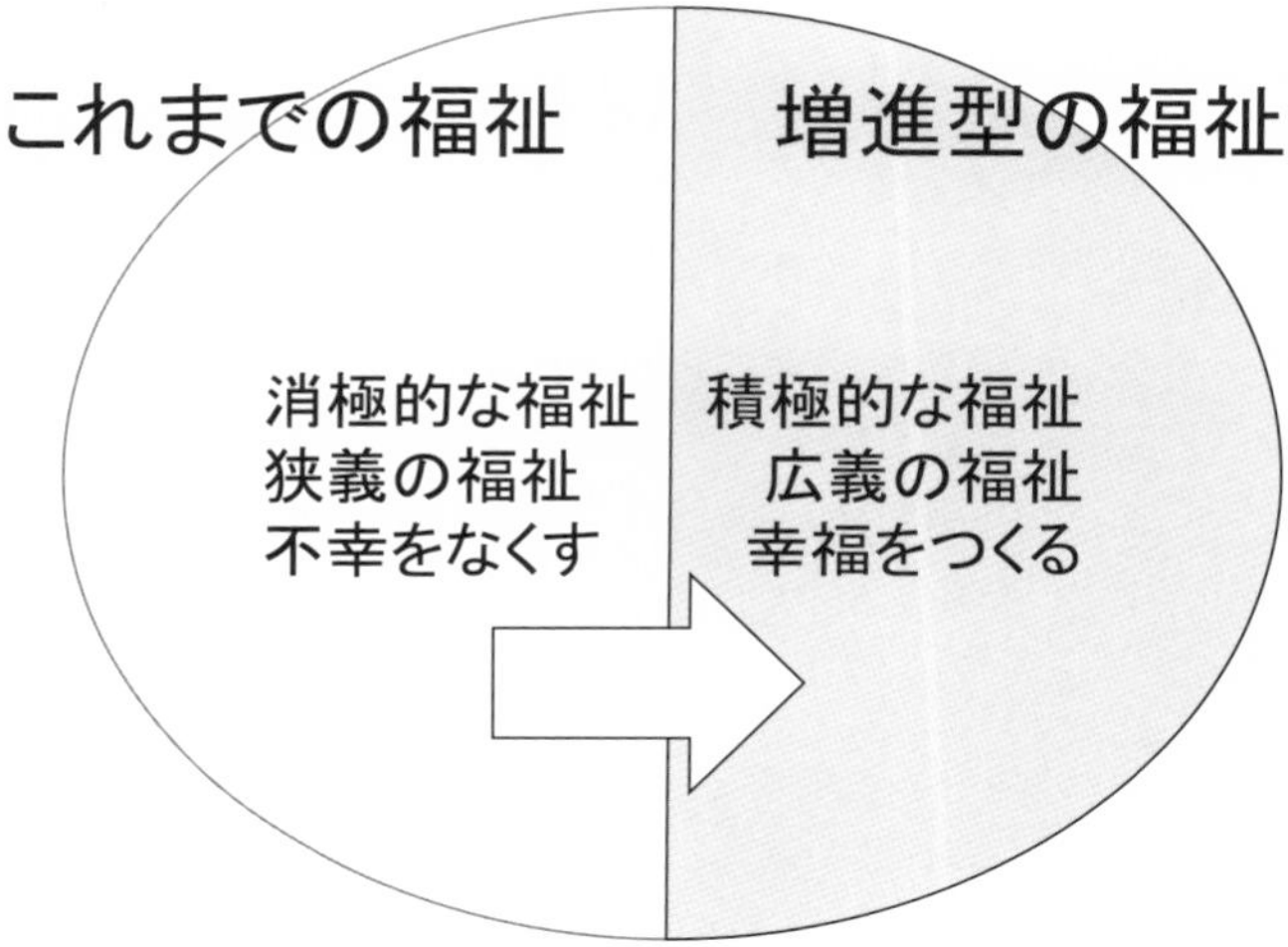

福祉のポジティブな側面を実現しようとするのが増進型地域福祉

増進型地域福祉は一人ひとりの幸せと地域の幸せをともに生み出すものである。増進型地域福祉は、福祉の持つポジティブな側面を実現しようとする。それは社会生活課題というマイナスの状態をゼロに戻すことだけを目指すのではなく、ポジティブな状態を追求して幸福の実現に向かう地域福祉である。不幸を減らし、なくすにとどまらない幸福を生みだす地域福祉である。そしてその幸福とは誰かに与えられるものではなく、当事者本人を含めて地域福祉にかかわりあう者同士が共同でつくっていくものである。

この増進型地域福祉の考え方は特別なものではない。それは、これまでの福祉の取り組みが事の半面への働きかけで終わっていたものを、もう半面にも意識を向けて取り組んでいこうとする。半福祉の状態から福祉の本来持っているものを顕在化し、実現しようとする。社会福祉の目的概念を漠然としたものから明確なものにして、さらに制度や政策の目的を哲学レベルにとどめおかずに科学の対象として、目的概念と実体概念をつなげていくことである。

こうしたアプローチは山脇直司の言う「理想主義的現実主義」に近い性格を持っている。理想主義的現実主義は「価値理念（べき）から出発して、リアルな現実（ある）の中で、それが実現できる可能性を探るという方法を取る」[11]。哲学や規範的社会理論の立場から理想のビジョンを実現する可能性を追求して議論する。ただし観念論やユートピア主義とは違って、夢や希望が現実の社会で実現可能かどうか、冷徹な科学的な認識を通して熟慮するものである。アンソニー・ギデンズの「ユートピア的現実主義」も同様のことを示している。これは未来志向的思考には肯定的な意味合いも含まれている、と考える。「代わるべき未来を心に思い描き、その未来像の宣伝をとおしてその実現を促進していくことができるかもしれない」からである[12]。ただし、ユートピア的思考と現実主義のバランスを厳しく保つ必要がある。増進型地域福祉は、観念的な理想主義ではなく、単なるユートピア的思考でもない。理想への希求を堅持しつつも、常に実現可能性を状況に応じてリアルに検討するという立場を取る。

これまでもポジティブな福祉の考え方はあったが

これまでにも福祉に関するポジティブな考えは示されていたではないか、という声が聞こえてくる。実際に、ポジティブな提起はこれまでもあった。

例えば社会事業の時代には、田子一民や海野幸徳をあげることができる。田子は社会連帯の啓発に努め「社会の進歩と個人の幸福とを増進することを目的にした総ての努力を系統づけて、之を具体化し、実現していくこと」[13]を求めた。海野は、社会の欠陥を除去する消極的社会事業に対して積極的な社会事業概念を提示し、異常状態を正常状態にすることは人間生活の完成という究極目的に到達する手段に他ならないと論じている。[14]

近年では、一番ケ瀬康子が提唱した福祉そのものの質を高める「福祉文化」[15]や大橋謙策らによる「自己実現サービス」[16]が打ち出されている。幸福や積極さに言及する福祉の論考も生まれてきている。[17]重い障害を持つ子どもの自己実現に寄せて糸賀一雄により「この子らを世の光に」[18]と発せられた警句は年代を超えて銘記されなければならない。

しかしこうした福祉のポジティブな主張はこれまで実現し、社会に定着したとは言い難い。それはなぜなのだろうか、そして、なぜ私たちはいまこれを改めて主張しようとするのか。いくつかの論点があるが、実現してこなかった重要な理由は、これまでは社会的、理論的、実践的な条件が整っていなかった面が大きいと考える。ポジティブな方向を目指すことに対する哲学的、理論的な整理ができていない、政策や制度が乏しい、実際にどのように進めていけばよいのかわからない、という状態が続いてきた。ポジティブな福祉を生み出すには、現実的にも理論的にも可能性が乏しかった。こうした方向を実現するだけの社会的条件や知見、研究、実践の蓄積が十分ではなかったのである。

いまや、機は熟してきた

いまや、その機は熟してきている。地域福祉の展開と社会の定常化からこれを説明できる。

まず、福祉が地域福祉として本格的に展開され始めていることである。歴史貫通的な福祉は、時代の条件、制約によってその現実形態が変化してきた。前近代の人格的な抑圧を伴う慈善の段階から、個人が解放され自由な競争にもとづく時代の救貧的な事業を経て、自由と連帯による社会福祉（福祉国家）にいたった[19]。さらにその社会福祉の現在の現れを地域福祉に見ることができる。地域福祉は近代に形成された社会福祉の一つの到達形態である。社会福祉の普遍化について「普遍的サービスとしての社会福祉の仕組みを地域社会内に組み立てる[20]」ことが目指され、ポスト福祉国家の時代に社会福祉が「地域社会に焦点化し、地域社会をフィールドとして展開されようとしている[21]」のである。ただし、この点のみを取り上げるのでは右田紀久恵の言う「地方福祉国家化[22]」が憂慮され、参加や自治が重視されなければならない。それも位置づけた上で社会福祉が生活の場である地域で展開されていくことは、ポジティブな福祉を生み出していく状況的条件となりうる。

二〇〇〇年以降、地域福祉は主流化[23]し、さらに二〇一〇年代半ばになるとそれが政策化[24]してきた。地域福祉は厚生労働省が政策的にイニシアチブを取るかたちで進められようとしている。地域は、それぞれの人の住む場、ホームグラウンドであり、地域福祉はこうした場での福祉を実現するものと理解することができる。地域福祉が地域生活、地域社会にとってどのような意味をもつのかが問われる状況にいたったのである。

二点目は、幸福やポジティブな福祉を実現するより広い時代的な背景が生まれてきていることである。日本を含め先進諸国は今や成長の段階から「定常」の段階に入りつつある[25]。定常とは一定程度の経済的・社会的発展の後に訪れる社会的均衡の状態を指す。成長の時代は経済的な発展、人口増加、社会の拡大が進んでいく。これに対して、定常の時代には経済成長以外の価値への関心、社会の持続可能性、生活や社会の質が意識されてくる。

定常の段階になり生じているのが、世界的な幸福への関心の高まりである。経済成長を示すＧＤＰの拡大にとどまらない、あるいはそれによらない重要な目標として幸福が意識されている。国連やＯＥＣＤなどの国際機関が各種の調査や報告を出して率先してこうした方向を開こうとしている。国レベル、地域レベルでも同様に幸福への意識が生まれている。また、心理学や経済学、社会学等様々な分野でも幸福研究が進められており、二〇〇〇年代以降に大きな進展を見せている。[26] 持続可能性に関するＳＤＧｓが世界的な関心を集めているのは、この一環として考えることができる。こうした幸福研究を無批判に受け入れることには慎重になりつつも、その実績を政策や実践に用いる動きは出てきており、福祉にとっても援用可能な知見が集積してきている。これらはポジティブな福祉を構築していく時代的条件と受け止めることができる。

ポジティブな福祉へは「自然」には転換しない

ポジティブな福祉である増進型地域福祉の条件は整ってきた。機は熟してきている。しかしここから自動的にポジティブな福祉が生まれるわけではない。確かに社会福祉の到達形態としての地域福祉が本格的に進められている。しかし、その地域福祉がどのような性格のものになるのかは、定まっているわけではない。

現在進められている地域共生社会政策に対して、期待の一方で懸念も指摘されてきているが、増進型地域福祉の観点からすれば、少なくとも次の二点を課題として挙げることができる。[27] 一つ目は手続き論的課題というものである。政策としての地域福祉が地域（住民、社会）を対象化し、手段化することに対する危惧がある。これに対しては、地域での対話を進めて合意形成をしていくことが前提となる。これは地域を主体と位置づけることに関する課題である。二つ目は成果論的課題と言えるもので、地域共生社会政策によってどのような質、レベルの成果が生まれるかという問いである。定常という段階の社会では複雑化、多様化した生活課題にあっても、それへの対応は高い質の成果が期待される。消極的な福祉に終わるのではなく、積極的な福祉の実現という課題である。これらの課題に取り組んでいかない限り、地域福祉の主流化、政策化がそのまま増進型地域福祉を生み出すわけではない。

増進型地域福祉への意識的な取り組みが求められている

新たな地域福祉の方向性は意識的に求められなければならない。ポジティブな福祉として幸福や理想、自己実現を具体的に目指していくことがポイントとなる。社会的な格差が拡大する中で地域福祉が政策的に推進され、そこにコロナ禍という厳しい現実への対応も迫られている。こうしたいまは、福祉を改めて問い直すタイミングである。

福祉の原点、語源、目的概念にさかのぼりそのポジティブな意味を確認してほしい。そのポジティブな側面に取り組む条件が生まれていることを認識してほしい。格差社会の一方で、これまでの歴史的な蓄積の上に幸福や自己実現への条件が生まれてきている。それでも福祉の目的概念と実体概念が乖離したままであることを等閑視し続けるのかどうか。

福祉のポジティブな側面まで実現するためには、地域や実践の現場で当事者、住民、支援者、専門職、関係する各者で理想や幸福に向けた話し合いが必要である。その話し合いによる合意に基づいての共同の取り組みが必要である。それによって福祉は創造的な実践となる。不幸をなくすだけではなくて、幸福を生みだす実践となる。共同で取り組む創造的で幸福を生みだす営為は、福祉の魅力となる。増進型地域福祉はこのような魅力ある福祉の実現を目指している。

機が熟し、条件が整ってきたが、それは客観的なレベルの話である。こうしたことに取り組んでいくかどうかという主体的な条件が残っている。増進型地域福祉は一人ひとりの意思あるところから始まっていく。そうした意味で増進型地域福祉は志向であり、これからの地域福祉をつくる運動なのである。

本書は、その契機となることをもくろんでいる。以下では、増進型地域福祉に関する考え方や実践事例を論じていく。しかし、それはまだ確立しているものではない。理論、政策、運用、実践、支援のそれぞれが構築の途上である。本書は現時点での取り組みを報告するものであり、そして、増進型地域福祉へとお誘いするものである。

註

1　池田敬正（二〇〇五）『福祉原論を考える』高菅出版、三頁。
2　一番ケ瀬康子（一九六八）「社会福祉への視点」一番ケ瀬康子・真田是編『社会福祉論』有斐閣、三〜四頁。ここでは一番ケ瀬は「目的概念的規定」、「実体概念的規定」という用語を用いている。
3　木村忠二郎（一九五一）『社会福祉事業法の解説』時事通信社、一一〜一二頁。
4　ギデンズ、アンソニー（一九九八＝一九九九）佐和隆光訳『第三の道』日本経済新聞社。
5　セリグマン、マーティン（二〇一一＝二〇一四）宇野カオリ訳『ポジティブ心理学の挑戦』ディスカヴァー・トゥエンティワン。
6　ジャボットあかね（二〇一八）『オランダ発ポジティヴヘルス』日本評論社。
7　広井良典（二〇一七）「なぜいま福祉の哲学か」『福祉の哲学』ミネルヴァ書房、一九頁。
8　ラップ、チャールズ／ゴスチャ、リチャード（二〇一一＝二〇一四）田中英樹監訳『ストレングスモデル』第三版、金剛出版、六頁。
9　岩間伸之（二〇〇五）「講座　ジェネラリスト・ソーシャルワーク No.1」『ソーシャルワーク研究』31-1、五三〜五八頁。
10　広井良典（二〇〇一七）、一二頁。
11　山脇直司（二〇〇四）『公共哲学とは何か』ちくま新書、二二三〜二二四頁。

12　ギデンズ、アンソニー（一九九〇＝一九九三）松尾精文、小幡正敏訳『近代とはいかなる時代か？』而立書房、一九二頁。
13　田子一民（一九二二＝一九八二）「社会事業」佐藤進編『社会福祉古典叢書5　田子一民・山崎巌集』鳳書院、一一～一二頁。
14　海野幸徳（一九三〇＝一九八一）「社会事業学原理」中垣昌美編『社会福祉古典叢書7　海野幸徳集』鳳書房、六六～八〇頁。
15　一番ケ瀬康子（一九九七）『福祉文化へのアプローチ』ドメス出版。
16　大橋謙策、千葉和夫、手島陸久、辻浩編（二〇〇〇）『コミュニティソーシャルワークと自己実現サービス』万葉舎。
17　秋山智久（二〇〇〇）『社会福祉実践論――方法原理・専門職・価値観』ミネルヴァ書房。加藤博史（二〇〇八）『福祉哲学』晃洋書房。徳永哲也（二〇一四）『たてなおしの福祉哲学』医学書院。
18　糸賀一雄（一九六八）『福祉の思想』ＮＨＫ出版。
19　池田敬正（二〇〇五）五〇～五四頁。
20　仲村優一（一九八七＝二〇〇三）「社会福祉『改革』の視点とはなにか」『社会福祉の展開　中村優一社会福祉著作集第一巻』旬報社、二七五頁。
21　古川孝順（二〇二一）『社会福祉学の原理と政策』有斐閣、一二九頁。
22　右田紀久恵（一九九三）「分権化時代と地域福祉」右田紀久恵編著『自治型地域福祉の展開』法律文化社、一三頁。
23　武川正吾（二〇〇六）『地域福祉の主流化』法律文化社。
24　地域力強化検討会（二〇一七）
https://www.mhlw.go.jp/file/05-Shingikai-12201000-Shakaiengokyokushougaihokenfukushibu-Kikakuka/0000177049.pdf
二〇二一年一〇月二四日取得。
25　広井良典（二〇〇一）『定常型社会』岩波新書。
26　高坂健次編著（二〇〇八）『幸福の社会理論』日本放送出版協会。橘木俊詔（二〇一六）『新しい幸福論』岩波新書。内田由紀子（二〇二〇）『これからの幸福について』新曜社。
27　小野達也（二〇二一）「地域共生社会政策とこれからの地域福祉研究」『日本の地域福祉』34。

第一章　増進型地域福祉の考え方

小野達也

第一節　増進型地域福祉の二つの理念と五つの特性

増進型地域福祉は、一人ひとりの幸せと地域の幸せをともに生み出す福祉である。ただし増進型地域福祉は完成しているものではなく、自然にできるものでもない。意識的につくっていくものである。増進型地域福祉を志向し、つくりだしていくうえで基本となる二つの理念と五つの特性がある。

第一項　増進型地域福祉の二つの理念

一つ目の理念は、増進型地域福祉は幸福の実現を目指すということである。これは増進型地域福祉のポジティブな性格を示している。マイナスをゼロの状態に戻すことで終わるのではなく、よりよい状態、理想、幸福の実現を目指すのが増進型地域福祉の基本的立場である。消極的な福祉ではなく、積極的な福祉を実現する。このことは社会福祉の目的概念と実体概念をつなげることにもなる。

二つ目の理念は、現場での対話を基礎に進めていく、つまりともに（みんなで）つくるということである。問題を抱える当事者本人、専門職、支援者、住民、関係各者が現場で話し合い、共同の福祉実践に取り組んでいく。対話による合意をもとに進めることで、実践に関わる一人ひとりが対象化、手段化されることなく、実践の成果を共有することになる。コミュニケーションや意思決定に困難を抱える場合にはその支援が必要となる。[1]

一つ目の理念は幸福の実現という目的にかかわり、二つ目は対話によりともにつくるという方法にかかわる理念である。

図表一　増進型地域福祉のアプローチ

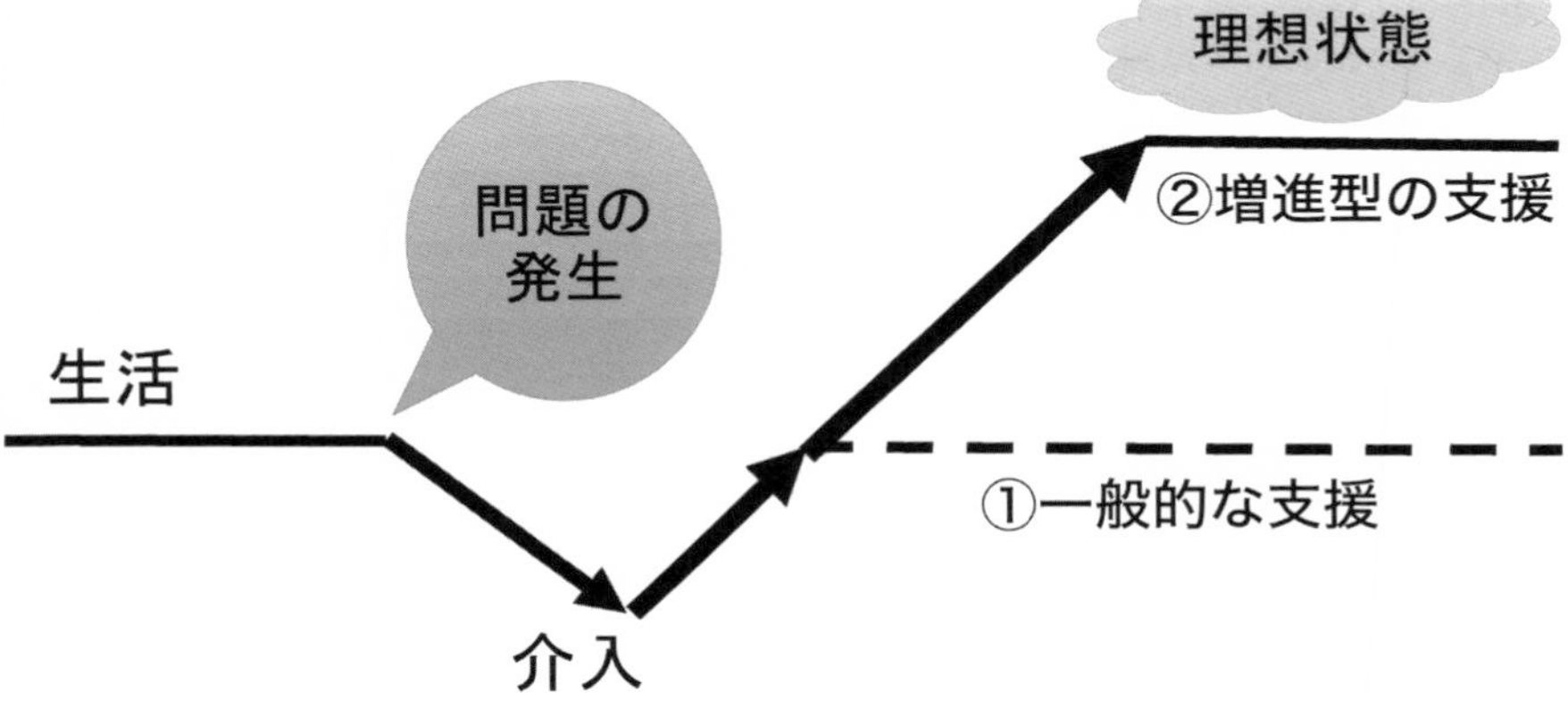

第二項　増進型地域福祉の五つの特性

増進型地域福祉には次の五つの特性がある。[2]

第一に、増進型地域福祉が目指すのは図表一にあるように理想、幸福という高いレベルである。当事者本人にとって、あるいはその課題にとって理想の姿を実現しようとする。それは、どのような厳しい実態にあるとしても変わらない。このことは支援の目的に直接影響する。マイナスをもとの状態に戻すというレベルではなく、より高い理想的な目的を掲げる。ただしここでの理想は空想的、抽象的なものではない。実現可能性を持ち、具体的な取り組みを描くことができるものである。そうした意味で現実的な理想であり、理想主義的現実主義という性格を持つ。

第二に、増進型地域福祉は問題解決型ではなく目的実現型のアプローチを基本とする。さまざまな生活課題を解決していくことは必要である。その際、これまでは課題の原因を探求して解明し、それを除去するという問題解決型の方法が中心であった。しかし、課題が複雑化、多様化した現代では、その方法には限界がある。課題の原因を探求するのではなく、むしろその課題がどうなればよいのかという理想的な目的を描く。その目的を実現するための方法を検討して実践するのが目的実現型のアプローチである。その目的の表現は「××がない状態」ではなく「○○がある状態」、「○○となっている状態」となる。××という問題がなくなっていることはなく、○○という理想、幸福が表現される。

第三は、対話、コミュニケーションの位置づけである。増進型地域福祉は課題にかかわる当事者本人、専門職、支援者、住民等関係者の対話を基礎に進めていく。専門職による合理的判断だけで進めるのではなく、また当事者本人の思いを無批判に受け入れるものでもない。対話をすることで課題に対してどうしたいのかという意欲、関心が高まり、理想を目指す楽しさや取り組みの確かさを生み出していく。これは個人主義的な進め方とは異なるみんなで取り組む共同的、相互主観的なアプローチである。対話によって、誰かを対象化、手段化するのではなく、ともに生み出す正しさをもとにする実践となる。

第四は、プロセスの大切さである。増進型地域福祉は目的実現型のアプローチであるので目的実現に重きを置くが、目的を達成するための過程の取り組み、プロセスも同等の重みを持っている。コミュニティワークでいうプロセスゴールの重視である。ただし単に関与者の問題意識の醸成や力量形成に着眼しているわけではない。活動のプロセス自体が喜びとなり、活動そのものが価値を持つ。設定した理想という未来を手段として、いま現在の取り組み（プロセス）を喜びのある、豊かなものにしていくのである。

最後に第五は、個人と地域社会との関係である。増進型地域福祉は個人と地域社会をばらばらに捉えるのではなく、個人の幸せと地域社会の幸せの両方を統合的に目指す。個人の自己実現は社会的なつながりの中で生まれ、社会の発展は多様な個人による集合的アイデンティティの形成により促される。個人の幸福、自己実現のために社会的な資源が必要であるが、それは資源を一方的に濫用することではない。逆に、地域社会の継続、発展のために個人を搾取したり、犠牲にしたりするのでもない。個人の幸福により地域社会が発展し、地域社会の発展により個人の幸福が促されるという相互連関を生み出していく。そうした点からすればここで生じるのは個人主義的な自己実現ではなく、人と人、人と地域のかかわりによる「相互実現」ということができる。[3]

第二節　増進型地域福祉の基礎

第一項　幸福としての福祉

増進型地域福祉の基礎にある考えは、幸福としての福祉である。増進型地域福祉は不幸を減らし、なくすというものではなく、幸福を生みだすものである。

これは福祉の原義から来ている。福祉そして、welfare や well-being の語義に関しては複数の研究者が検討し、すでに一定の蓄積がある。[4] これらによれば各語の持つ意味は次のように整理できる。

㈠福祉　天（神、帝）から与えられる幸福
㈡ welfare　共同を通じて実現するよいくらし向き、人の存在のよさ
㈢ well-being　ほぼ welfare と同じ意味で、よい状態を示す

漢字（漢語）の「福祉」の意味は、与えられる幸福である。しかし日本では、福祉は welfare の訳語として充てられたものである。そこからすれば、福祉を漢字よりもむしろ welfare の意味するところを基本に定義することが妥当と言える。これに関して池田敬正は welfare が初見される一四世紀の英国の社会状況にまでさかのぼり地域の人々が共同を通して「よいくらしむき」を求めたことを示している。[5] こうしたことを踏まえてここでは福祉を「共同で生み出す『よいくらしむき』、『存在のよさ』という幸福」と捉えておく。

第二項　ウェルフェアとウェルビーイング

言葉の意味からすれば幸福をつくっていくことが福祉の実践ということになる。それは与えられる幸福ではなく、共につくり出していく幸福である。ただし、福祉やウェルフェア、ウェルビーイングは、現実の歴史的な展開の中で原義とは違う意味合いも帯びてきた。特に日本語として訳し分けられていないウェルフェアとウェルビーイングには整理が求められる。

この点に関して西川潤はポストグローバル化での新しい豊かさのビジョンを唱えている。西川は豊かさに関する用語を客観性と主観性の程度で分類している。主観性の高いものから㈠幸福度 happiness、㈡満足度 satisfaction、および、充実度 sufficiency、㈢生活の豊かさ、良い生き方 well-being、㈣福祉 welfare、㈤富 wealth、という五段階である。生活の豊かさのウェルビーイングは与えられる福祉であるウェルフェアに対する言葉で、個人にとっての良い状態を指している。西川は客観性の高いモノの豊かさや与えられる福祉から、生活の豊かさや良い生き方を示す福祉へと、豊かさの重点をシフトさせるべき時期が到来していることを肯定的に示している。[6]

また、福祉の分野でいち早くウェルフェアとウェルビーイングについて言及していたのは高橋重宏である。高橋は子ども家庭福祉の分野について、救貧的、保護的なウェルフェアから、人権尊重、自己実現を理念とするウェルビーイングへの理念転換が行われていると論じている[7]。

西川も高橋もウェルフェアとウェルビーイングを区別したうえで、ウェルフェアからウェルビーイングへという時間的、段階的な移行を指摘している。そこでのウェルフェアは福祉国家を前提とした与えられる福祉という印象が強い。しかし、語義でも確認した通り、もともとウェルフェアには共同を通じて実現するという側面があった。それが具体的な歴史展開の中で、別のイメージがついてきたと考えることができる。したがって、ここではウェルフェアからウェルビーイングへと転換するかどうかというよりは、両者の意味合いの違いがあることを確認しておこう。

第三項　福祉とエージェンシー

ウェルフェアとウェルビーイングの意味合いの違いに関連して、アマルティア・センの福祉とエージェンシーを取り上げる。センはある人の福祉（ウェルビーイング）の状態とその人の総体的なゴールの達成を判断することは同じではないと述べる。人は自分自身の福祉の追求以外の目的（つまり、エージェンシーとしての目的）を持つこともある[8]。これが「福祉の側面」と「エージェンシーとしての側面」との違いである。

個人の福祉は生活の質、いわば「生活の良さ」である。センの言う生活とは相互に関連した「機能」（ある状態になったり、何かをすること）の集合である[9]。一方、エージェンシーとは、人間の自発性や主体性を見出そうとするセンが用いる概念であり、ある人が抱く理由がある様々な目的であり、自分自身の福祉の促進以外の目的を含む[10]。

このようにセンは、福祉とエージェンシーを区別し、この二つを同一線上には並ばせない。ここでセンが指摘していのるは「生活の良さ」としての福祉の側面とその人の持つ総体的なゴールの区別である。しかし、福祉には「生活の良さ」にとどまらない、その人の目指すものを含む「その人らしい生き方の実現」という点まで含めることができる。その人らしさについてはこれまで福祉、ソーシャルワークでも考えられてきたことである。エージェンシーの内容を示す総体的なゴールとその人らしい生き方の実現は必ずしも重なるわけではないが、近似のものと捉えることができる。センの指摘を援用することで、福祉の持つ「生活の良さ」の面と「その人らしい生き方の実現」の面の区別を意識することはできる。

第三節　増進型地域福祉の哲学的な基盤

第一項　リベラル・コミュニタリアニズム

では、なぜ福祉の実践においてポジティブな範囲まで主張できるのかについて哲学的な背景から検討しておこう。福祉国家の基礎ともいえるリベラリズムの代表的な論者のジョン・ロールズは「公正としての正義」を唱えた。それは平等主義的リベラリズムと呼ばれ、二つの原理からなる。第一原理は、自由に対する権利であり、思想、信条、言論、職業選択、結社などの自由である。第二原理は、経済的・社会的な不平等に関する原理である。次の二条件が満たされる場合のみ不平等が許容されるとする。第一は公平な均等のもとですべての人に職務や地位が開かれている機会均等の原理である。第二が格差原理であり、最も不遇な立場にある人の便益を最大化することである。[11] 格差原理にあるように、ロールズの分配的な正義は社会的、経済的にもっとも不遇な人の福利を基準とすることで、平等論的な要素を取り込んでいる。[12]

このようにロールズの正義はもっとも不遇な人までを含めて公正を考えるが、しかしそこで論じられているのは平等というレベルである。よりよい状態、ポジティブな福祉を考えるうえで十分ではない。リベラリズムではこの点に限界がある。

これに対して積極的に価値を議論する思想がコミュニタリアニズムである。それは「善き生」を重視して、「正義」を考えるにとどまらず「共通善」について議論する。[13] 平等に終わらず、善い生き方ということまで取り上げることができる。ただし現代のコミュニタリアニズムは自由や権利を重要なものとしているのだが、それでも保守的な伝統的共同体を擁護して個人の自由を抑圧すると受け止められることもある。[14]

そこで、リベラリズムが立脚する個人や自由、民主主義を尊重しつつ、コミュニタリアニズムの「善き生」について考える立場を明確にするのが「リベラル・コミュニタリアニズム」である。リベラル・コミュニタリアニズムは、リベラルな福祉の普遍的な権利を前提としており、さらにそれにとどまらない「善き生」の実現を求めるよりプラスの福祉についても議論にもとづいて決めていく。[15] リベラリズムとコミュニタリアニズムの両方の考え方を持つこの立場からすればポジティブな福祉を議論していくことは可能となる。

第二項　自己実現を生み出す福祉

より積極的な考えを打ち出したのが社会保障・人口問題研究所の所長も務めた塩野谷祐一である。塩野谷は、卓越の倫理学をもとにして社会保障と自己実現を結び付けることを試みている。[16] 塩野谷の考える倫理学の要素である「徳」や「卓越」は、人間の「存在」に関わるものである。[17] その視座からすれば、「人間存在の望ましいあり方は、人間の持つ『能力』あるいは人間本性を最大限に育成・発揮すること」となる。[18] これは福祉政策の考え方に影響を与える。塩野谷は社会保障サービスの提供目的には、消極的福祉政策と積極的福祉政策があるとしている。消極的福祉政策とは、「基礎的ニーズ」を満たしえない人のリスクに社会的に対応するためにセーフティネットを用意することである。これは一般の福祉観に近い。これに対して積極的福祉政策では、社会保障は「基礎的ニーズ」の充足をバネにして個々人の自立を助けて能力を開発し、社会的文脈での自己実現の機会を保障するスプリングボードを用意する。[19] こうした捉え方に立てば、満たされていないニーズがある場合に、そのニーズを充足していくことは人間の卓越を追求する機会と考える。ニーズという必要から出発して卓越に至る一貫した論理である。ただしこの卓越はエリート主義的なものではなく、あらゆる人々の「生き甲斐」の充足と卓越性の実現との両立を可能にするリベラルな卓越主義である。[20] 他の人との比較による卓越ではなく、その人本人にとってのよりよいあり方（存在）を意味している。

塩野谷の議論は政策に関する消極的側面と積極的側面の一貫的な対応であるが、福祉の実践に関して同様の指摘をするのが岩間伸之である。岩間は権利擁護について「積極的権利擁護」という概念を示している。[21] 権利侵害にあっていたり、基本的ニーズが充足していなかったりする場合に侵害から本人を守り基本的なニーズを充足することは狭義の権利擁護である。しかし、狭義の権利擁護だけでは、人間の尊厳を満たすことができない。そこで「本人らしい生活」と「本人らしい変化」を支える「積極的権利擁護」が必要となる。これにより「本人が『自分の人生』を歩めるようにするという本人の自己実現に向けた取組み」が保障できる。高齢者の権利擁護では判断能力が不十分であったり、コミュニケーションに困難を抱える場合もあるが、そのような場合にも当然この「積極的権利擁護」が求められる。権利が侵害されているマイナスの状態から、本人の自己実現を目指す一貫的な対応である。

図表二　主な三助・四助論

	項目と順序、内容	目的
1986年 全国社会福祉協議会	公助、互助、自助 ・公私機能分担に代わる新しい体系	公私分担機能の再検討 福祉サービスの供給体制レベルの主体
2006年 内閣官房長官私的懇談会	自助、共助、公助 ・「自助」を基本として、「共助」が補完し、「公助」は最後の拠り所。 ・共助は社会保険	福祉社会を形づくるための適切な組み合わせ
2009年 厚生労働省	自助、互助、共助、公助 ・「自助を基本としながら互助・共助・公助の順で取り組んでいく」 ・互助に家族・親族が入る。 ・共助は介護保険関連サービス等	地域包括ケアの提供に当たっての役割分担

・全国社会福祉協議会社会福祉基本構想懇談会「提言社会福祉改革の基礎構想」（一九八六年）
・内閣官房長官私的懇談会「今後の社会保障の在り方について」（二〇〇六年）
・厚生労働省「地域包括ケア報告書～今後の検討のための論点整理」（二〇〇九年）

第四節　三助・四助論を「増進」する

第一項　三助・四助論の性格

地域福祉の政策化が進む中で使われてきている自助、互助、共助、公助という用語、枠組みを検討しておきたい。自助と公助、そしてもう一つの助（互助・共助）の「三助論」や自助・互助・共助・公助の「四助論」である。それぞれの用語の意味内容や順番、組合せは統一されたものはない。共助と互助の間には内容をめぐる議論があり、用語の並び方は援助の優先順位を印象づける。

図表二の通り、これまでの主要な報告を比較しても、その不統一さは明らかである。そして、議論の軸が次第に自助や互助、共助へと移ってきている。「地域社会における社会福祉の展開が、自助、共助、公助という枠組みを導入し、国家による公助を回避し、あるいはその縮減を前提として展開されようとしている」[22]と古川孝順は指摘する。公助を抑制、縮小するための三助・四助論は、政策誘導というしかない。その分かりにくさや曖昧さ、社会連帯を弱める危惧などから二木立は、公助や共助

という表現ではなく「社会保障」を使うべきと主張する[23]。説得力のある指摘だが、すでに三助・四助論が流布していることを踏まえて、あえてここではこれを増進型地域福祉から捉え直してみたい。

公助抑制のための論ではなく、これを福祉の原義である、共につくる幸福ということに重ね合わせてみる。三助・四助論を最も望ましい福祉の実現のために用いようとすればどうなるか、という問いである。そこでの共助の役割が、意識化される。誤解のないように表現するのは難しいが、究極的には公助だけでポジティブな福祉が実現するわけではない。公助だけでは与えられる福祉である。また、公的なサービスだけでは共助を担う中間組織が抑圧され、様々なつながりや関係が弱まってしまう。公助の必要性と公助だけでは実現しえないものを明確に峻別することで共助の意味が再確認される。

第二項　「共助－公助－自助」という方法

あらかじめ言えば本論が目指すのは、その人らしい生き方を実現する「共助－公助－自助」の構築である。そのために目的の明確化、用語の整理、目的に対応した順番、地域福祉としての位置づけ、を行う。

図表二にもあるように三助・四助論が示される場合の目的がある。そもそもなぜ三助・四助論をもちいるかということが、その性格に重大な影響を与える。これまでで言えば、公私関係の再構築や地域包括支援システムでの役割分担、さらには明言されていないが公助の抑制等である。増進型地域福祉での目的はポジティブな福祉の実現であり、より限定的にはその人らしい生き方の実現である。三助・四助論をそのために再構築するのである。

自助、互助、共助、公助の各内容を整理しておく必要がある。共助は、諸報告では社会保険を指している。社会保険の理念には確かに相互の助け合いがあるが、そもそも公的な責任で運用される。社会保険を公助から切り離すことは公的な責任を見えにくくさせる[24]。したがってここでは社会保険は公助に含まれると考える。

互助と共助はいずれも民間の立場での活動であるので、ここではより包括的な共助に統一する。この共助は社会的な課題に取り組む働きであり、そこには二種類の活動が含まれる。[25] 一つは人々がお互いに協力して自分たちを助けあう互助的な活動である。そしてもう一つは人々が協力して自分たち以外の人々を助ける公共的な性格の活動である。前者には、地域を基盤とした住民活動や互助組織、協同組合等が含まれ、後者には、ボランティア活動、ＮＰＯなどが含まれる。こうした共助は、かつての共同体をイメージするような抑圧的な性格ではない。共助の関係原理は互酬や贈与であるが、ここでは互いを拘束しあう関係ではなく、自由にもとづき自由を生み出すような関係の仕方、つまり柄谷行人の言う「自由の相互性[26]」である。それは、人とのつながりによる、楽しみや喜びを伴うものである。また、社会的な影響を持つあらたな公共を生み出すものである。

最後に自助は、課題に立ち向かう当事者本人の働きである。自己責任にもとづく自助とは異なるものであり、自分らしい生き方を実現していく働きである。

このような整理によって、構成要素は自助、共助、公助とする。

次に語順であるが、これは先述した通り目的に対応する。本論での目的は、その人らしい生き方を実現することである。ここでは自己責任による自助強調論ではなく、ほかの「助」を前提に、いかに自分らしい生き方が実現できるかが問われることになる。こうなれば、自助の順番は最後となる。

そして地域福祉からすれば重要なのは共助のイニシアチブである。これを公助との関係で示せば、公助の役割は二つ指摘できる。第一に、共助が真価を発揮できるのは、公助が適切に整うことが条件である。公助の役割は普遍的な権利にもとづく社会福祉の水準をしっかりと保つことである。公助の肩代わりを共助に求めるのではない。第二には、共助と公助の関係性である。特に地域での取り組みでは共助のイニシアチブが基本である。共助は助け合いや予防、早期発見などの支援に関わる機能ばかりでなく、住民や地域の思いを直接的に表出する機能もあり、福祉の自治の基盤となる領域である。そうした意味では共助は地域福祉の基点である。公助には共助のイニシアチブを認め、時にはその形成を促し、支えていく役割が期待されることになる。したがって順番は「共助－公助－自助」となる。

ちなみに、三助・四助論では市場、私企業は自助に含まれる。本人が市場、企業から購入するモノやサービスは自助というわけである。ただし企業の役割も再検討が求められる。企業には市場のプレーヤーの役割だけでなく社会貢献を行い、社会的責任を持つ側面がある。持続可能性や社会的投資への関心が高まり、また、地域福祉の担い手が課題となる中で、共助にかかわる企業の役割は注目に値する。

当事者本人は、これらの支えによってその人らしい生き方の実現が期待される。この「共助－公助－自助」論は地域福祉を自助と共助に任せていくものではない。公助の保障の上で共助のイニシアチブが発揮され、当事者本人の自己実現と地域の豊かさをつくっていく地域福祉である。

第五節　増進型地域福祉での幸福とは

第一項　地域福祉の三角錐

これまでの検討をもとに増進型地域福祉を見える化して地域福祉での幸福の枠組みを考えてみよう。[27] 加藤博史は福祉の立方体構造を提示する。[28] 加藤はウェルフェアとしての福祉の要素として、生活のストック面（生活基盤）とフロー面（生活財消費）、そして生活のリレーション面（家族関係、友人関係、職場関係、地域関係、社会参加、エコロジカルな社会関係、文化・宗教・倫理・習慣）を挙げる。また、ウェルビーイングとしての福祉の内容を自我実現、自己実現としている。ウェルフェアとウェルビーイングを区別して福祉の構造を示していることで、本

図表三　地域福祉の幸福の三角錐

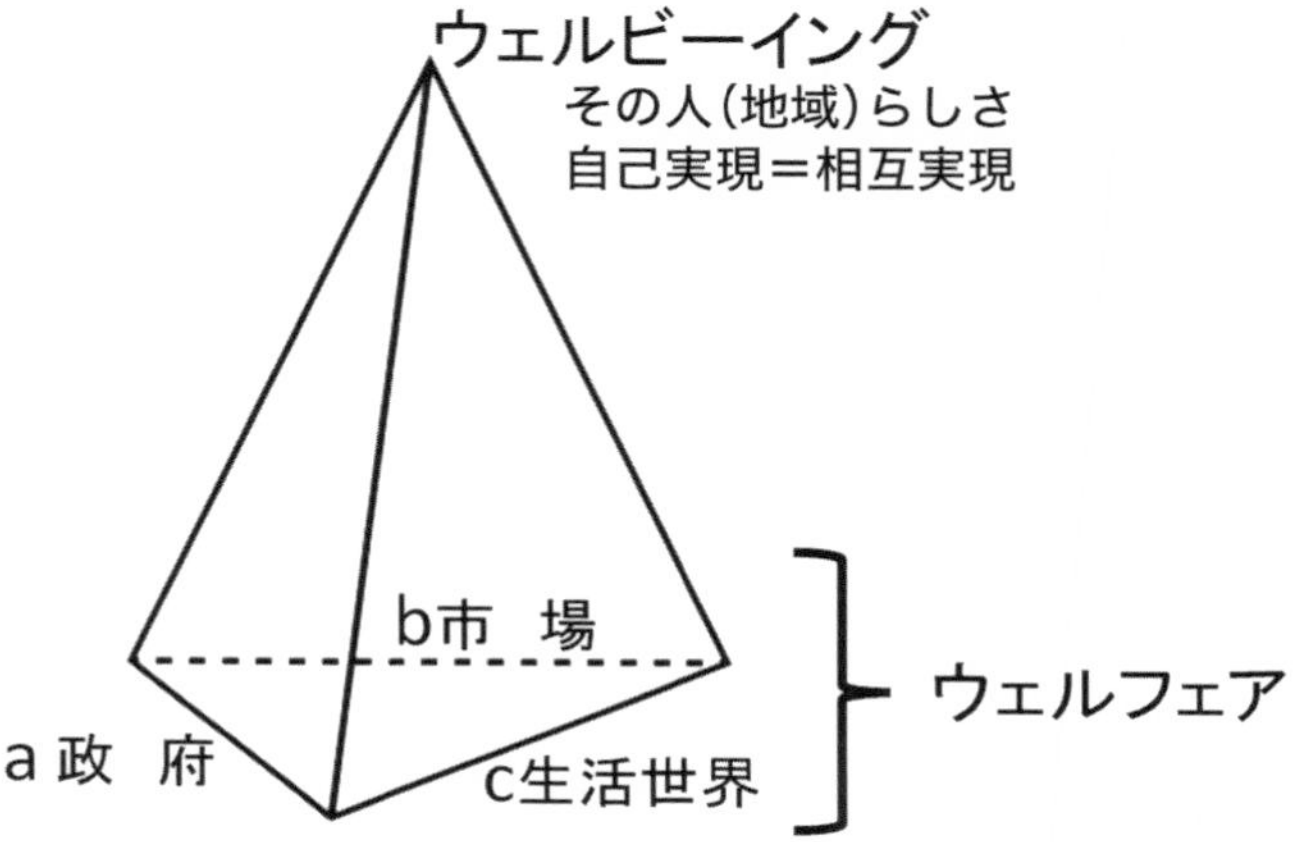

論に対する示唆は大きい。

加藤は福祉の立方体構造としているが、これを地域福祉にひきつけてみたい。[29] まずウェルフェアの部分の生活のストックやフローは政府と市場による領域である。生活基盤や生活で消費する財は政府により提供されたり、市場から調達したりする。これに対して生活のリレーション面は様々な人間関係や自然との関係、文化とのつながりであり、地域福祉ではこれらは地域社会という生活世界に関わることになる。仮に政府を線分a、市場を線分b、さらに生活世界を線分cとすれば、この三つの線分abcによる三角形が地域（生活・社会）のウェルフェアを構成する。これは、政府－市場－生活世界、という枠組みでウェルフェアを理解することである。

このウェルフェアの三角形の上に高さを示すのがウェルビーイング（その人らしいありかた、よりよい存在、自己実現＝相互実現）である。これによりウェルフェアの三角形を底面とし、ウェルビーイングを頂点とする三角錐となる。ウェルビーイングの度合いが高いほどその高さは増す。不幸な状態、自己が疎外された状態、その人らしさのない状態は、この高さが出ていない。ウェルビーイングは相互実現としての自己実現であり、その人らしさの実現（地域を単位とすれば、その地域らしさの実現）を意味する。どのような障害や生活困難を抱えていてもウェルビーイングを求めていくのがポジティブな福祉の立場である。[30]

以上により生まれるのが、図表三にあるウェルフェアとウェルビーイングからなる「地域福祉の幸福の三角錐」である。土台となるウェルフェアの三角形は、政府、市場、生活世界で構成されているが、線分が長くなるということは各要素が発展し、充実していることを示す。政府の線分は社会福祉サービスを含む公的な社会制度や公的に提供される生活資本、サービスを示し、市場の線分は市場から提供される財やサービス、情報等である。生活世界の線分は家族、友人、近隣などの身近な関係から、幅広いさまざまな社会関係や自然との関係を含む。これらの線分により形成される三角形が大きくなることは、ウェルフェアとしての福祉が充実することである。

また、三角形のバランスも問われる。三辺が等分なのか、いずれかの線分が長かったり、短かったりしているのか。現代社会で一般的に指摘されているのは近隣社会や共同体の弱体化、つまり生活世界の弱さである。さらに新自由主義下では小さな政府となり、市場の役割が大きくなる。つまり、市場の線分が長く、政府や生活世界が短くなっているという構図である。これは地域社会単位でも、個々人の生活状況でも検討することができ、それにより描かれる三角形の形状は異なってくる。

基盤となる三角形と高さは関連しつつも相対的に独立している。三角形が大きければ、つまりウェルフェアとしての福祉が充実していれば、ウェルビーイングとしての高さが出る可能性は増すが、必ずしも高くなるとは限らない。条件としてのウェルフェアが整っていてもウェルビーイングに結びつかないこともある。逆に、三角形が小さくても高い三角錐となることもある。しかし、そうした場合のウェルビーイングは基盤が脆弱なものと言える。増進型地域福祉が目指すのは、地域福祉での幸福を体現するバランスの良い大きく高い三角錐である。

第二項　ウェルフェアと幸福指標

三角錐の基底であるウェルフェアの三角形をどのように捉えることができるだろうか。そこに示唆を与えてく

図表四　幸福度に関する指標

スティグリッツ委員会	OECD 幸福度白書	ブータン GNH	日本政府 内閣府	荒川区民総幸福度（GAH）
1．物質的な生活水準（所得、消費および財産） 2．健康 3．教育 4．仕事を含む個人的な諸活動 5．政治への発言と統治 6．社会的なつながりと諸関係 7．環境（現在および将来の諸条件） 8．経済的および物理的な安全度	【現在の幸福】 （物質的な生活条件） 1．所得と富 2．仕事と仕事の質 3．住居 （生活の質） 4．健康 5．ワークライフバランス 6．知識と技能 7．社会とのつながり 8．市民参加 9．環境の質 10．生活の安全 11．主観的幸福 【未来の幸福のための資源】 12．自然資本 13．経済資本 14．人的資本 15．社会関係資本	1．暮らし向き（生活を営む上で必要な経済的基盤） 2．健康－身体面の健康 3．教育－教育や知識 4．コミュニティの活力－地域コミュニティの活力 5．良い政治－民主的な意思決定に裏打ちされた政治 6．時間の使い方－仕事、余暇のバランス 7．文化の多様性－ブータン文化の尊重と保全 8．多様性－環境保護 9．心の健康－精神面の健康	1．経済社会状況 基本的ニーズ 住環境 子育て・教育 仕事 制度 2．心身の健康 身体的健康 精神的健康 身体・精神共通 3．関係性 ライフスタイル 個人・家族のつながり 地域・社会のつながり 自然とのつながり 4．持続可能性 ＊主観的幸福観	1．健康・福祉 2．子育て・教育 3．産業 4．環境 5．文化 6．安全・安心 ＊幸福実感

れるものが、近年の幸福研究の蓄積をもとにした幸福を評価する枠組みである。[31]代表的な報告の構成を確認しておこう。取り上げるのは、こうした動きの先鞭をつけたスティグリッツ委員会報告[32]、そして国際機関であるOECDによる幸福測定のアプローチ[33]、また世界的に有名になったブータンの取り組み[34]、日本の政府が開発した幸福度指標[35]、最後に地域レベルでの取り組みとして東京都荒川区の幸福度指標[36]である。これらの主要な指標を図表四に示す。

　こうした指標は比較的近年、生み出されてきたものである。そのために理論的な精度、データ収集、実践のいずれも十分な蓄積があるわけではない。これらの指標がどれだけ科学性、実用性を持つのかは今後さらに検討を要する。それぞれの指標には作成意図や活用目的、地域性、文化等の違いという背景があることも留意する必要がある。そして、主観的幸福感が多くの場合に総合的な指標という位置づけになっており、客観的な性格を持つウェルフェアという点からすれば慎重に扱わなくてはならない。それでもこうした指標は地域福祉での幸福を考える上での出発点とすることができる。

これらの報告に重複しているいくつかの指標がある。㈠所得・財産（生活水準）、㈡健康、㈢教育、㈣仕事、㈤政治、㈥社会的つながり（関係）、㈦環境、㈧安全（経済的、物理的）、㈨住居、㈩ワークライフバランス、⑪文化、⑫持続可能性、という一二の指標である。

地域福祉のウェルフェアの三角形という観点からすれば、これらの項目の内容は政府、市場、生活世界のいずれか単独で、あるいは複合的に提供され、配置されている。比較的対応が明確なものもある。㈤の政治は政府に、そして㈥の社会的なつながりは生活世界に対応してくる。しかし多くは複合的なものとなっている。例えば、㈠の所得・財産は主に市場との関係が強いが、生活水準の保障となると政府の役割が重要となる。㈩ワークライフバランスや⑫持続可能性は、政府、市場、生活世界すべてに関わる。

ここにあがってきたものは、狭い福祉の考え方に収まるものではない。しかし、地域での生活という点からすればいずれも重要性を持っている。地域福祉のウェルフェアを明確にしていくには、これらを足がかりに議論を続けることが必要である。

第三項　ウェルビーイングと目的実現型アプローチ

ウェルビーイングは個人（地域）のありよう、存在に関するものである。ウェルビーイングはその人らしさの実現を求める。どのような障害や困難を抱えていてもウェルビーイングの実現を支援していくことがポジティブな福祉である。

図表五　目的実現型のアプローチ

	誰に対して	基本的な内容	キーワード	進め方
地域づくり型保健活動	住民（行政）	ワークショップを通して実現すべき理想の地域を描いてその実現をめざす取り組み	理想の健康な地域	①理想の姿を出し合う②理想を中心とする目的関連図③事業を中心とする関連図④事業計画、基本計画化
解決構築アプローチ	クライエント	問題解決アプローチとは対照的な解決構築の対人援助・面接	満足のいく将来	①クライエントと共同で満足のいく未来のイメージをつくる②未来のイメージを実現するための長所と力量について理解を深める
ストレングスモデル	クライエント	問題に焦点を当てるのではなく強みに焦点を当てる実践	熱望（ゆめ）	①関係を結ぶ②ストレングスアセスメント③（目標の達成に重点を置く）個別計画④資源の獲得
未来語りグイアローグ	クライエント、重要な知り合い、支援専門職	望ましい未来とそこにいたる道のりを語るミーティング	うまくいった未来	２段階のインタビュー①うまくいった未来とどうやってそうなったのか②今からの具体的な活動、誰が・誰と・何をするのか

ここではその人らしさ、その地域らしさを生みだしていく四つの福祉的な実践、ソーシャルワークを参照する。地域づくり型保健活動[37]、解決構築アプローチ[38]、ストレングスモデル[39]、および未来語りダイアローグ[40]である。これらには個人レベルのもの（解決構築アプローチ、ストレングスモデル）も組織、地域レベルのもの（地域づくり型保健活動、未来語りダイアローグ）も含まれている。

図表五をご覧いただきたい。四つの実践には次のような特徴がある。

㈠当事者本人の思いを重視する。いずれの実践も、当事者の思いを起点として、これに重きを置いて支援が展開されていく。

㈡高い目的への志向がある。目指されるのは理想や熱望、問題が解決している状態、うまくいった将来という望ましく、良い状態である。

㈢未来を描いてそれを実現するという将来志

向、目的志向である。しかし単純な未来志向ではない。未来語りダイアローグによれば「未来をツールにして日常生活を支援する」のである。[41]

㈣対話、話し合いを重視する。当事者本人、専門職、支援者、住民らとの話し合いを基礎として支援が展開されている。

これらの実践にはその有効性や資源の確保、コミュニケーションに対する支援といった課題も残っている。それらも意識したうえで、こうした特徴を持つ方法を「目的実現型アプローチ」とする。目的実現型アプローチとは当事者を中心とした対話により生み出した理想の目的を実現するための地域福祉実践の取り組み方である。問題解決という考え方ではなく対話により理想や幸福という高い目的を共有して共同で実践を進める方法である。当事者本人の思いや意思を起点とする対話を基本として進めていくが、それらはすぐに示されるとは限らない。思いや意思自体を本人が抱けるような環境づくり、それらを話しても受けとめてもらえるという安心感、話をうまく表明するためのサポートが求められる。目的実現型アプローチは増進型地域福祉実践の基盤である。

第六節　増進型地域福祉への取り組み

増進型地域福祉は地域でどのように展開しうるだろうか。本章の最後に、個人支援をミクロレベル、小地域での住民参加活動や福祉組織をメゾレベル、自治体の計画や事業をマクロレベルとして、それぞれのポイントを示す。これらはまだ十分なものではないが、増進型から考えた一つの方向性とご理解いただきたい。第四節の三助・四助論の検討を念頭に順番はまずメゾレベル、そしてマクロレベル、最後にミクロレベルとする。

第一項　メゾレベル――住民参加型の地域福祉活動

メゾレベルには福祉組織なども含まれるが、ここでは小地域（小学校区等）での住民参加型の地域福祉活動を取り上げる。コロナ禍によって大きな影響は受けているものの、地域では住民によるサロン活動、見守り活動、訪問活動などが多様に取り組まれている。地域福祉活動は目先の課題を何とかするために始められるものもあるが、計画された実践もあり、増進型の特徴を出しやすい。活動を必要性や義務に促されたものにとどめないためには、地域の思いや願いを意識化し、話し合い、共有することで、やってみたい活動にしていくことが重要となるからである。

地域で福祉を話し合う場面は、住民座談会や地域ケア会議、生活支援に関する会議、さらに地域福祉の計画策定会議などがある。これらを増進型で進める場合に前提となるのは、話し合える条件を整えることである。住民座談会を想定すれば、関係するすべての人の参加を得たい。基本的に当事者本人、住民、専門職は含まれるし、地域で活動する諸個人、組織、事業者等も参加を求めたい。参加者の話し合える関係づくり、雰囲気づくりは話し合いの成否に大きな影響をおよぼす。進め方は基本的に次のステップになる。[42] ㈠参加者が話し合って地域の課題を出し合う。課題とは問題とは違い、気になる事柄という意味である。㈡出された課題に対して理想の場面を描き出す。こうなれば良いという目的の設定である。魅力的な理想を出し合えるかどうかが作業全体の肝である。㈢目的を実現するための方法を考案し、計画化する。㈣合意された計画にもとづいて活動、事業を進める。例えば、子育てに悩む人たちが地域での理想の子育ての場について話し合い、場所やプログラムの準備をして、自分たちの望む子育ての場をつくるというイメージである。

第二項　マクロレベル――自治体の地域福祉政策

自治体の方針として増進型地域福祉が位置づけられれば、第六章にあるように地域福祉政策も大いに変わる。個々人の福祉の実現だけでなく、社会としての福祉の実現も展望できる。その人らしい生き方が実現できてくれば、その地域に住み続けたい住民が増えることで持続可能性のある地域となっていく。そのためには自治体が幸福研究の知見を活用して政策を立案することもできるし、ミクロやメゾレベルの増進型の実践を支援するアプローチもある。住民の主体性と専門職の支援が相乗的効果を発揮できるような自治体政策が求められる。

ただし自治体レベルで全面的に増進型を推進するには、自治体としての意思決定が必要である。そこまでは難しい場合に、現実的な方法としては地域福祉計画の活用がある。地域福祉計画に増進型の事業やプログラムを組み込むことである。もちろんそのためにも計画の策定手続きを踏んで、正式に計画が作成される必要がある。それでも、住民参加に関する部分や重点項目となるモデル事業などには増進型の活動・事業を導入しやすい。福祉に関する理想の活動や地域づくりは、住民にとっても専門職にとっても興味深い検討テーマとなりうる。計画には牧里毎治が指摘するように、理想と現実を結ぶ性格がある。[43] 増進型地域福祉はそれを意識的に進めていく。

第三項　ミクロレベル――地域での個人支援

ミクロレベルは生活課題を抱える個人に対する支援である。個人を支援する目的実現型のアプローチでは高い目的の設定が肝要となる。専門職は本人との関係づくりを行い、信頼関係をもとに話し合いを進めていく。本人の課題に関わっている人たちと話し合えることも目指す。関係づくりが話し合いのための基盤である。その関係をもとに、本人が自分の思いを意識し明確化していくことを支援する。本人がこうなりたいという目的を描くことができれば、その達成方法を検討して、具体的な取り組みを確認する。何よりもポイントは理想の状態を思い描けるかという点にある。例えば引きこもりという状態の場合、引きこもりになった原因を究明することに傾注するのではなく、どのようになりたいのか、どうありたいのかという思いが顕在化してくることを重視する。引きこもっている状態から、ともかく就労できればよい、ということではない。当事者本人らしい生き方につながる生活、地域との関係ということが大切になる。問題を早期に発見して、早期に支援することができればよいのかもしれないが、実際には難しい状態になってから、支援が始まることもある。そうした場合でも、マイナスをなくすというレベルではなく、理想の状態を生み出すために何をしていくのかということを意識して、取り組みを進めるのが増進型地域福祉である。

註

1 小野達也（二〇一四）『対話的行為を基礎とした地域福祉の実践―「主体‐主体」関係をきずく―』ミネルヴァ書房。
2 小野達也（二〇一六）「増進型地域福祉への考察」『社会問題研究』65、一～一六頁。
3 ここでの「相互実現」は幸福としての福祉につながるものである。ただし「相互実現」という用語自体は木谷宜弘（ボランティアに関して）や原田正樹（ケアリングコミュニティに関して）も用いており、その意味については今後さらに精緻化が必要である。木谷宜弘（二〇〇八）『随想福祉と、そのとなり』ボランティア研究所。原田正樹（二〇一九）「ボランティアの本質とケアリングコミュニティの構築に向けて」岡本榮一監修『ボランティア・市民活動実践論』ミネルヴァ書房、一七五～一九三頁。
4 秋山智久（二〇〇〇）『社会福祉実践論――方法原理・専門職・価値観』ミネルヴァ書房、三三六頁。池田敬正（二〇〇五）『福祉原論を考える』高菅出版、一三頁。中山愈（二〇〇五）『社会福祉原論』弘文堂、四頁。百瀬孝（二〇〇二）『社会福祉」の成立』ミネルヴァ書房、一一～三一頁。
5 池田（二〇〇五）五～一三頁。
6 西川潤（二〇一一）『グローバル化を超えて』日本経済新聞出版社、八〇～八一頁。
7 高橋重宏（一九九八）「ウェルフェアからウェルビーイングへ」高橋重宏編著『子ども家庭福祉論』放送大学教育振興会、

一二頁。

8　セン、アマルティア（一九九三＝二〇〇六）竹友安彦監訳「潜在能力と福祉」ヌスバウム、マーサ／セン、アマルティア『クオリティー・オブ・ライフ』里文出版、六五頁。

9　セン、アマルティア（一九九二＝一九九九）池上幸生、野上裕生、佐藤仁訳『不平等の再検討』岩波書店、五九頁。

10　セン（一九九三＝二〇〇六）六五頁。

11　ロールズ、ジョン（一九九九＝二〇一〇）川本隆史、福間聡、神島裕子訳『正義論　改訂版』紀伊国屋書店、四〇二～四〇四頁。

12　仲正昌樹（二〇一三）『いまこそロールズに学べ』春秋社、六五頁。

13　サンデル、マイケル（二〇〇九＝二〇一〇）鬼澤忍訳『これからの「正義」の話をしよう』早川書房、三二五～三四五頁。

14　コミュニタリアニズムが保守的、抑圧的なイメージを持たれてしまうことに対して、小林正弥は共同性そのものに焦点を当てるために「コミュナリズム（共同性主義）」という用語を提唱している。小林正弥（二〇〇四）「浦論1　福祉公共哲学をめぐる方法論的対立」塩野谷祐一、鈴村興太郎、後藤玲子編『福祉の公共哲学』東京大学出版、二九六～二九七頁。共同性ということであれば、地域での話し合いばかりか、個人支援の援助関係も視野に入る。

15　小林正弥（二〇一七）「福祉哲学の新しい公共的ビジョン」広井良典編著『福祉の哲学とは何か』ミネルヴァ書房、一五三頁。

16　塩野谷祐一（二〇〇二a）『経済と倫理』東京大学出版会。塩野谷祐一（二〇〇二b）「経済・正義・卓越」佐々木毅、金泰昌編『公共哲学10　21世紀公共哲学の地平』東京大学出版会。

17　ちなみに塩野谷の倫理学の体系では、「行為―制度―存在」が評価対象である。行為を評価するものが「善」「効率」であり、経済の世界に当たる。また制度を評価するものが「正」「正義」であり、倫理の世界の公正に関するリベラリズムである。塩野谷（二〇〇二a）二四頁を参照。

18　塩野谷（二〇〇二b）一五〇頁。

19　塩野谷（二〇〇二b）二四八頁。

20　塩野谷（二〇〇二b）一五六～一五九頁を参照。塩野谷の議論は、ケアの立場からの批判やワークフェアに関しての懸念も呼んでいる。これについては宮本太郎（二〇〇四）「就労・福祉・ワークフェア」塩野谷祐一、鈴村興太郎、後藤玲子編

『福祉の公共哲学』東京大学出版、二一五～二一六頁を参照。ただし、必要から卓越に一貫するポジティブな社会保障（福祉政策）を構想していることの含意は大きい。

21　岩間伸之（二〇〇七）「高齢者の尊厳と権利擁護」『実践成年後見』20、六～七頁。

22　古川孝順（二〇二一）『社会福祉学の原理と政策』有斐閣、一三〇頁。

23　二木立（二〇二一）「「自助・共助・公助」と「自助・互助・共助・公助」の法令・行政での使われ方」『文化連情報』五一六、二五頁。

24　古川（二〇二一）二四二頁。

25　この点については、小林正弥（二〇一七）八三～八五頁が参照できる。ただし小林の場合、前者を「私共」、後者を「公共」としており、複雑である。

26　柄谷行人（二〇〇六）『世界共和国へ』岩波新書、一〇二頁。

27　福祉を可視化するために古川孝順は複数の図を示しているが、本論の関心からは四層構造社会をあげておく。古川（二〇二一）三六頁。

28　加藤博史（二〇一三）『社会福祉の定義と価値の展開』ミネルヴァ書房、一三～一六、二二、二三頁。

29　小野達也（二〇二三）「地域福祉での幸福に関する考察」『総合研究所紀要』47－3、一五～三八頁。

30　ウェルビーイングの達成をどのように評価するかは難事業である。その人らしさの実現の判断は客観的な指標や本人の主観的な評価だけでなく、専門職や本人をよく知る人達が対話していくことで正しさを高めていくことになる。それは対話的行為である。小野達也（二〇一四）を参照。

31　もちろんすべての幸福研究を単に肯定しているわけではない。幸福研究の質の検討は課題である。

32　スティグリッツ、ジョセフ／セン、アマルティア／フィトシ、ジャンポール（二〇一〇＝二〇一二）福島清彦訳『暮らしの質を測る』金融財政事情研究会。

33　ＯＥＣＤ編著（二〇二一）西村美由起訳『ＯＥＣＤ幸福度白書5』明石書店。

34　草郷孝好（二〇一一）「ブータンの持続可能なＧＮＨ」枝廣淳子、草郷孝好、平山修一『ＧＮＨ（国民総幸福）』海像社、一九～六八頁。

35　内閣府（二〇一一）「幸福度に関する研究会報告―幸福度指標試案―」概要

https://www5.cao.go.jp/keizai2/koufukudo/pdf/koufukudosian_gaiyou.pdf　二〇二一年一〇月三日取得。

36　荒川区自治総合研究所（ＲＩＬＡＣ）（二〇二〇）「荒川区民総幸福度（ＧＡＨ）レポート」https://rilac.or.jp/wordpress/wp-content/uploads/2020/10/GAH%E3%83%AC%E3%83%9D%E3%83%BC%E3%83%88vol.3-%E7%A2%BA%E5%AE%9A%E7%89%88.pdf　二〇二一年一〇月四日取得。

37　岩永俊博（二〇〇三）『地域づくり型保健活動の考え方と進め方』医学書院。

38　ディヤング、ピーター／キム・バーグ、インスー（二〇一三＝二〇一六）桐田弘江、住谷祐子、玉真慎子訳『解決のための面接技法』第四版、金剛出版。

39　ラップ、チャールズ／ゴスチャ、リチャード（二〇一一＝二〇一四）田中英樹監訳『ストレングスモデル』第三版、金剛出版。

40　セイックラ、ヤーコ／アーンキル、トム（二〇〇六＝二〇一六）高木俊介、岡田愛訳『オープンダイアローグ』日本評論社。セイックラ、ヤーコ／アーンキル、トム（二〇一四＝二〇一九）斉藤環監訳『開かれた対話と未来』医学書院。

41　セイックラ／アーンキル（二〇一四＝二〇一九）一三五頁。

42　ステップの考え方については「地域づくり型保健活動」岩永（二〇〇三）や「未来語りダイアローグ」セイックラ／アーンキル（二〇〇六＝二〇一六、二〇一四＝二〇一九）を参照している。

43　牧里毎治（一九九二）「市町村地域福祉計画と住民参加」古川孝順編『社会福祉供給システムのパラダイム転換』誠信書房、三〇～四四頁。

第二章　増進型地域福祉がつくる福祉文化

朝倉美江

はじめに

古都・鎌倉に「イマジン盆踊り部」が誕生した。平野隆章監督は、二〇一一年の東日本大震災、福島原発事故の後、鎌倉のまちを「脱原発パレード」で歩いた女性たちが結成した「イマジン盆踊り部」を主人公とした『発酵する民』（二〇二一年）というドキュメンタリー映画を製作した。このイマジン盆踊り部の盆踊りは、地元の人々によるお酒やお味噌、パンづくりの思想から生まれた「発酵盆唄」、海水を汲み、薪で火を炊いて塩をつくる「塩炊きまつり」など鎌倉の自然、産業、人々とのつながりのなかから生み出された唄と踊りである。

この映画の舞台挨拶のなかで、平野監督は、「郡上踊りの歴史の中で、戦時下で管制が敷かれていた時でも人々は路地で踊り続けていた」と語っていた。つまり人々はどんなに厳しい環境にあっても、その土地やそこで共に生きる人々と共有する文化とともにあり、絶望のなかにあっても抵抗し、明かりを求めて唄い、踊るのではないか。

イマジン盆踊り部の人々は、「盆踊りにはあらゆる壁を乗り越えていく力があることを実感している」という。

映画の中では、鎌倉の海や山を背景にイマジン盆踊り部の彼女・彼らと一緒に踊る地域の人々の笑顔が溢れていた。この笑顔こそが、脱原発を「デモ」という怒りや抵抗の行動によって訴えるという方法とは異なる脱原発を目指した「新しい生活の仕方、地域づくり」を表している。笑顔で唄い、踊ることが、地域の自然や多様な人々とのつながりであり、そのことが原発に依存しない、人と環境に優しい生き方と地域づくりを象徴している。

地域福祉は、地域で生活する人々の生活問題に焦点をあて、その生活問題を解決することとその問題が発生している地域を人々が暮らしやすい地域へと変革することを目指している。その地域福祉の源流は、産業革命後の資本主義社会において貧困が増大していたイギリスのロンドンのスラム街に一八八四年に世界最初のセツルメントであるトインビー・ホールが創設されたことにある。トインビー・ホールの初代館長は、キリスト教社会主義者のS・バーネットであり、彼やオックスフォード大学の学生たちが、貧しい人々と共同生活をし、そこを拠点としてそこに住む近隣の住民の社会教育と地域の社会改良をはかる運動を実践してきた。セツルメント運動は明治期に日本にも紹介され、一八九七年に東京の神田三崎町に片山潜によってキングスレー館というセツルメント・ハウスが創設された。

敗戦後、日本国憲法に基づいて社会福祉は制度化され、そのなかで地域福祉も後述のとおり展開し、「地域福祉の主流化」「地域福祉の政策化」として発展しつつ現在に至っている。そのような歴史的な流れのなか、「増進型地域福祉」とは「一人ひとりの幸せと地域の幸福をともに生み出す福祉」（序章：小野達也）という新たな地域福祉として理論化・実践化されつつある。なぜ今、増進型地域福祉が求められるのかは、序章で論じられているとおりであるが、本章では、増進型地域福祉が幸せとともに福祉文化を生み出す可能性があることとその意味を論じてみたい。

序章にもあるように現在の日本の福祉について、広井良典は「福祉の〝二極化〟」を指摘している。「現代の日本社会においては一方で（「幸福」「存在欲求」など）福祉をめぐる〝高次の欲求〟が多くの人の関心事となりつつあるが、他方では、それとは対極的に（格差や貧困の拡大の中で）基本的な生存そのものが脅かされるという状況が広がっており、これは福祉をめぐる〝二極化〟と呼ぶべきではないか」[1]という。つまり、福祉は、幸せを追求し、創造するものである、と同時に当面する貧困問題を解決するものであるという二極化に直面している。

貧困問題等を解決するために敗戦後誕生した制度的な社会福祉は、問題を抱えた個人を対象としてきたが、その問題は地域で発生することから地域社会を対象とした新しい高次の社会福祉として地域福祉が位置づけられた。その理論化を最初にした岡村重夫は、生活問題の解決のためには「対象者自身と同時に地域社会の構造そのものに着眼する必要がある」[2]という。さらに右田紀久恵は、地域福祉は「新たな質の地域社会を形成していく内発性を基本要件」とし、内発性は、個レベルと地域レベルの両者を含むところに地域福祉の固有性があると論じている[3]。つまり地域福祉とは、問題解決をめざすとともにその問題を発生させている地域社会を新たな質の地域社会へと変革していくところに固有性がある。

本章では、地域福祉の固有性である新たな質の地域社会を創造し、広井が指摘する福祉の二極化を超え、一人ひとりの幸せと地域の幸せをともに生み出す増進型地域福祉について、福祉文化に焦点をあて、労働と環境の視点から論じていく。具体的には、第一に貧困・格差の問題と雇用破壊、第二に労働と環境問題について、第三に幸せと福祉文化について論じ、福祉文化を生み出す増進型地域福祉の可能性を描いてみたい。

第一節　貧困・格差と雇用破壊

第一項　貧困の現状と八〇年前の貧困の背景―生産過剰と豊富さ

基本的な生存そのものが脅かされるという貧困について、岩田正美は日本の戦後の貧困の「かたち」を分析し、こんにちに至るまで貧困は「かたち」を変えつつも継続していると論じている。[4] 現在、日本の相対的貧困率は一六％（二〇二一年）となっている。ＯＥＣＤ諸国のなかでもアメリカとともに高く、橘木俊詔は、「日本は貧困大国」[5]であるという。現在、雇用労働者の約四割が非正規雇用であり、ブラック企業、過労死などの問題も顕在化し、雇用環境が不安定で厳しくなっている。なかでも失業は一〇代から二〇代の若者に多く、広井は日本も含め「現在の先進資本主義諸国が、慢性的な『生産過剰』ないし『労働力余り』の状況にあるという基本構造がある」[6]ことを指摘している。

さらにコロナ危機のなか貧困はより拡大し、深刻化しつつある。新型コロナウイルスは、二〇一九年冬に中国で認知され、二〇二〇年一月三〇日にＷＨＯは緊急事態を宣言した。四月になると全世界の確定感染者数が一〇〇万人を超え、日本でも四月七日に緊急事態宣言が発出され、その後も感染の収束が困難な状況が長期化している。この間、現在に至るまで感染拡大による「医療崩壊」の危機もあり、同時に外出自粛の要請などの影響により雇用環境は厳しくなり、経営不振や倒産などによる解雇・賃金カットなどの影響でより多くの人々が貧困に陥っている。

以上のとおり貧困・格差は拡大し、コロナ危機はそれに拍車をかけている状況にある。貧困は戦後から今に至るまで継続している現実であるが、それ以前一九三九年に賀川豊彦は、貧困と格差の問題について、アメリカで以下の内容の講演を行っている。「今日の貧困は物の欠乏によるのではなく、豊富さから生じている。物財や機械の過剰生産、過剰な労働や知識層の存在からくる苦しみである。私たちは欠乏のゆえではなく、過剰のゆえに苦しんでいるのである。富はごく一握りの人々の手に集積し、社会の一般大衆は、失業、不安、従属、不信の世界に蹴落とされている。彼らは声をあげるが、いつまでたっても空しい叫びに終わっている。レッセ・フェール政策がわれわれを地獄のなかに突き落としており、物の溢れる倉庫の外では、数限りない失業者が飢えている」[7]という。賀川は、世界恐慌から第二次世界大戦へと激動していた時期に資本主義が資本家の支配と搾取の体系をもつこと、そして資本の集中と格差の増大、さらに景気変動と恐慌を免れ得ないとして批判し、共産主義やファッシズムは中央管理の強制の体制となり、人格たる人間を圧殺すると否定し、第三の道として互助や支援の組織、なかでも協同組合を推進してきた。この八〇年以上前の賀川の指摘は、新自由主義が推進され、グローバリゼーションが進展し、格差と貧困が拡大しつつある今の状況にも当てはまるのではないか。

また、貧困については、アマルティア・センが「豊かな国における飢餓という一見明らかな逆説は、所得だけを見るのではなく、所得やその他の資源が多様な潜在能力へ変換される過程に注目することで説明が容易になる」[8]と主張している。センは、潜在能力が人の福祉を決定づけ、この潜在能力の集合が福祉に大きな影響を与えること、さらにその複数性、多様性を重視している。

コロナ危機のなか、ジャック・アタリは「私は非常に多くの国が長年にわたり、国民の健康維持は国にとって負担ではなく、財産なのだと理解してこなかったこと、そして病院や介護の現場への財源を削除してきたことに怒りを感じる」という。そして市場では満たせない莫大な需要が、「命の経済」という健康や文化、エコロジーなどだと主張している[9]。産業化以降、貧困が今に至るまで継続しつづけている背景には、市場原理に大きく委ねた資本主義の暴走がある。この暴走を止め、アタリのいう「命の経済」をつくることが求められている。

第二項　企業福祉の限界と社会保障の脆弱化

賀川の時代、さらに遡ると一八世紀半ばから一九世紀にかけて起った産業革命以降、市場経済の拡大のなかで、貧困や格差は顕在化していた。そのようななか二〇世紀には貧困を解決するために福祉国家が構想され、第二次世界大戦後にヨーロッパで誕生し、広がってきた。そのような広がりのなかで、日本の社会福祉は、敗戦後誕生した。

一番ヶ瀬康子は、社会福祉は「超歴史的存在でもなければ、たんなる理念でもない。それは歴史的現実であり、とくに人類の社会的営みの一つとして、その歴史のなかで、生成、確立、展開してきたものである」として社会福祉の前史について「産業革命以降のマルサス主義と、明確化していく社会矛盾のなかで増加する貧困な労働者、そのズレから慈善にしわよせされてきた救済の機能を効率化し、むしろそれを節約するためにおこってきた慈善組織化運動、そこにおいてもちいられた個人訪問、個別処理の方法が、社会改良の波にあらわれ、またそこでの理念と方法とに融合して、やがて社会事業となっていった。その過程は、各国において、現象的にはかなりの差があるとはいうものの、基本的には、社会事業が生まれていくさいの、資本主義社会における論理ともいいうるものであろう[10]」と論じている。

日本では、敗戦後社会福祉が誕生し、高度経済成長期を経て一九七三年が福祉元年と称され、福祉国家を目指す機運が高まってきた。しかし、同年の秋にオイルショックによる経済不況を迎え、たちまち福祉見直しが始まり、一九七〇年代後半は新自由主義政策によって福祉民営化が推進されていった。また、高齢化社会を迎え、高齢者問題が顕在化していくなかで、在宅福祉、コミュニティケアも課題となり、一九九〇年代には在宅福祉サービスの制度化や介護保険事業計画など福祉の計画化も進展し、「地域福祉の主流化[11]」と称されるようになった。さらに二〇〇〇年代に入ると社会福祉法の改正により、社会福祉は地域福祉として位置づけられ、地域福祉計画の策定などによる「地域福祉の政策化」が進展しつつある。

他方、今なお私たちの社会は格差が拡大し続け、富の集中が著しくなっている。貧困と格差を解決するためにはどうしたらいいのだろうか。貧困の解決のために戦後の日本では、公共事業が推進され、高度経済成長にかけて、福祉国家を目指してきた。そもそも福祉国家政策とは、完全雇用を前提としたものであるが、わが国では雇用された「正社員」に対して企業は、㈠長期雇用の確保、すなわち従業員の定着率を保つ、㈡従業員の仕事への意欲を高めることによって、生産性を高めることを目的として企業福祉を推進してきた。[12] 具体的には「企業は正社員の雇用を維持し、生活を保障する。その代わりに正社員は職務、時間、場所などに制限なく企業の命令に従って働く。」という関係をつくり「そのことが逆に、この時代に先進国共通の課題であった福祉国家の確立という目標を二次的なものとしていった」[13]。つまり生活保障の多くについて労働組合の組合員である正社員は、企業に要求するという関係がつくられており、そのことが社会保障制度の発展を阻んでいたともいえる。

しかしそのような企業福祉は正社員の減少とともに衰退し、労働者が会社ではなく国家や地方自治体などの政府に生活保障を求める必要性がでてきたというのが今日の状況である。労働組合が会社との賃金闘争に重点をおき、社会保障政策に十分対応してこなかったことも大きな問題であった。そして完全雇用の外にいた非正規雇用の人々―ワーキング・プアが多くなってきたことから企業福祉の限界と課題が顕在化し、国の社会保障政策の必要性、自治体、地域による支援システムの形成が重要な課題となってきた。

本来社会保障制度は、失業や傷病などの生活のリスクに対応するものとして構築されてきた。にもかかわらず、非正規雇用が増加傾向にあるこんにちにおいて、酒井正は「社会保障制度が正規雇用仕様になっている限り、正規雇用以外の者の増加は脆弱なセーフティネットしか持たない者が増えること」だと指摘し、現在は、正規雇用と非正規雇用のセーフティネットの格差が「極めて顕在化している」[14] ことに警鐘を鳴らしている。

第三項　「外国人労働者」と雇用破壊

さらにこんにち人口減少が進展し、労働力不足が深刻化するなかで、「外国人労働者」が求められているが、外国人労働者が急増したのは一九八〇年代後半である。この時期は、日本の労働市場の規制緩和が始まった時期でもある。つまり「労働市場の制度変化は、長期雇用のもとにおかれていた労働力セグメント（正社員雇用）の縮小と、短期の契約社員や請負労働力（これもまた労働者は短期の雇用契約になっている）の増加として表出する。安定的労使関係は解体され、短期的費用の論理に貫かれた領域が拡大するのである。そこでの労働市場の構成は、フリーター、女性、高齢者、そして外国人とそれぞれ異なる論理で労働市場に参入してきた人びとによって不安定就労層が構成され、多様化が進んだものになる」[15]と指摘されているように外国人労働者とともにフリーター、女性パートなどの非正規雇用労働者がつくりだされた。

二〇〇八年のリーマンショックの際、多くの外国人労働者が真っ先に解雇されたが、その後多くの日本人労働者も解雇され、二〇〇八年末には「派遣村」での緊急支援が展開された。当初「フレキシブルな労働者」は外国人労働者であったが、今や日本の全労働者の約四割もが非正規労働者となっている。非正規労働者が二〇〇〇万人を超す中、非正規労働者の七割が年収二〇〇万円に届かないことが連合などのアンケートで明らかにされた。その調査では、「貯蓄なし」が二七・九％、「生活苦への対策で食事の回数を減らした」二〇・九％、「医者にかかれなかった」一三・〇％[16]という深刻な実態が示されている。

また、コロナ危機の当初、私たちは必要なマスクが手に入らないという事実に改めてマスクの多くが国外で作られていたことに気づかされた。新型コロナウイルス感染症のワクチンも輸入によってようやく手に入れられている。しかし、コロナ前にも私たちは、コンビニで多くの外国人労働者が働いていること、私たちが食べている多くの食材も輸入の割合が高く、国内産と称される野菜も多くの外国人労働者によって作られていることに気づいていた。私たちの身体をつくり健康を維持するために私たちが食べている輸入食料や衣料などは誰がどのようにつくっているのか。国内外で「奴隷労働」や「児童労働」の問題も指摘され続けている。

さらに近年は多くの外国籍の看護師・介護士も医療・福祉の現場で働いている。コロナ危機のもとエッセンシャルワーカーの重要性にも注目が集まったが、その労働環境の劣悪さ、過酷な状況は改善される見通しがない。つまり私たちは今もそれ以前も他者の労働を搾取しながら生活を営んでいるということである。コロナ危機下では、国際的にも移住労働者の環境は悪化し、ＩＬＯは二〇二〇年六月に「新型コロナウイルス下の移住労働者の状況は〝危機の中の危機〟」と警告を発していた。以上のように雇用破壊は、外国人労働者の過酷な労働条件から始まったが、今や私たちに共通する深刻な課題である。以上のように非正規労働者が増え、雇用破壊が急速に広がり、生活困難と貧困が拡大している状況のなか、アタリのいう「命の経済」はどのように実現できるのだろうか。

第二節　労働と環境問題

第一項　「命の経済」をつくる労働とは

アタリの「命の経済」につながる主張を都留重人は著書『市場には心がない　成長なくて改革をこそ』で「労働の人間化」[17]を提起している。内山節も労働に関して「幸せを感じる条件は、充実感のある居場所があるということだ。労働の世界が、虚しさを感じる居場所になっていないか」として「半市場経済」[18]を提起している。また内橋克人は、「人間本来のあり方とは『生きる・働く・暮らす』の三要素がばらばらではなく統合されていること」[19]だと主張している。そしてそのような人間の暮らしを実現させていくためにＦ（食料）、Ｅ（エネルギー）、

C（ケア：人間同士が支えあう関係、福祉）の自給を目指すのが共生経済であると論じている。[20]

労働の人間化や充実感のある居場所と関連して、ハンナ・アレントは「人間の条件」として、労働、仕事、活動を示している。そこでは「労働 labor」の人間的条件は生命それ自体であり、「仕事 work」の人間的条件は世界性である。ここでアレントのいう労働は消費と結びつき、仕事は消費過程を超えたものだという。そのうえで「活動 action 」は「物あるいは事柄の介入なしに直接人と人との間で行われる唯一の活動力であり、多数性という人間の条件、すなわち地球上に住むのが一人の人間ではなく、多数の人間であるという事実に対応している。『多数性』こそ、人間の必要条件であり、最大の条件[21]」であるという。つまり人は他者との関係なしには人間として生きられない、したがって人間が望む幸せもその関係性のなかにある。近代以降「労働」が優位となり、消費社会が膨張し続けている。アレントのいう「仕事」と「活動」を取り戻すことが求められている。

さらにアフガニスタン・ジャララバードで二〇一九年に武装集団の襲撃を受け死亡した中村哲医師は、消費社会、都市化が進んだ私たちの生き方への警鐘を鳴らしている。その最期の言葉としてまとめられた『希望の一滴』のなかの「おわりに」で、都市化した現在の日本について「サービス業だけで社会は成り立たないから、誰かが農業や漁業を営まなければならない。労働力が足りなくはないが、知識を崇拝する都市化社会では身体を使う仕事が低く見られる。高学歴の者の仕事ではないような言い方をする向きもある。三K（汚い、きつい、危険）と言い、できるだけ手を汚さず、安全な仕事が良しとされる風潮も根強い。つまり農漁業は敬遠され、その分を外国人に頼ることになる。健全な社会とは思えないが、世の中の流れはそうなっている。さらに、交通手段が発達し、お金や物の移動が速やかになった現在、『必要なら外国から買えばいい』という意見が一般的だ。第一、『経済成長』が現金の多寡で量られ、それを増やすのが善だと指導されるのだから、抗いようがない」と評価している。そのうえで、最後に「やがて人々がスピードや競争、派手な自己宣伝や奇抜さに疲れ、その空虚さに気づくとき、静かな郷愁を伴って本来の自然との関係が姿を現すような気がしてならない」[22]と締めくくっている。

第二項　労働と環境との関係

中村の警鐘は、デヴィッド・グレーバーが、第一次産業に従事する人が大幅に減少した半面、「管理職・事務職・サービス職に就く人の数は、この一世紀で三倍になり、アメリカの仕事のうち七五％を占めるに至った」と指摘していることとつながる。そして、これらの仕事の大半がブルシット・ジョブ（クソどうでもいい仕事）、つまり「被用者本人でさえ、その存在を正当化しがたいほど、完璧に無意味で、不必要で、有害でもある」という。グレーバーの「いい仕事」とは単に経済を拡大する「生産的な仕事」ではなく、「それ自体が目的でありそれ自体に意味のあるような仕事」[23]である。そのような仕事は、アレントのいう人間の条件を満たし、中村のいう本来の自然との関係が姿を現すような仕事ではないだろうか。

しかし、「本来の自然」は私たちのものになるのだろうか。気候危機が迫り、近年集中豪雨が頻発し、土砂災害は甚大な被害をもたらしている。一九七二年にローマクラブが『成長の限界』を提起して以降も資本主義は果てしなく成長を追い求め、その帰結として地球温暖化、さらには気候危機を招いている。現在、ローマクラブ共同代表のサンドリン・ディクソン－デクレーヴは「気候、パンデミック、生物多様性の危機のティッピングポイントが重なっており、その緊急性が適切に理解されていない」と指摘し、しかし同時に「ＣＯＶＩＤ発生後の今、最も大切なのは何かが理解されるようになっている。仕事があること、汚染されていない食べ物、健康的な食べ物と水が手に入ること、そして医療を受けられること」[24]だという。

デクレーヴが指摘しているような動きは、日本国内でも近年現れている。海外の大規模農場で化学肥料・農薬を使い、大量生産することが環境破壊を促進し、人々の健康も脅かしていることに気づいた人々が各地で有機栽培や無肥料・無農薬栽培などによる小規模農業に挑戦し始めている。また、東日本大震災と福島第一原発事故を契機に自然エネルギーへの関心もそれまで以上に高まってきた。太陽光発電、風力発電、小水力、バイオマスなど持続可能なエネルギー開発・供給も各地で取り組まれている。さらに少子超高齢社会となった現在、子育てや介護などのケアが今まで以上に必要不可欠になっている。このようなケアを地域でつくり、お互いに支え合って生きていくことは、私たちに共通する大きな課題である。この課題にもＮＰＯ・協同組合等による助け合い活動として多様な実践が広がり続けている。

第三項　幸せと地域をつくる協同労働

環境に優しく、人にも優しい働き方は過疎地の農林漁業や各地の子育て、介護支援の現場で広がりつつある。二〇二〇年一二月にそのような労働を一人ではなく、協同で行うことを支援する労働者協同組合法が成立した。その総則第一条には「各人が生活との調和を保ちつつその意欲及び能力に応じて就労する機会が必ずしも十分に確保されていない」として、現在、ワークライフ・バランスが不均衡であること、各自の能力を生かすような就労の場が不十分である、という課題が明確に示されている。この法律が誕生する背景にある課題が明記され、それを解決するための法律であることが示されていることの意味は大きい。

現在、先述のとおり雇用労働者の約四割が非正規雇用であること、長時間労働、ハラスメントなどが頻発するブラック企業の問題、さらにコロナ危機によって、雇用破壊はますます進展している。なかでも介護労働は劣悪な状況が続き、結城康博は「今、介護現場では深刻な介護人材不足によって介護保険制度はあっても、実際にはサービスを依頼しても利用できない事態が生じている[25]」と介護職がいなくなることに警鐘を鳴らしている。

このような課題を解決することを目指して「組合員が出資し、それぞれの意見を反映して組合の事業が行われ、および自らが事業に従事することを基本原則とする組織」である労働者協同組合が位置づけられた。そしてその組織の設立、管理等によって「多様な就労の機会を創出することを促進するとともに、当該組織を通じて地域における多様な需要に応じた事業が行われることを促進し、もって持続可能で活力ある地域社会の実現に資すること」が目的であることが示されている。

労働者協同組合の日本の主要な事例としては、「ワーカーズコープ」、「ワーカーズ・コレクティブ」、農業女性起業団体、障害者就労団体（共同連など）がある。富沢賢治は、そのなかで「職のないものが自分たちで仕事をつくりだすために結成した組織」であるという世界各国の労働者協同組合に共通する特徴をもっともよく示しているのは「ワーカーズコープ」だという。そしてその日本のワーカーズコープの特異な点は「よい仕事をする」という理念を組織の核心に据えていたことだと評価している。この「よい仕事」とは、「利用者に役立つ仕事をすることによって、就業を確保すること、ひいては利用者に役立つ仕事を自ら行うことによって、労働を自己のものとするような仕事（労働疎外の克服）である」[26]、という。このような労働の位置づけは、企業別の労働組合が目指す「日本的労使関係」（終身雇用・年功序列＝正社員の労働条件の改善）とは、全く異なるものである。そして、この「よい仕事」という理念こそ、労働とは何か、という本質的な問いを私たちに投げかけ、その答えを模索し続けている。

地域で私たちが幸せに暮らし続けるためには、言うまでもなくその地域で働く場があることが必要不可欠である。その働く場をつくることが、まずは地域をつくること、さらにその労働は一人で担うのではなく、協同で取り組むことが求められつつある。さらにその労働は地域の持続可能性を高め、その環境とともにある。

第三節　幸せと福祉文化

第一項　幸せと健康概念のひろがり

協同労働が幸せと地域をつくる可能性があると論じてきたが、そもそも幸せとは何かについて改めて考えてみたい。福祉は、広義にとらえれば、幸福、しあわせと同義である。福祉が幸せであるとすると、そもそも幸せとは何か。長谷川宏は、西洋哲学史のなかで幸福とは何かという問いに哲学者たちはどう向き合ってきたのかを明らかにしている。そのなかで、ソクラテスは、幸福とはなにかといった問題に思索を傾けることがなかったが、アリストテレスにとっては、幸福論は避けてとおれない主題だったという。その理由についてアリストテレスが「市民として共同体のなかに生き、共同体に受け容れられ認められることによって個としても充実した生がある、といった生活実感が薄れつつあるところで、なんのために生きるのか、生きるしあわせはどこにあるかが真剣に問われたのではないか[27]」と指摘している。ここでは共同体というつながりが薄れていくなかで、幸福とは何かという問いが発生した。幸せとは、共同体というコミュニティの存在があってこそ私たちの生命、生活、人生のなかで問われるものとなってきたのである。

それでは、幸せとコミュニティをつなぐものは何なのだろうか。一九九〇年代からコミュニティ・プランニングを推進していた政治学者の佐々木一郎は、「いま健康・発達増進型社会への質的変換が焦眉の課題となってきている。これからの社会づくり（計画と実行による新たな社会形成）の何よりの基本・最優先基軸に〝健康〟を置き、一人ひとり・すべての健康増進に資する社会への再形成がそれぞれの生活地域を基本単位に精力的に推し進められるようになってきている。」と論じている。そのうえで「生涯にわたる健康と限りなき発達に向けうることは、まず何よりもその当人たちの幸せ（Well-Being, Welfare=福祉の実現）となる。それを通して、それは、それだけではなく、すべての年代・世代・社会層等にかかわる社会的費用負担等を軽減させえてすべてにとっての幸せともなる。社会の幸せ、本来的意味での〝社会福祉〟の実現となる[28]」と指摘している。

佐々木のいう健康について、園田恭一は「社会的健康」という概念を提示し、憲法第二五条で明記されている健康と公衆衛生について、憲法の英文表記の wholesome は「病気でないとか、というよりは、良い、健全なといった積極的な意味」であり、public health は「健康や保健に向けての取り組みや施策」であることからも二五条で目指している健康は「生命体とか生きるとか生きる力、生き続ける意志、生命、生存、生活、人生、一生涯という Life から捉える。そして、良い面を強めるということ[29]」であり、それを実現するための取り組みと施策が重要であることを強調している。つまり、健康は Life から捉えるものであり、それを実現するためには地域を基盤とした取り組みや施策が必要となる。

園田は、健康の捉え方が、「疾病モデル」「医学モデル」から「生活モデル」「社会モデル」へと転換してきたことを紹介したうえで、「社会的健康」を提起している。そして近年の健康観の特徴として「パワーやエネルギーなど、それらの可能性や積極面に眼をつけ、正常や生理や順機能などといったノーマルな面やさらには良い状態（well-being、wellness）に着目をして、プラス面やポジティブ面の維持や強化を目指している[30]」という。

さらに近年は、「One Health　ワンヘルス」という概念[31]が提起されている。ワンヘルスとは、動物とヒト及びそれを取り巻く環境（生態系）は相互につながっていると包括的に捉え、関係する学術分野が「ひとつの健康」の概念を共有して問題解決にあたるべきという考え方である。新型コロナウイルス感染症の拡大によって、このワンヘルスという概念は注目されている。

第二項　文化と福祉文化

憲法第二五条にあるように健康と文化は、人間らしい生活を営むためには必要不可欠であり、地域社会と不可分である。ここでは文化に焦点をあててみたい。文化とは、ラテン語の colere、「土を耕す」という農業の言葉からきている。その意味が次第に広がり、ドイツ語の Kultur、英語の culture など今日の文化という意味で使われるようになった。文化とは一八世紀後半の産業化のなかで生まれた文明と対比される言葉でもある。文化とは多義的な概念であり、文化人類学のなかで議論が積み重ねられているが、本章では市民権の視点から多文化主義の議論を踏まえ、宮島喬の「文化とは、人々の社会的経験およびそれにもとづく欲求や行為志向が象徴化されたもので、言語などなんらかの媒体を通して表現されるもの、またいかに間接的であれなんらかの意味をあらわすもの[32]」としたい。さらにアンドレア・センプリーニは「多文化主義とは、近代性理論に対する真摯な挑戦である[33]」と主張している。近代性が客観性や理性を中心におくのに対し、多文化主義は伝統や相対主義を中心におく。つまり個人は歴史的社会的な他者との関係、環境のなかに位置づけられ、その集団のなかに文化が位置づけられるということである。

文化という言葉が、一八世紀につくられたことについて、内山節は「国民文化をつくりだすためであった」と論じている。その目的は「国民を形成するためには、国民文化や国民の文明を成立させ、それらに包み込まれた個人をつくる必要があった[34]」という。つまり文化とは個人がつくるものではなく、人々によってつくられてきたものである。さらに内山は「思想とは共同的価値」であり「思想とは文化だ」と論じている。そして思想の創造者である私たちが「『場所』のなかに深い文化、持続させるに値する文化をつくりだしていきたい[35]」という。つまり文化とは「場所」との関係のなかから創り出されるものだということである。

また、一番ケ瀬康子は、文化とは「環境に働きかけて、より真なるもの、より善きもの、より美しいもの、聖なるものを生み出していく過程そのものである」と論じている。そして福祉文化の定義を「自己実現をめざしての普遍化された〝福祉〟の質（ＱＯＬ）を問うなかで、文化的な在り方を実現する過程及びその成果であり、民衆のなかから生み出された文化」としている。日常生活のなかに誰もがもつ生活文化を基盤としながら、さらに高度な文化、新しい文化も民衆のなかから生まれていることの意味に注目している。そして、「いかなる時代においても、文化を生み出した人々は、その社会で差別され、逆境のなかから人生の苦悩を感じ、新たにその社会の価値観をこえて真・善・美・聖の普遍性を求め模索を続けた人々であった」という。

そして「これからは社会そのものが、人間らしい福祉を基軸とした共生社会に変わっていかなければならない時代に入っている。そのとき、どうやって各自が生きがいのある共生社会に変えていくかということはすべての人が、あらゆる専門の人びとが、さらに地域の住民自体が、心の奥底から納得し努力していかなければ意味がないであろう。以上のような想いにとらわれたとき、福祉文化という言葉が浮かんできた[36]」として福祉文化研究を展開していった。さらに一番ケ瀬は、福祉の普遍化、福祉の質の高まりのなかで「福祉の文化化」が望まれていると論じている。

以上のように「福祉文化」とともに「福祉の文化化」こそ、共生社会を創造していくことにつながる。つまり「福祉」を貧困や生活困難など個人の問題を解決する、もしくは専門職が解決する問題という狭い意味に捉えるのではなく、私たちの生活の場所である地域のなかにお互いに助け合い、一人ひとりが幸せを目指して生きていくことを支えるためにこそ普遍的で質の高い社会保障・社会福祉が求められている。そのような社会保障・社会福祉制度の充実とともにその基盤として専門職、住民などあらゆる人々による協同の活動のなかで「福祉の文化化」が推進されつつある。

第三項　生活と労働を結ぶ協同が生む福祉文化

日本ではじめて福祉文化という言葉が使われたのは、一九六二年、灘神戸生協（現コープこうべ）の組合員によるボランティア、福祉活動が、福祉文化事業と称されたことである。それは、単なる福祉ではなく、生活協同組合の組合員がボランタリーな互助の努力を高め合うために、その在り方の表現として、使われ始めた。それぞれの人生の質が高くなければ、お互いの助け合いの思いを表すことができないとし、お互いに人間らしい福祉を実現しようとの願いから、この用語は生み出されてきた。嶋田啓一郎は「法制的社会福祉は、一般国民のなかに拡大する『こころ』の貧困に立ち入ることには、一定の限界をもっている」とし、「生協の福祉は、協同に基づく組合員の連帯活動であって、地域組合員や従業員の自主・自発的結合性を基盤としたものである」[37]と生協福祉を位置づけている。

図一　労働と生活と協同（仕事と活動）⇒福祉文化の関係

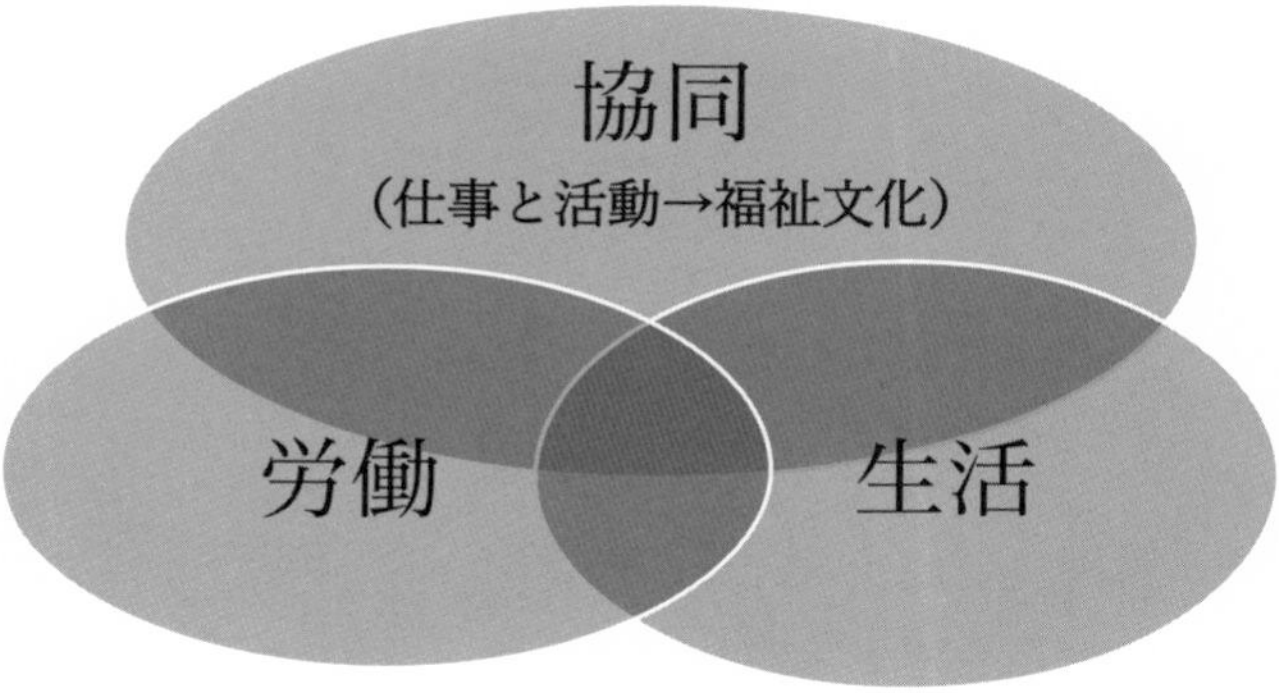

その後、生協福祉や地域の有償ボランティアが各地に誕生してきた。専門職によるものでも、労働でもない「協同の活動」は、一九九〇年代には参加型福祉として位置づけられた。これらの実践が各地で展開されるなかで、地域のなかで多様な福祉文化が生まれてきた。子ども食堂や就労支援のための起業など図一の「労働」と「生活」にまたがる「協同」の活動は、貧困を制度によって解決するにとどまらずこころの貧困にも立ち入ることを可能とする。地域のなかで人と人とがつながり、共に食事をしたり、陶器を創るなど楽しい時間を共有し、幸せを目指す関

係のなかで「労働」と「生活」の間に先述のアレントのいう「仕事」と「活動」という協同の実践が生まれ、それが「福祉文化」という暮らしやすい地域づくりへと発展していくのではないか。

増進型地域福祉は、私達一人ひとりが幸せを目指すプロセスのなかで、図一のとおり協同の労働と協同の生活を生み出していく。そしてその協同（仕事と活動）は福祉文化として次世代につながっていく。さらに、労働と生活も協同のなかに広がり、その質が変容していく。序章で小野がいう増進型地域福祉が理想を希求するとともに常に実現可能性を検討するということは、この協同を創造し、実践し続けるということに他ならない。

おわりに―福祉文化を生み出す増進型地域福祉の可能性

私達が幸せな時間を他者とつながりながら地域のなかで過ごすためには、その時間を過ごす空間とそこに存在する人間関係の質が問われてくる。一番ヶ瀬康子は「視野を地球規模に広げながら、社会福祉学の独自性であるトータルな個人を起点とした社会認識のなかに、風土性を十分に組み入れつつ、新たな研究方法の探求が必要である。ことに相互扶助を社会福祉に改めて位置づけつつ、『共生』の社会福祉をしっかりとうちたてる戦略を問うべきである」[38]とその空間を地球規模にまで広げて意識すること、さらにはその「風土性」と「共生」の重要性を指摘している。

また広井良典は、「無」とは何かを思考するなかで、「私の人生とは、〝時間を超えた何か〟から生まれて、しばらくのあいだ時間の中を生き、再び〝時間を超えた何か〟に帰る歩みとして把握される」[39]と論じている。この〝時間を超えた何か〟とは「風土性」や「共生」に近いものではないだろうか。時間と空間という無限に広がるもののなかで、私達は限りある生をどのように生きるのか。鶴見和子は『「われ」の発見』という佐々木幸綱との対談のなかで「定住者と漂泊者との、つまり漂泊でもいろんなところから漂泊してきた人との、出会いの場として祭りがある。祭りのときに、歌がつくられる」として「社会変動論の一つのかぎは定住と漂泊であって、内発的発展論というのは定住者だけではできないわけ。漂泊者と定住者がお互いに触発し得る場として地域がある。そういう場合に変化が起こり得る」[40]という。

本章冒頭で紹介した「発酵盆唄」は「反原発パレード」で出会った多様な人々が地域の自然や仕事を見つめ、多様な協同作業をするなかで生み出され、歌い、踊り継がれている。東日本大震災後、避難生活が長期化するなかで、岩手県の陸前高田市、住田町では、子どもたちのために「うごく七夕まつり」をやりたいという地域の人々の願いで、地元の人々と国内外から来た多くの災害ボランティアが協力しあって祭りを開催した。当日は子どもたちや地域の人々、多様な国籍の人々とともに笑顔溢れる時間となった。その祭りを実現したパワーとつながりが、その後の多様な復興活動に生かされている。私達は多くの困難に出会いながら生きるからこそ他者との出会いと他者と共有できる夢、希望につながる日々とそこにある協同の実践を求めているのではないか。

人々は、地域の自然、歴史のなかで、偶然出会った人々と共通するニーズを解決するために協同でサービス（仕事・活動）を創り、支え合って生きている。そしてそのプロセスのなかで、共に夢と希望を語り、試行錯誤し、一人ひとりの幸せと地域の幸せを協同によって生み出し、その地域の福祉文化を育み、伝え続けていくのが増進型地域福祉である。それぞれの地域で、踊りや歌、文学、絵画、演劇など多様な文化が生み出され、それらは私達の生活や労働を豊かにしながら次の世代に引き継がれていく。そんな笑顔が広がるまちづくりが、各地で展開しつつある。

註

1　広井良典編著（二〇一六）『福祉の哲学とは何か』ミネルヴァ書房、一二頁。

2 岡村重夫（一九七四）『地域福祉論』光生館、四二頁。
3 右田紀久恵（二〇〇五）『自治型地域福祉の理論』ミネルヴァ書房、七頁。
4 岩田正美（二〇一七）『貧困の戦後史　貧困の「かたち」はどう変わったか』筑摩書房、三一二～三二五頁。
5 橘木俊詔（二〇一二）「格差をどう考えるか」橘木俊詔編著『格差社会』ミネルヴァ書房、四頁。
6 広井良典（二〇〇九）『グローバル定常型社会　地球社会の理論のために』岩波書店、六一頁。
7 賀川豊彦（一九三七＝二〇〇九）『友愛の政治社会学』日本生活協同組合連合会、一九頁。
8 セン、アマルティア（一九九二＝一九九九）池本幸生・野上裕生・佐藤仁訳『不平等の再検討　潜在能力と自由』岩波書店、一八〇頁。
9 アタリ、ジャック（二〇二〇＝二〇二〇）林昌宏、坪子理美訳『命の経済　パンデミック後、新しい世界が始まる』プレジデント社、二三、二四六～二三七頁。
10 一番ヶ瀬康子（一九九四）『一番ケ瀬康子著作集第2巻　社会福祉の歴史研究』労働旬報社、一一、一〇三～一〇四頁。
11 武川正吾（二〇〇六）『地域福祉の主流化　福祉国家と市民社会Ⅲ』法律文化社、三八頁。
12 橘木俊詔（二〇〇五）『企業福祉の終焉―格差の時代にどう対処すべきか』中公新書、八七頁。
13 濱口桂一郎（二〇一三）「福祉と労働・雇用のはざま」濱口桂一郎編著『福祉と労働・雇用』ミネルヴァ書房、五頁。
14 酒井正（二〇二〇）『日本のセーフティネット格差　労働市場の変容と社会保険』慶應義塾大学出版会、四四頁。
15 丹野清人（二〇〇七）『越境する雇用システムと外国人労働者』東京大学出版会、三三頁。
16 毎日新聞二〇一六年一月二〇日付夕刊。
17 都留重人（二〇〇六）『市場には心がない　成長なくて改革をこそ』岩波書店、一四〇頁。
18 内山節（二〇一五）『半市場経済』角川書店、四頁。
19 内橋克人（二〇〇九）『共生経済が始まる　世界恐慌を生き抜く道』朝日新聞社、七四頁。
20 内橋（二〇〇九）一二八頁。
21 アレント、ハンナ（一九五八＝一九九四）志水速雄訳『人間の条件』筑摩書房、一九～二七頁。
22 中村哲（二〇二〇）『希望の一滴　中村哲、アフガン最期の言葉』西日本新聞社、一八四～一八五頁。
23 グレーバー、デヴィッド（二〇一八＝二〇二〇）酒井隆史・芳賀達彦・森田和樹訳『ブルシット・ジョブ　クソどうでもいい仕事の理論』岩波書店、三～一六頁。
24　サンドリン・ディクソン－デクレーヴ・荒井雅子訳（二〇二二）「緊急事態の地球　今すぐ、科学にもとづく明確な行動を」『世界　no.944』岩波書店。
25　結城康博（二〇一九）『介護職がいなくなるケアの現場で何が起きているのか』岩波ブックレット。
26　富沢賢治（二〇二二）「労働者協同組合とは何か――歴史から学ぶ」『生活協同組合研究 Vol.543』生協総合研究所。
27　長谷川宏（二〇一八）『幸福とは何か　ソクラテスからアラン、ラッセルまで』中公新書、五七頁。
28　佐々木一郎（一九九六）『ウエルフエア・コミュニティ――高齢化社会における地域と産業』横浜市立大学　経済研究所。
29　園田恭一（二〇一〇）『社会的健康論』東信堂、九八～一〇〇頁、現行の日本国憲法は、一九四六年連合国の占領下ということもあり、その作成過程にも、条文の内容にも連合国側、とりわけアメリカ総司令部側の意向や力が大きく働いていたことが浮かび上がってくると指摘し、一三条の幸福追求権の「公共の福祉」が（public welfare）に落ち着いた経緯なども紹介している。
30　園田（二〇一〇）二五頁。
31　福岡県ホームページ
https://www.pref.fukuoka.lg.jp/contents/one-health-fukuoka.html#onehealth（二〇二三年二月二〇日閲覧）二〇一二年に世界獣医師会と世界医師会が「ワンヘルス推進の覚書」を調印したことで、ワンヘルスの取組は、医学と獣医学の垣根を超えて世界に広まることになった。二〇二一年には「福岡県ワンヘルス推進基本条例」が施行された。
32　宮島喬（二〇一四）『多文化であることとは　新しい市民社会の条件』岩波書店、二三頁。
33　センプリーニ、アンドレア（一九九七＝二〇〇三）三浦信孝訳『多文化主義とは何か』白水社、一六四頁。
34　内山節（二〇一三）『新・幸福論　「近現代」の次に来るもの』新潮選書、六六頁。
35　内山節（二〇〇六）『「創造的である」ということ　上　農の営みから』農文協、二二六～二二九頁。
36　一番ケ瀬康子（一九九七）『福祉文化へのアプローチ』ドメス出版、二四六頁。
37　嶋田啓一郎（一九八九）「私たちは『喜びを運ぶ器』――生協と福祉活動の展開」『協同による地域福祉のニューパワー生協と福祉活動』ぎょうせい。
38　一番ヶ瀬康子（一九九五）「21世紀社会福祉学への展望」『21世紀社会福祉学　人権・社会福祉・文化』有斐閣、三五五頁。

39　広井良典（二〇二二）『無と意識の人類史　私たちはどこに向かうのか』東洋経済新報社、二六五頁。
40　鶴見和子（二〇〇二）『鶴見和子・対話まんだら「われ」の発見』藤原書店、一六一〜一六二頁。

〈参考文献〉

朝倉美江（二〇一七）『多文化共生地域福祉への展望　多文化共生コミュニティと日系ブラジル人』高菅出版
朝倉美江（二〇一九）「地域福祉型生協の展開と可能性　協同組合は社会運動を担えるのか」小木曽洋司他編『協同による社会デザイン』日本経済評論社
朝倉美江（二〇一六）「貧困の広がりと新しいコミュニティ——多様性と生活をまもる砦」文貞実編著『コミュニティ・ユニオン　社会をつくる労働運動』松籟社
朝倉美江（二〇〇二）『生活福祉と生活協同組合福祉　福祉ＮＰＯの可能性』同時代社
安立清史（二〇二一）『ボランティアと有償ボランティア』弦書房
岡野八代（二〇二二）「ケア／ジェンダー／民主主義」『世界　no.952』岩波書店
小野達也（二〇二一）「地域共生社会政策とこれからの地域福祉研究——生活世界とウエルビーイングの観点から」『日本の地域福祉』34　日本地域福祉学会
バウマン、ジグムント（一九九八＝二〇〇八）伊藤茂訳『新しい貧困　労働、消費主義、ニュープア』青土社

第三章　認知症の人が支えられる側からまちづくりの主人公へ

森　安美

はじめに

私は二〇〇〇年の介護保険スタート時から二〇一四年まで、民間企業に所属する介護支援専門員（ケアマネジャー）として認知症の人や要介護高齢者の相談支援を担当してきた。認知症の人が生活していくためには介護保険サービスは欠かせないが、認知症の人が介護保険サービスの利用者となることで地域社会と疎遠になっているのではないか、という漠然とした疑問を抱いていた。

そこで私は地域福祉の視点を学ぶために企業を退職し、二〇一五年に大阪府立大学人間社会学研究科に入学、小野達也先生の研究室で「増進型地域福祉」の概念を学ぶ機会を得た。それは、マイナスからゼロ（旧状復帰）を目指すのではなく、理想の状態を本人とともに描き共同の実践によってその実現を目指すというものだった。この概念を、認知症高齢者に照らして考えてみると、そのめざす理想の姿は「認知症になっても幸せに豊かに輝いて生きる」ということだった。この理想が実現できたら、どれだけ多くの人に笑顔が生まれるだろうか、その笑顔にどれだけ多くの家族が心安らぐだろうか、と未来への期待を感じたのである。

そして大阪府立大学大学院を修了後、二〇一八年には、認知症になっても輝けるまちをめざし、認知症の人が主役となり活躍できる場や活動を、多様な人や団体とつながり創出する「ゆめ伴《とも》プロジェクトin門真実行委員会」を発足させた。このプロジェクトはまさに増進型地域福祉の視点を取り入れた実践である。

本章では、ゆめ伴プロジェクトin門真実行委員会（以下、「ゆめ伴プロジェクト」と表記）の実践について紹介をする。

第一節 「ゆめ伴プロジェクト」の誕生

第一項 RUN伴《とも》+門真から学んだこと

増進型地域福祉を学んでいた二〇一六年頃、私の活動地域である門真市内の施設に入所していた高齢者の息子様から「認知症の人や市民が全国をタスキリレーでつなぐ『RUN伴』という活動に父と一緒に車いすで参加したい！」という相談が私のところに舞い込んできた。

私は、何とかその父と息子の夢を叶えたいと思い、「RUN伴」の主催団体に相談したが、門真市を走行するルートがないことがわかった。それならこのお父さんが笑顔になるために、門真市内で独自の方法により新たな取り組みができないか模索をしてみることにした。

全国で開催されていたRUN伴にも参加し、そこで生まれる認知症の人の笑顔に大きな感銘を受けた。そこで、門真の介護や福祉に携わる人や市民団体の仲間達に「門真でも認知症の人や車椅子の人が街を歩くスポーツイベントをやってみないか」と声をかけたところ、約三〇人のボランティアが集まってくれた。何度も話し合いを行い、二〇一六年に全国のRUN伴の姉妹版「RUN伴+門真」として開催するに至ったのである。

認知症の人や要介護高齢者が街の中を走行する（現実的にはとてもゆっくり歩いている）ことへの様々なリスクや不安が無かったわけではないが「車椅子でもマラソンに出たい」という父と息子の想いを叶えたいという気持ちが、仲間の気持ちを一つにしてくれた。

認知症の人や施設で暮らす高齢者、介護スタッフや家族、市民などを参加対象者とし、認知症啓発カラーであるオレンジ色のTシャツを着て、街の中をいくつかの中継地点を経由しながらゴールをめざすスポーツイベントとして実施することにした。

当日は、約一五〇人が参加し、ゴール時の高齢者の晴れやかな笑顔には皆が大きな感銘を受けた。この笑顔は「街に出て、地域住民としていろいろな人と共に楽しむ」喜びだったと考えている。そのことから、認知症の人や要介護高齢者が地域社会の中で地域住民として共に楽しむ場や活動をもっと創出していく必要があり、一年に一度「ＲＵＮ伴＋門真」を開催して喜んでいる場合ではない、ということにも気付かされたのだった。

晴れやかな笑顔でゴールする施設で暮らす高齢者
RUN伴＋門真にて

第二項　ある母娘との出会い

二〇一八年に、私は認知症のお母さんと暮らす娘さんとの出会いがあった。そのお母さんは認知症だったが、ご自身でそのことを理解することができず、「おかあちゃん、まだまだ働けるで。」と言い、娘さんがデイサービスの体験にいくら連れて行っても「なんで、こんなところに行かないとあかんのや」と怒り出す始末だった。娘さんは「母は野菜を切ったり、で

ゆめ伴プロジェクトの構成団体

きることはまだまだあるんです。まだあきらめてほしくない。認知症の人が輝ける場ってないんでしょうか?」と切実な胸のうちを明かしてくれたのである。

デイサービスは支援される場であり、確かに認知症の人が輝ける場所が無いことに気付かされた。この母娘が何とか笑顔になるために、「認知症の人の輝ける場所が無いのなら、みんなで創ろう！」と思ったのである。

そして、これまでにも様々な活動に一緒に取り組んだ門真市の介護事業所の仲間達に、私が出会った母娘の話と共に「認知症の人が輝ける場や活動をみんなで創らない？」と声をかけたのである。すると皆が共感してくれて、まずはそのお母さんが輝くことのできるカフェに取り組んでみようということになった。「門真で一番おしゃれなカフェで認知症の人がスタッフになるカフェができたら、そのお母さんもワクワクしてくれるかも！」と声があがり、早速お目当てのカフェの社長に相談した。すると、「ぜひやってみましょう」と快諾を得て、カフェの定休日である水曜日を利用し、認知症の人がスタッフとなるカフェを二ヶ月に一度の頻度でオープンさせることにした。

そこで、「ＲＵＮ伴＋門真やゆめ伴カフェ、もっとバリエーション豊かな輝く場をつくって、それぞれの活動が有機的につながり包括的に取り組むまちづくり活動として実行委員会をつくろう」ということになった。介護事業所や社会福祉協議会、市役所や市民団体の仲間に声をかけたところ、皆が想いに共感して主体的に集まり、さらにこのプロジェクトのきっかけとなった認知症のお母さんと娘さんもメンバーとなり、二〇一八年四月に「ゆめ伴《とも》プロジェクトｉｎ門真実行委員会」を発足させることができた。このネーミングは、認知症の人の夢を街全体で伴走していきたい、という思いから「ゆめ伴」という名前が生まれた。

第三項　ゆめ伴プロジェクトのめざすもの

増進型地域福祉の視点を学び、仲間と共に「もっと、認知症の方々が豊かに幸せにいきいきと輝いて暮らしてほしい、そしてそれが当たり前の地域社会を実現していきたい」という想いがめばえるようになった。そのために、認知症高齢者と地域社会とをつなぎ、認知症高齢者が主役となって活躍できる場や活動を丁寧に創出すれば、その積み重ねの上に「認知症になっても輝けるまち」が浮かび上がるのではないだろうか、と考えたのである。

認知症というマイナスな状況になった人をゼロ地点へ戻そうというアプローチは医療（Cure）や介護（Care）が担い、そこから豊かに幸せに輝く、というプラス地点へ持っていこうというアプローチは、地域とのつながり・交流（Communication）を重視するゆめ伴プロジェクトのような地域活動が担う部分であると考えている。つまり、認知症の人がよりよく生きるためには、どのアプローチが欠けても成立しないことから、この三つのＣが三位一体となった地域社会であることが重要であると考えている。

これらの考えから、ゆめ伴プロジェクトは「認知症になっても輝けるまちの実現をめざし、認知症の人が輝ける場や活動を街の中に複合的に創出していく」という、増進型地域福祉の視点でのゴールをめざすことにした。

第二節　ゆめ伴プロジェクトの活動――集い型地域活動

認知症の人や高齢者の声をきっかけに、認知症の人が主役となる活動を多様な人や団体がつながって創出し、地域の人と共に楽しむ場をデザインすることで、さらに多様な仲間を巻き込み、そこで生まれる様々な喜びを皆で共有しながら次なる活動を展開させていくゆめ伴プロジェクトの活動の一部を紹介する。

第一項　ゆめ伴カフェ

市内の人気カフェで開催する「ゆめ伴カフェ」。二ヵ月に一度の頻度で二〇一八年八月より実施している。認知症の人がスタッフとなり、厨房、接客、レジ、手作業など得意分野の仕事をゆるやかに担当。市民スタッフは認知症の人とペアになりサポートを担当。また、認知症の人はカフェの開催日だけでなく、カフェ企画会議にも参画し、出されたアイデアや意見を反映させている。毎回、認知症の人約九名と市民サポーター一五名程度がスタッフとして活躍。店内二〇席は毎回満席状態である。

カフェでは一人ひとりの認知症の人ができることの役割を担うことでいきいきと輝き、市民や客と自然にまざりあうことで、心地よいゆるやかな空間が生まれている。認知症の人にとって輝ける場であると同時に、市民にとっても共に楽しみや喜びを得られる場でもあり、様々な感動エピソードも生まれている。

もちろん認知症の人がゆめ伴カフェに参加して輝くことは、決して簡単なことではない。このカフェのきっかけとなった認知症の高齢女性も、当初からスムーズに参加できた訳ではない。しかし、回数を重ねる中で認知症の人もサポートする市民も、一つのカフェチームという仲間意識が芽生え心地の良い居場所となることで、今ではカフェでいきいきと輝けるようになった。さらには自信や生きがいにつながり、ゆめ伴ファームやサロンにも参加できるようになった。

第二項　ゆめ伴ファーム

ゆめ伴ファームは、「昔、門真でも盛んだった綿花の栽培を、認知症の人や地域のみんなで一緒に育ててみたい！認知症の人と共に綿花を栽培して糸を紡いでみてはどうか。」という市民のアイデアがきっかけで生まれた活動だ。認知症の人に綿花について尋ねてみると、蘇る幼少期の思い出話をいきいきとした表情で語ってくれる。認知症の人が暮らすグループホーム所有の活用されずに荒地となっていた約九〇坪の畑を「ゆめ伴《とも》ファーム」と名付けて地域住民の高齢者が開拓。認知症の人や園児たちと共に綿花の栽培をスタートした。

　毎週水曜日の午前中に行われる活動日には地域の高齢者や、認知症初期の男性などがぽつりぽつりと畑に集まってくる。特に管理している畑ではないので、枯れてもよし、芽が出たらラッキー程度を目標としている。近所の保育園児も定期的に遊びに来るため、高齢者にとっては孫のような園児に会えることも畑に来る動機になっている。大切なことは、この畑で野菜を収穫することではなく、人と人がゆるやかに交流し笑顔が生まれることだ。

高齢者と保育園児が一緒に畑作業を楽しむ「ゆめ伴ファーム」

第三項　ゆめ伴サロン

「膝が悪いから畑作業はできないけど、手作業ならできる」という高齢者の声から、畑に隣接するグループホームの屋内スペースで、畑作業と同じく毎週水曜日に、認知症の人と地域の人が手作業を行うサロンを実施している。実行委員メンバーでもある門真市の認知症地域支援推進員が主にサロンを担当し、地域包括支援センターの職員やケアマネジャーが認知症初期の高齢者を誘って一緒に参加するなど、ゆるやかに交流しながらも多職種での関わりを深められる場になっている。折り鶴や小物の製作、収穫した綿の実から種を採る作業や、種を袋詰めする作業などを行っている。男性高齢者がハンドドリップ珈琲を淹れてサロンで提供する活動も行い、男性の活躍の場ともなった。

第四項　ゆめ伴マーケット

地元企業からの提案で実現したゆめ伴マーケット。

これは、地元タオル会社の取締役の女性による「長年勤務し家族同様だった元従業員が認知症となり施設に入所してしまったが、薄れゆく記憶の中で少しでも一緒に楽しめる機会を作りたい」という想いがきっかけとなり開催に至った。

その元従業員が暮らすグループホームの駐車場や敷地をマーケット会場とし、タオル会社が地域の花屋、パン屋、郵便局、駄菓子屋などにも声をかけ、地元企業が出店販売を行った。認知症の人も一日店長となり一緒に販売することを通じて、地域交流のゆめ伴マーケットが実現できた。

当日は認知症の人や家族、市民、地元企業などで構成するマーケットスタッフ約六〇名と二〇〇名を超える多くの地元の若い世代の家族などが来場し、みんなが笑顔で共に楽しみ交流できる場を創り出すことができた。

第五項　活動を通じた気づき――「認知症の人のために」から「認知症の人と共に楽しむ」へ

私たちは、認知症の人に笑顔になってもらいたいと「認知症の人のために」始めた活動であるが、いつしか認知症の人と共に笑い合いたいと「認知症の人と共に楽しむ」活動へと意識が変化した。当初は認知症の人が支援される側で、私たちは支援する側という意識が存在していたが、認知症の人と共にカフェで接客をして楽しみ、畑で共に野菜を収穫できた喜びを共有し、時には認知症の人の言葉に励まされ、癒されることも多く、自然に認知症の人と私たちは同じ活動を担う仲間として関わることができてきたように思う。

また、認知症になっても輝くことをめざす目的実現型の増進型地域福祉の視点は、認知症の人が抱える課題解決型の視点よりも、市民や企業の共感を得やすく、多様な人や団体に参加してもらいやすいことがわかった。さらに、共に楽しみながら認知症の人が輝くことを応援できる活動であることが持続性も高めていると思われる。

これらの認知症の人が主役となって活躍できる取り組みが評価され、二〇一九年には厚生労働省の「第八回健康寿命をのばそう！アワード」厚生労働大臣賞　最優秀賞を受賞、またＮＨＫ厚生文化事業団の「認知症とともに生きるまち大賞」を受賞した。

第三節　ゆめ伴プロジェクトの活動――コロナ禍でステイホーム型地域活動

二〇二〇年三月からコロナ禍のため、すべての活動を休止することになった。施設で暮らす高齢者は、外出はもちろん、家族ですら面会できない状態となった。自主的にデイサービスを休む人も増え、同時に認知症などで家族との関係が悪化する人も増えた。身寄りが少ない一人暮らしの高齢者は、近所の人とも交流できず、一週間くらい誰とも会話をしていない、笑うこともなくなりただ毎日座っているだけ、という声も聞かれた。

こんな時だからこそ、認知症の人や要介護高齢者が地域社会とのつながりを途切れさせてはならないと、コロナ禍で取り組んだ三つの活動について紹介する。

第一項　おばあちゃん達のテレワーク　夢かなえマスクづくり

当時使い捨てマスクが不足し、高齢者と介護スタッフが一緒にマスクを作ってはどうか、というアイデアがゆめ伴メンバーから寄せられた。ある高齢者施設で試作品を作ったところ、手作りのあたたかみと共に、高齢者の優しさが伝わるマスクが完成。デイサービス、グループホーム、特養など数ヵ所の介護事業所に声をかけて、ミシン掛け、ゴム通し、袋詰めなどそれぞれの出来る事を約五〇名の要介護高齢者や介護スタッフで分業し、取り組むことにした。集まらなくてもそれぞれの暮らしの場所で、それぞれの出来ることを行い、一つのマスクを完成させるという、まさにおばあちゃん達のテレワークが実現できた。

それぞれの「出来ること」で協力して製作した約一二〇枚のマスクは「夢かなえマスク」と名付け、門真市社会福祉協議会を通じて、門真市介護者（家族）の会に寄付をした。

高齢者の方々は「このマスクが誰かの役に立つのなら…！」と、とてもイキイキとした表情で製作されていたことが印象的である。ある女性の高齢者は「こんな時こそ、人と人とのつながりは大切にしなくちゃね」と話され、この言葉を大切にして様々な活動に取り組んでいる。

第二項　かどま折り鶴一二万羽プロジェクト

二〇二〇年四月の緊急事態宣言下では、ステイホームが推奨され認知症高齢者もデイサービスの利用を控える状況が続いた。そのことにより、夫との喧嘩が絶えなくなっていた認知症の高齢女性が娘と一緒に折り鶴を折ったところ、心が安らぎとても表情が明るくなったという話を聞いた。私は、この高齢女性の折り鶴をどこかに飾ることができないだろうか、と考えた。さらに、三月の夢かなえマスクの経験から、それぞれの自宅で折り鶴を折って、それらを集めて市内の文化会館で一つの作品として飾ることができれば、離れていても折り鶴を通じて心でつながることができるかもしれない！　と思い付いたのである。

ステイホーム中、自宅や施設で折り鶴を作って笑顔になる高齢者の方々

こうして、認知症高齢者が折った一羽の折り鶴がきっかけで、他の市民団体とも共同で「かどま折り鶴二二万羽プロジェクト」をスタートさせた。五月に入ると、子どもから高齢者までが高齢者施設やデイサービス、自宅で折り鶴を折り始めた。高齢者施設の介護職員は、感染に対する不安から緊張状態が続いていたが、入居者の方々と一緒に折り鶴を折るひとときはとても心が安らいだそうだ。

あるデイサービスでは、折り鶴約五千羽を、利用者が助け合って折り、つなげる作業も行った。片麻痺の方、リウマチの方など細かい作業が困難な人も多いが、できる人ができることの役割を担って、毎日折り鶴に取り組んだ。

郵便局やイオン、銀行や市役所には折り鶴回収ボックスが設置された。どんどん集まる折り鶴は最終的に一五万羽になり、文化会館ではボランティアチームが素晴らしい飾り付けを行なった。そして、六月に一五万羽の折り鶴が展示されてからは、毎日、高齢者施設やデイサービスから車椅子や歩行器で続々と見学に訪れ「私も折り鶴を折ったよ！」と誇らしげな表情で展示された折り鶴を見上げる姿が印象的だった。

認知症高齢者は、折り鶴を作ることで自身も癒され、またその折り鶴が作品の一部として飾られ、見知らぬ誰かの心を励ましていると感じた時、そこに自分と他者とのつながりを実感できたことで大きな喜びが生まれたのではないかと考えている。

第三項　高校生との「心でつながる文通プロジェクト」

五月の初めには、市内の高校教諭より「生徒二八人が外出自粛で閉じこもりがちなお年寄りを励ましたいと手紙を書いているので、地域のお年寄りに届けてくれないか」という相談を受けた。

家族とも面会できない施設で暮らす高齢者や、外出自粛で孤独な独居高齢者に高校生から預かった二八通の手紙をケアマネジャーや介護施設担当者が手分けして届けた。高校生の手紙には、地域の高齢者に想いを馳せながら、若者らしい自宅での様子や将来の夢、「一緒に乗り越えましょう」という励ましの言葉が書かれていた。手紙を受け取った高齢者は「本当に嬉しい、元気がもらえた」と涙声で喜ぶ人や、「家宝にします」と何度も繰り返し読む人など、コロナ禍でつらい状況の中、思いがけず届いたラブレターに表情がほころび満面の笑顔になっていた。

看護師をめざしているという高校生からの手紙を受け取った高齢者は、「大変なお仕事だけど頑張って」と励ます返事を書いた。それは、介護が必要な高齢者が励まされるだけではなく、人生の先輩として高校生を励まそうとする姿だった。そして「いつか会ってみたい」という声が双方からあがり、オンラインでの交流会を行なった。こんな時でも新たなつながりは生まれると文通を通じて実感できた。

第四項　コロナ禍での活動を通じた気づき——「ステイホーム型地域活動」で誰もが参加できることを発見

従来の地域活動は、サロンやカフェにみられるような「集い型」活動が中心だった。

一方、コロナ禍で取り組んだ活動は自宅や施設にいながらも活動に参加できていることから「ステイホーム型地域活動」と称することができると考えた。

これまで介護が必要で移動が困難なため、サロンやカフェなどの「集い型地域活動」に参加できなかった高齢者が、施設や在宅の場にいながら折り鶴や文通、マスク作りなどの活動に参加できた。これまで地域社会への参加が見落とされていた施設で暮らす認知症の人や介護度が高い要介護高齢者も参加ができたことで、あらゆる状況の高齢者が社会参加できる活動スタイルを見出すことができた。

コロナ禍での実践を通じて、「集い型」と「ステイホーム型」をうまくミックスさせていけば、あらゆる状況の要介護高齢者が、地域活動に参加できる活動スタイルを確立できると考えている。

第四節　認知症の人が支えられる側からまちづくりの主人公へ

第一項　グローバルな活動への広がりと今後の展望

コロナ禍で自宅や施設にいながら社会参加できる「ステイホーム型地域活動」は、従来の地域限定の活動からグローバルな活動へと可能性を広げた。

折り鶴プロジェクトでは、多くの認知症の人が笑顔になった。それは「地域との一体感」「自信・達成感」「貢献感」「未来への期待感」「創造するワクワク感」を感じることで生まれる喜びが笑顔の源ではないかと考えている。

この喜びをもっと全国の認知症の人にも感じてもらいたいと考え、今後は全国の認知症の人や要介護高齢者にも声をかけ、二〇二五年には「いのち輝く未来社会のデザイン」をテーマとして開催される大阪・関西万博をめざして一〇〇万羽の折り鶴をつくり万博会場に展示して、世界からの来場者をお迎えしよう！というプロジェクトを計画中だ。万博開催までのプロセスで、認知症の方々が自宅や施設にいながら折り鶴を折ることで万博の担い手になる「おうち万博ボランティア」の仕組みを作りたいと考えている。そのことで、介護度の高い施設の高齢者も万博ボランティアとして活動に参加できる。自分の折った折り鶴が二〇二五年に会場に飾られると考えたらとてもワクワクすることだ。

小さな力では実現できないことも、多様な人とつながることで実現できる、そんな大きな希望を生み出していきたいと思っている。

このプロジェクトを進行する中で、二〇二一年秋にはアラブ首長国連邦ドバイで開催されたドバイ国際博覧会の日本館で、世界からの来場者にプレゼントをするための「おもてなし折り鶴」を認知症の人や高齢者が企業の人と共に製作することになった。高齢者の方々は「この折り鶴がドバイの王様の手に届くかもしれへん！」とワクワクした表情で、折り鶴を作った。施設にいながらも世界とのつながりを実感し、認知症の人が世界の人と人をつなぐ主人公にもなり得ることがコロナ禍で見出した「ステイホーム型地域活動」の新たな展開である。

これらのゆめ伴プロジェクトの活動が、社会から孤立し希望を失いやすい認知症の人が生きがいを感じることのできる包摂的な社会の実現に寄与し、国内外に波及効果が高いという評価を受け、二〇二一年一二月に岸田文

認知症の人も高齢者も、企業の人も地域の人も、皆が共に楽しむゆめ伴のメンバー

雄内閣総理大臣が本部長であるＳＤＧｓ推進本部が主催する第五回ジャパンＳＤＧｓアワードで「特別賞」を受賞した。

第二項　ゆめ伴モデルのまちづくり――認知症の人が支えられる側からまちづくりの主人公へ

これまでの様々な活動を通じて、私たちの活動スタイル「ゆめ伴モデル」を見出すことができた。

それは、増進型地域福祉の視点を基盤とし、認知症の人や高齢者の声をきっかけに、認知症の人が主役となる活動を多様な人や団体が繋がって創出し、地域の人と共に楽しむ場をデザインすることで、さらに多様な仲間を巻き込み、そこで生まれる様々な喜びを皆で共有しながら次なる活動を展開させていくという方法である。

この実践により、認知症の人が「地域との一体感」「自信・達成感」「貢献感」「未来への期待感」「クリエイティブなワクワク感」を実感することができ、輝く笑顔を生み出すことが可能になる。そして、その笑顔に心を動かされた地域の人が、また一緒に笑顔になりたいと活動の担い手となり「認知症の人の笑顔のために」という共通のビジョンのもとに多様な人や団体に新たなつながりが生まれ、広がっていく。

つまり、ゆめ伴プロジェクトの実践で、認知症の人が支えられる側から地域をつなぐ「まちづくりの主人公」となることを可能にした。これらのことから、増進型地域福祉の視点からの取り組みは、あらゆる分野におけるまちづくりに大きな効果があると考えられる。


今後も私たちは、一人ひとりの認知症の人が輝けるための小さな活動を丁寧に創出し、その積み重ねていく先に、認知症になっても輝けるまちというものを浮かび上がらせることができると確信している。

認知症になっても絶望ではなく「希望」を、孤立ではなく「つながり」を、あきらめではなく「夢」をもって輝けるまちを、認知症の人と伴に楽しみながら日本全国に、そして世界に広げていきたい。

第四章　福祉施設の増進型福祉への取り組み

原田　徹

第一節　ニーズ保障は権利保障

第一項　社会福祉法人ライフサポート協会

私が勤める社会福祉法人ライフサポート協会は、一九九九年七月六日、大阪市住吉区に設立された。当法人は同和地域という背景がある比較的若い法人である。設立当初は、これまでの同和対策事業により開発された福祉拠点を継続的に活用するという目的で、在宅高齢者支援を中心に活動を開始した。

二〇〇二年度末の同和対策事業特別措置法の終焉を目前に、この地域で築き上げてきた福祉活動や施設を法人内でどのように引継ぎ展開していくかについて議論がなされ、住吉区の障がい福祉事業所、当事者とその家族、支援学校や地域の小中学校に対し実態調査を行った。その結果、障害者支援において圧倒的に多かった要望は余暇活動（家族のレスパイトを含む）であった。それらを踏まえて二〇〇三年に大阪市より住吉総合福祉センターの指定管理を受託した時に、当事者及びその家族のニーズを形にする検討を始めた。

そこで、支援費制度が始まった二〇〇三年度より障がいのある子どもに対して児童デイサービスを活用した放課後及び休日の余暇活動支援、成人の障害のある方々に対して夕方から始めるイブニングサービスを開所し、余暇活動の充実に力を入れた。このモデルは、私が学生の頃にボランティアでお世話になった社会福祉法人西陣会（当時は法人格は無く任意団体）の障がい児の学童保育「ピーポ」であり、障害者余暇活動支援事業「ふらっと」であった。当時の館長の水谷さんから「三つのど（怒　努　土）」というものを教えていただいた。「三つのど」とは、権利侵害に対する怒り、その解決のために仲間を増やし理解を求める努力、その課題は地域（その土地）にある課題として地域で考える、というものである。これは当法人の理念「すべての人が尊敬される社会の実現（人権社会の実現）」にも重なる部分があり、今でも私の事業運営の基盤になっている。そして現在では、事業を行うことで利用者を集めるのではなく、地域にあるニーズを聞き取り、その対応方法の一つとして福祉サービスを活用する、そのような風土が当法人には根付いている。

第二項　余暇活動の意義

二〇〇三年に開始した児童デイサービスでは「遊び」をテーマとし、家族のレスパイトの意味合いと学校週休二日制が始まって行き場を失った当事者の活動の場とした。「あかん・ダメ」等の否定語は使わず、子どもが主体的に活動できる環境の整備を心掛けた。イブニングサービスは、入浴のために作業所を休んでデイサービスを利用する方もいたので、仕事後にお風呂に入れる事業に組み替えた。入浴付きアフターファイブをテーマに、入浴と食事後の遊びをみんなで考えるという事業内容であった。

児童デイサービスで「遊び」をテーマにしたのは、かつてはよく見られた大人になってからの「指示待ち行動」「クレーン現象※」といった現象の理由として、以下のことが考えられたからである。

(一)そもそも「学校以外で友だちと遊ぶことができない」子どもたちが多い

㈡子どもの頃、休日や放課後に、「誰と遊ぶ」「何をして遊ぶ」といった経験の積み重ねの不十分さが、自己選択・自己決定の育みや主体性の芽生えを妨げる

ただ、当時の行政からは「『遊び』に税金を使う気ですか」と厳しい指摘をいただいた（個人の遊びにかかる費用はもちろん自費だが、遊びを目的として事業をすることが問題とされた）。

また、楽しい経験（余暇活動）の積み重ねが、その人らしい生活につながることを目的とした成人対象イブニングサービスでは、みんなで居酒屋に一杯飲みに行ったりもしたが、他事業所のスタッフや家族さんの一部からは「障がい者にお酒を飲ませるのですか？」という質問もあった。また、利用者に居酒屋の代わりに「ビアガーデン」に行くことを提案したが、そのイメージが伝わらなかった。そこで、施設のテラスに提灯を付けてＢＢＱをしながら生ビールを飲み「こんな感じやけど、行く？」と伝えるような取り組みもした。子どものころの余暇環境の脆弱さから選択する経験をあまり持てず、このことが自己選択・自己決定にも影響を及ぼしている。社会参加の機会を増やすことの必要性を感じた実践であった。

児童デイサービスは、放課後等デイサービスとして現在も運営しているが、イブニングサービスは、障害者自立支援法の施行と同時に一日の内にふたつの日中活動は使えなくなったため（当時は日中活動にも国事業と市町村事業があったため、使い分けができた）、遊びの部分だけサークル活動となり、今も細々と活動している。

※自分の要求を達成するために、保護者や支援者の手を取り対象に近づけたり、指したりする行為。

第二節　ニーズを形にする

第一項　反対をチャンスに――怒りを原点に

児童デイサービスの二カ所目は、住吉総合福祉センターからは少し離れたマンションの一階店舗で開設した。その地域の自治会には社会福祉法人として福祉事業に活用する予定であると伝えていた。当時は介護保険が始まったばかりで小さなデイサービスの開所が数多く見られたため、特に反対されることはなかった。

開所の一カ月前、施設の内覧会の案内を地域の方に配布した。すると夕方に自治会長から呼び出しがあり「障がい者施設とは聞いてない。みんなが不安になっている」と指摘された。「福祉事業で活用するとは伝えていましたが」と答えると、「高齢者施設と思っていた。障がい者施設なら話は違う」ということで、結局、内覧会の前に住民説明会をすることになった。

その時に出た住民からの意見は以下のようなものであった。

㈠障がい者が来ると治安が悪くなる（殴られたりする、騒がしくなる、勝手に家に入られる等々）

㈡障がい者が来ると土地の値段が下がる

㈢障がい者が来ることが何となく不安

㈠に対しては、ここを必要としている子どもたちは、様々な理由から居場所を探している子どもたちであり、健常児と同じく地域の子どもであることを伝えたうえで「もし悪さをしたのなら、地域の大人として怒って欲しい」と、㈡に対しては「土地の値段が下がった地域が実際にあるなら、具体的に教えて欲しい」と、㈢に対しては「不安なことがあればいつでもご相談ください。そして、施設のことも知って下さい」と伝え、何度か話し合いを重ねた結果、予定より二カ月遅れで開所に至った。

第二項　中学校での福祉教育（伝えなければならないこととは）

ちょうど同じころ、近隣地域の中学校から福祉教育の依頼があった。中学一年生九〇名に対して車いす体験をしてほしいという内容であった。車いすの台数も少なく、中学校からは「体験内容はお任せします」とのことだったため、㈠車いす体験　㈡アイマスク体験　㈢障がい者の生活理解（講話）の三グループに分けて、順番に体験していくことにした。

スタッフ間では、身体上の障害ではなく、生活面での物理的・精神的障害に視点を合わせ、生徒たちには「普段の生活の中で各々ができることは何かを考えてもらおう」と打ち合わせていた。ところが福祉教育体験後、打合せには参加されていなかった先生が一人近寄ってきて「うちの子たちは、障害者のことは良くわかっている。何も知らないような伝え方はしないで欲しい」と言われた。私たちは担当の先生から「お任せします」と言われたことを伝え、「良く分かっている」とはどういうことかについて尋ねた。その先生が言われた理由は以下の通りである。

㈠一学期までは車いすユーザーの女子生徒が通学していた。
㈡うちの子たちは、女子生徒に対して通学や学校内の移動など一生懸命にお手伝いをしてあげていた。
㈢夏休みの一泊移住の時も身の回り全般のお手伝いをしてあげていた。

ただ、その一泊移住には山登りのプログラムがあったらしく、「車いすでは山登りはできないし、うちの子たちにもそこまでお手伝いをさせられない」という理由で「その女子生徒を宿舎で一人留守番させた。そのことに腹を立て、その女子生徒は二学期からは来なくなった」ということであった。

私たちはその教師に、車いすの生徒がいるのにどうして山登りのプログラムを取り入れたのか、そして先生にとってその女子生徒とは、「うちの子」ではないのか、と問うた。すると、「山登りは毎年決まっているから」と答え、「うちの子」発言に関しては何も答えずに立ち去って行った。

ちなみに私の知っている自立支援センターでは、同じ理由で小学校時代に遠足に行けなかった経験のある当事者が、車いすでの山登りを毎年行っている。協力者を集め一緒に登り方、下り方を相談して実践している。この実践が今も同じ境遇にある子どもたちへの希望になればと話している。

第三項　小学校で自然と行われているノーマライゼーションへの働きかけに対する気付き

住吉総合福祉センターに遊びに来ていた小学生が「ここ、〇〇くん（当時の児童デイサービス利用児）も来てるんやなあ、何するところ?」と聞いてきてくれた。「放課後に友だちと上手に遊ぶことができない人たちと一緒に遊んだり、お話の練習をするところだよ」と伝え、絵カードなどのコミュニケーションツールを見せると「これ学校でも使ってる。コミュニケーションは言葉だけじゃないんやで、相手に分かるように工夫せなあかんねん。先生が言ってた」と返してくれた。「そうやで、みんなできない人じゃなくて、僕らが分かるように伝えてないだけだよね。みんなで一緒にできることを考えたいね」と伝えると「それ、『の』、何とか何とか、『ん』、ってやつやろ」と言うので「そう、ノーマライゼーション」と答えると「みんな仲良くっていう意味やんなあ、私も一緒に遊んで行っていい？」と言い、その子は友だちを連れてちょくちょく遊びに来てくれるようになった。

この三つの事例では、健常者にとってよく分からない正体不明の「障害」という理由で、障がいのある人は、地域の大人からは同じ地域住民でありながら排除の対象とされ、中学校では同じクラスメイトでありながら支援の対象者と見なされる。でも小学生は「みんな仲良く」って教わっている。

この違いは何だろうか。小学校では「みんな仲良く」の言葉のもと「仲間」として合意形成がなされているが、中学校と地域では、当事者と話し合うことなく障がいのある人たちは福祉事業の利用対象という認識のもと、支援しなければならない特別な人になっているのだと考えられる。

第四項　後日談（地域の中のふだんのくらしのしあわせ）――仲間を増やす努力をする

㈠自治会活動への参加

開設に反対された地域自治会に関しては、地域のお祭りや夜警等の自治会行事にもできる範囲で参加し、夜の盆踊りの練習に施設を提供し関係を築いていった。当初、自治会行事に参加しても「じらふさん（施設名）」で呼ばれていた職員も、今では「個人名」で呼ばれている。また、お祭り時などには、「じらふの子らも連れておいで」とお菓子の引換券もいただけるようになっている。

㈡福祉共育勉強会

近隣の小中学校とは、有志の教師の方々と福祉教育の勉強会を開催し、小学一年生から中学三年生までの福祉教育プログラムを考えている。最近では、「教育」から「共育」へと表記を変え、共に生きていく工夫や知恵を子どもたちと一緒に考えるプログラム作りに力を入れている。二〇〇九年には学校で活用できるプログラムを一緒に開発し冊子にした。毎年少しずつ改正しながら、ある小中一貫校では一〇年以上継続して交流を深めている。

この福祉共育がきっかけで社会福祉を大学で学び、当法人で働いているスタッフもいる。この冊子に関しては、遥か北海道の小学校の先生から「知人から冊子を頂いた。是非活用したい」という嬉しい連絡もあった。

㊂やんちゃな子は地元に残る

二〇〇六年、住吉総合福祉センターで指定管理を受けていた老人福祉センターが条例廃止になった。条例が廃止される中で、館内のロビーを開放し無料の給茶機や近隣より少し安い自動販売機を設置し、支援が必要な方だけではなく地域の様々な方が館内に入るきっかけを作った。今では外で遊んでいる子どもが、のどが渇くと館内に入ってきてお茶を飲んで出ていく。放課後の待ち合わせの場所、カードゲームに興じる子どもたちの姿もある。夏休みには「家、エアコンつけてくれへんから暑いねん」と言って、夏休みの宿題をロビーでしている姿も夏の風物詩である。

また、筆者がプロボクシングのリングに上がったことがある経験を活かし、地元のやんちゃな子どもを対象としたボクシング教室など、福祉事業以外の活動にも積極的に取り組んだ。このボクシング教室は七年続いた。ある日不登校気味であった子どもが父親と一緒に見学に来た。その後その子はボクシングを始め、ボクシング教室に通う中で、高校に入って本格的にボクシングがしたいと中学校に戻るきっかけにもなった。

このボクシング教室に来ていた子どもたちが「高校行きたいけど、もう勉強全然分かれへん」という言葉をきっかけに、地域の学習支援のサークルにもつながり、当時不登校であった生徒も参加するようになり、この学習支援の場で仲良くなり、仲間ができたことにより登校ができるようになったという副産物もあった。彼らは決してできない子たちではない。受験に必要な知識に興味がないだけで、なかなか面白い発想をする子たちばかりである。三〇歳前後になった元やんちゃな子どもたちは、今でもちょくちょく家族と一緒に、または仕事場の後輩を連れて、館内で障がい者福祉事業の就労継続支援B型で運営しているラーメン店（後述）へ食事がてら遊びに来てくれる。会社を立ち上げた子は名刺をもって「安くするから仕事あったら、まわして」と営業に来てくれたりもする。当時、一番真面目に筆者を殴りに毎週通ってきた少年は、今年度から当法人の副主任に昇格し、実践現場を切り盛りしてくれる。彼らは今でも地域のよき理解者である。

第三節　ニーズはつながる――地域（土地）と一緒に考える

第一項　施設でラーメン店　べらしお福祉住吉東店

二〇一二年の大阪市障害者会館の条例廃止に向け、市条例で行ってきた事業を国の制度事業に移行させる必要があった。このラーメン店もその一つである（写真）。障害者会館で障がい者就労支援の取り組みとして始めたのだが、当初は条例施設なので「協力企業の名前は出してはいけない」「お客からお金をとってはいけない」など就労支援の妨げになる指導を行政からはいただいていた。今だから言えるが、行政の方が来られたら看板を裏返しにしたり、五〇〇円玉の絵を描いた募金箱を用意し協力金をもらったりしながら、利用者の給料を払っていた。しかし、条例廃止で指定管理からはずれ、入札で賃貸物件として活用することができるようになってからは、より社会とのつながりが取り易くなり、堂々と運営ができるようになった。

では、なぜ施設内でラーメン店を開設しようと考えたかを説明したい。

住吉総合福祉センターは駅前にあるが周辺に飲食店が少なく、お弁当を持ってきていない職員は、自転車に乗って買い出しに行くといった状況であった。

当時、授産事業でパン屋を開店していたが、スタッフがパン作りに苦戦し「支援よりも売れるパンを作らないと工賃が払えない」という悩みを抱えていた。履歴書に「趣味・特技　クッキーづくり」と書いたばかりにパン班の担当になった職員もいる。「パンづくりを素人が学び、販路まで開拓しないといけない。就労支援以外の仕事が多すぎる」これは、担当者の声である。しかし、フランチャイズなら商品は本社が考えてくれ、作り方はマニュアルがあり指導してくれる。「餅は餅屋」にお願いするのが一番。加えて、フランチャイズの店舗をセンター内に入れることで、

障がい者の就労の場、地域住民の飲食の場、そしてこのような空間は、地域住民と障がいのある方々との交流の場になり得るであろうと考えた。そして連携するなら、大好きな「べらしおラーメン」。増進型地域福祉の特性の一つである理想主義的現実主義の実践である。

「御社の障がい者雇用のお手伝いをします」をキャッチフレーズとして、当法人がフランチャイズに入ることにより、べらしおフードにもメリットがあるという企画書を作成し、本社を訪ねた。すると、応接室には障がい者就労に関する本が何冊もあり、「一緒にやっていきましょう」とトントン拍子に話は進み、フランチャイズの加入料は支払うものの、日々のロイヤリティに関してはべらしおフードより「障がい者就労のお手伝い」をしてもらうので必要なしという有難い条件で、べらしお福祉住吉東店はオープンした（写真）。

今では、家族連れや近所の工事現場の職人の方々など地域に関わる多くの方に贔屓にしてもらっている。以前、近隣の市営住宅にある障がいのある方のグループホームで消防システムの誤報があり、消防署と警察署の方々が

駆けつけてくれた。私も駆けつけ施設名を名乗ると「いつも食事させてもらっています。あそこで働いている方々が住まれているのですね」と答えてくれ、とても丁寧にグループホームの住民に接してくれた。改めて地域に根差した施設になってきていると実感できた出来事である。ラーメンが作れるキッチンカー（ラーメン号）も購入し、週に一度、関西大学の堺キャンパスにも販売に行かせてもらっている。当時キッチンカーはまだ珍しく、近隣の大学数校に依頼をかけたが、学内で火気を使用するものは許可が下りず、関西大学以外は販売ができなかった。そのおかげもあってか、今では多くの関大生が当法人の事業にかかわってくれている。その他、様々なイベントからも声がかかるようになり、ラーメン号が地域との懸け橋になっている。

べらしおフードとの関わりで得たものはこれだけではない。他のラーメン店の店主から以前開業していた印刷業の印刷機を寄付して頂き（作業指導付き）、今では多くのラーメン店の作業着のプリント事業もしている。これは担当スタッフが自ら関西の有名店が集まるラーメン祭り（らぁ祭）に関わるイベントの実行委員会に自主的に参加し、様々なラーメン店の店主とつながって来た成果である。今では福祉系の啓発Tシャツを製造販売し、独自製品の製作をしている（写真）。今後はラーメン号の出店でつながりができた学生さん方にサークルのTシャツのプリントなどを売り込んでいければいいな、と企んでいる。

第二項　地域課題を福祉課題で解決　スーパー再生計画「みんなのマーケットるぴなす」

二〇一三年より、堺市の泉北地域にある寂れた近隣センター内で放課後等デイサービスの運営を開始した。交流スペースでは当法人の成人施設で作っているパンを地域の方に販売していた。

ある日、いつも買いに来てくれる年配の女性から「カップラーメンやおにぎりなんかも置いてくれへんか？この近隣センターのスーパーが無くなってからは買い物が不便でね。ここにもうちょっとなにか置いてくれたら便利やねんけどなあ」と相談があった。中高生対象の放課後等デイサービスのため、利用児の卒業後の働く場所を模索していた私たちは、この一言がきっかけとなり隣の空き店舗で八百屋を運営することを企画した。

八百屋を始めるといっても、全くの素人である。何から手を付けようかと思案しているときに、放課後等デイサービスの利用児の保護者から、その方の会社で進めようとしている障がい者就労について「何か良い知恵はないか」と相談があった。その方は大手のドラッグストアに勤務されていたので、べらしおフードとの連携で味を占めた「御社の障がい者雇用のお手伝いをします」方式で、当法人が八百屋を開店しようとしていた店舗にドラッグストアの訓練店を開店しないかと持ちかけた。「まず、法人が運営の委託を受け就労継続支援B型事業を始めます。続いて訓練店で勤務し力を付けてきた当事者を近隣店舗に紹介する。こんな仕組みはどうでしょう。上手くいけば各地域の福祉法人との連携ができ、お互いの強みを活かした一般就労の仕組みができますよ」と口説いた。

現場サイドではトントンと話が進み、当法人の職員はドラッグストアへ研修にも行き準備を進めていた。しかしながら、ドラッグストア側の株主総会で株主の理解が得られなかったという理由で、計画が一方的に中止となった。その不満をあちこちで言っていたところ、この話を知った堺市社会福祉協議会のスタッフが就労継続支援B型で、潰れたスーパーの再生を持ちかけてくれた。

紆余曲折の末、近隣センターの再生を模索する市商業課と地域の高齢者の買い物支援を考える市社協と自治会、障がい者の就労の場を探している社会福祉法人の思惑が一致し、当初予定していた近隣センターからは少し離れた近隣センターで、就労継続支援Ｂ型を活用したスーパー再生事業が立ち上がった。私たちが懸念していた商品に関しては、市の協力の下に市場連合会が生鮮食品以外の仕入れを支援して下さった。鮮魚は友人の友人の漁師から直送してもらい、野菜は研修で出会った地方大学の学生から規格外の露地野菜を安く仕入れられるよう農家と取り継いでもらい精肉の課題は残しつつも何とかオープンにこぎつけた。その後も、別の研修で出会った「料理の鉄人」というテレビ番組に出演したことがあるシェフの協力の下でお惣菜を作りはじめ、それが月に一度の子ども食堂のオープンにもつながった。今では高齢者と子どもが中心のみんなの食堂として、地域のＮＰＯ法人やボランティアの協力を得て一〇〇円ランチを月一回提供し、地域の高齢者と子どもたちの交流の場となっている。店の商品も地域の農家など徐々に協力して頂ける方も増え、月の売り上げが一〇〇万円前後にまで成長している（写真）。

また、いつも買い物に来てくれる高齢者の中には、愛嬌のあるメンバーの顔を見るのが楽しみと仰ってくれる方もいて、イートインのコーナーでは子どもが遊ぶ姿も見られる。以前、見ず知らずの人に追われた児童がスーパーに逃げ込み、スタッフが保護してからは、学校との連携もでき、スーパーの

主催でイベントを行う時は、その案内チラシを学校で配ってくれるようになった。そのおかげもあり、毎回一〇〇名を超える子どもたちが集まってくれている。現在では、イベントの企画は市社協のコーディネートで近隣の高等学校の生徒が担ってくれ、より地域と連携した取り組みとなっている。また最近では利用者の帰宅後、地域住民の協力で営業時間を延長している（写真）。

地域住民を中心に各々のニーズを解消するために、地域の社会資源が合意形成を経て、目的実現型のアプローチを行ってきた実践であったと言える。

しかしながら、好事魔多しというように、当時は地域の買い物難民を地域の力で解消しようと、行政、市社協、自治会、市場連合会、ＮＰＯ法人、社会福祉法人などが知恵を出し合い再生したスーパーだが、市の方針で二〇二四年に「みんなのマーケットるぴなす」の真横にもう少し大きなスーパーを誘致することが決まった。その誘致を担当する行政職員は、一緒に「みんなのマーケットるぴなす」をつくってきた職員でもある。すべてが決定するまで行政からの説明が一切なかったことに、寂しさを感じずにはいられない。

第三項　廃材の再活用で商品化

先述のべらしおラーメン店では、食材の賞味期限が切れると消費期限が残っていても廃棄するよう指示されていた。それに違和感を持った就労継続支援Ｂ型で働くメンバーが「もったいない」と声を上げてくれた。これまでも上手くはいかなかったが、ブラックバスのフィッシュバーガー、処分された鹿の肉でのハンバーガーといったエコバーガー店企画、工務店と連携した竹炭づくり、若手アーティストによる廃坑を利用した子ども体験学習事業など、資源の再活用を目的とする事業を試みてきた。スタッフも未利用資源の研修会に参加し再利用の学習をしていたこともあり、廃棄前の材料を活用し喫茶店を始めることになった。麺は焼きそばに、ご飯はパンに、チャーシューはサンドイッチの具材に活用され、今ではメンバーの創作メニューも増え、ラーメン店と共存しながら運営している。

未利用資源の研修会の影響は他にも活かされている。学生時代にユニクロでアルバイトしていたスタッフが、ユニクロの店舗でズボンの裾上げをしたときに発生するハギレを思い出し、これを活用した障がい者の就労支援として、商品の開発・販売の企画案を提案してきた。思い切ってユニクロを運営するファーストリテイリングにメールしたところ、同社では、ハギレを使ったプロジェクトをすでに海外で実施しており、日本でも実施したいと考えていることがわかった。当法人の企画は、一般企業と地域の社会福祉法人との連携というコンセプトのもと、ユニクロ店舗で出たハギレを活用して、大阪モード学園の学生にデザインを依頼し、そのデザインを就労継続支援B型で縫製したものを販売するというものであった。ユニクロは全国に店舗を展開し、大阪モード学園を運営する学校法人日本教育財団も全国でモード学園を運営されている。社会福祉法人も全国に存在する。当法人の企画が上手くいけば、同じ方法で全国的に展開できる仕組みができる、と提案した。販売場所も法人が運営する福祉事業所の製品のセレクトショップだけでなく、なんばマルイにも協力を得ることができ、定期的に展示販売することも企画に入れることができた。この提案に対しユニクロは「是非協力させて頂きたい」と快諾してくださっただけでなく、同社がこのプロジェクトを進めるために他企業にも声をかけてくれた。同社の紹介でブラザー販売株式会社はミシンを寄贈して下さり、クラボウは内布を、YKKはファスナーを提供してくれた。

出来た商品は、通常は法人が運営する授産製品のセレクトショップ「らふら」で販売（ネット販売も含む）し

ているが、なんばマルイでも、期間限定イベントで販売をさせてもらっている。なんばマルイとの御縁のきっかけは、大阪市社会福祉協議会の「街づくりフォーラム」であった。そこで先述のスーパーの報告をさせて頂く機会があったのだが、その時の参加者名簿に「なんばマルイ」の文字を見つけた。「障がい者が作る素敵な作品を、例えばなんばマルイで売らせてもらえれば、もっと売れるし、工賃も上る」等、報告の中で予定外の「なんばマルイ」を十数回連呼した。フォーラム終了後、当時のなんばマルイの店次長さんが側に来られて、笑顔で名刺を交換してくれた。

その半年後、店次長さんより「福祉のことをもっと知りたいので若いスタッフを連れて見学に行っても良いですか?」と連絡があり、「販売のことなどは私より若いスタッフの方が分かっていますから」と若いスタッフとつないでいただいた。その後、何度かイベントにボランティアで参加してくれるようになり（多い時は十数人の参加）、今回の件を相談してみたところ、ほぼ二つ返事でご快諾頂き、なんばマルイでの期間限定イベントのご提案をいただいたという次第である。

現在では、主に春と秋になんばマルイで特設売り場を設けてもらい、他の授産製品（他事業所のものも含め）と共に販売させていただいている（写真）。

それ以外にも、観光農園（南楽園）との連携も進めている。放課後等デイサービスのアウティングで市内の観光農園にみかん狩りに出かけた時に、「半券持参で一二月以降みかん採り放題」という看板を見かけた。みかん狩りのシーズンが終われば残ったみかんは廃棄されるということを知り、以前、研修で知った一〇〇%ジュースを製造販売している福祉事業所を思い出した。後日改めて廃棄するみかんを譲ってもらえないかと相談を持ち掛

けたところ、快く了承をいただいた。一口にみかんと言っても種類は多くあり、季節ごとに廃棄果実（みかんだけでも数種類、梨、葡萄など）が出る。それを元に、現在季節ごとの果実ジュースの製造を進めている（写真）。もちろん製造機などはないので、既にジュース作りをされている社会福祉法人と相談しながら製造している。また、みかん摘果作業の仕事もいただいた。狭い室内の作業が苦手なメンバーには、広い農園で思いっきり動ける取り組みやすい仕事になっている。現在はジャムやマーマレード、ドレッシングの試作品作りも始め、各種果実ジュースは近隣の農産物直売所で地元の特産品として販売している。

各種果実ジュースを活用して地域の方々や、近隣の特別養護老人ホームの入居者さんが、ふらっと寄れる喫茶店なども作れたらと夢は広がっている。また試作中のジャムやマーマレードを活用したクレープのお店を「みんなのマーケットるぴなす」の真横に市が誘致してくるスーパー内への出店交渉を始めている。

この実践はスタッフ自身がそのプロセスを楽しんだところに意義があり、その結果として、人と人、人と地域及び社会資源のかかわりによる「相互実現」ができた実践と言える。

第四節　対話をする、視点を変える、地域を知り一緒に考える、それが増進型

第一項　普段の対話の中にヒントはある

当法人の方針として一貫しているのは「ニーズを基に事業を行う」ことである。地域の声を聞きながら少しずつ事業展開をしてきた結果が現在の状況でもある。

事業の制度化が進み、労働環境の整備が進む中、新たな課題も見えてくる。先駆的な事業が育たなくなっている感が歪めない。制度事業の職員体制で先駆的な取り組み

をすれば費用の持ち出しや職員配置基準の順守が課題となる。働き方が多様化する中では、時間外に興味のあるスタッフにモデル事業としてボランティア募集をすれば「ブラック」との声も聞こえかねない。このような状況下では、ともすればニーズを拾う作業がおざなりになってしまう。だからこそ「利用者並びに地域の声を聞く」「制度の谷間の支援を考える」というような基本的な姿勢をどのように伝えていくか、実践の中にどのように落とし込んでいくかが、これからの課題でもある。

だからこそ、普段からの職員間の対話が必要である。理想を語り合うことで対話力は向上し、理想を現実化していくための実践力の向上へとつながる。大手企業との連携も理想を語れる職場風土にも帰するものがあると考える。

第二項　視点を変えれば、地域課題は社会資源

「人は必要とされることを必要とする」、京都の重度障害者通所介護施設「じゅらく」所長の久門誠さんの言葉である。世の中に必要のない人など存在しない。

何かに必要とされることは一人ひとりが生きていく力になる。地域課題の解決には誰かの力が必要であり、そういった視点で考えると、地域課題は地域住民にとっては生きていく力を育む必要な社会資源ではないだろうか。そして、お互いのニーズを知りお互いの強みを活かす視点に立ちさえすれば、地域住民も社会資源であり、地域の存在自体が社会資源の集合体だと気づくはずである。「みんなのマーケットるぴなす」は障がい者就労という地域課題と高齢者の買い物という地域課題が組み合わさっていて、お互いを必要としている。どちらも地域課題であり、地域資源である。増進型地域福祉は決して新しいものを作り出すのではなく、地域を知ることで幸福を生み出すものである。

「こんなことに困っている」「こんなことがしてみたい」と、お互いの思いを発信することで、地域とも、企業とも、行政とも様々な形でつながることができる機会が生まれる。行動した分だけ、発信した分だけ、可能性は広がっていくのだ。これが増進型地域福祉の面白いところである。

第三項　ソーシャルファームへの夢

当法人では、障がい者事業の就労継続支援B型を活用して、地域の方々のニーズを仕事にできないか模索を続けたいと考えている。その地域課題を解消する場を地域の力を借りて発展させていきたいと思う。地域課題を障がい者就労が解消し、障がい当事者が苦手な部分を地域の方々の仕事として発展させる。福祉事業が地域住民と一緒に地域課題を考える拠点の役割を担うことで、社会福祉法人の公的事業や社会貢献にもつながり、社会福祉のイメージも「楽しそう」に変わっていくはずである。

そして、新たな福祉事業の創造が新しい地域のコミュニティとなり、地域で一緒に考え、一緒に育てるソーシャルファームへと発展していくことを願っている。

※第三節の三つの事例は『最新　社会福祉士養成講座7　ソーシャルワーク演習（社会専門）』中央法規（二〇二一年二月）、「第三章　第七節　地域ニーズに対応した新たなサービス・事業開発を考える」に掲載されている事例を加筆、修正したものである。

第五章　住民がつくりだす増進型地域福祉

戎谷悦子
小野達也

第一節　好きやねん御池台《みいけだい》

『好きやねん御池台ニュース』と題された御池台校区[1]の地域新聞は、Ｂ４サイズほどの大きさで緑色のインクを使い、写真もふんだんに載せて両面印刷されている。毎月発行されているこの手づくりニュースは、二〇二二年一月で二七五号となった。この号の一面トップは、「成人を祝う集い」が新成人八〇人、恩師七人、来賓三人を迎えて開催されたことを伝えている。そのほかにも小学生の認知症サポーター講座、老人クラブの新年互例会、まちづくり協議会事業、みいけ食堂といった活動の報告があり、ハートフルコンサート、お助けバス、みいけコーディネーター企画などの案内が並んでいる。一二月に実施された校区全体清掃の参加人数は二〇七四人だったこともわかる。裏面にも多彩な報告やお知らせ、参加者募集の記事があり、今後の予定として一月半ばから二月にかけての一ヵ月間で二九の催しがあることを告知している。このサイズの中によくもこれだけと思うほどの情報量である。それだけの活動をしている地域である。いったいどのような地域なのだろうか。そしてそれは、増進型地域福祉からはどのよう見えるのだろうか。

第二節　御池台という地域

大阪市に隣接する堺市の南部にある泉北ニュータウンの一角に御池台校区はある。最寄りの鉄道の駅から、校区の中心部まではバスで一〇分ほどかかる。丘陵を拓き、沼や池を埋め立てて造られたニュータウンである。現在もなだらかな起伏が多く、緑が残る住宅地域である。

まちびらきは一九七九年で、現在の人口は約八七〇〇人、三六六〇世帯が暮らし、高齢化率は四〇%に近い（二〇二一年現在）。校区内には府営住宅が七〇世帯、分譲マンションが八〇〇世帯あるが、それ以外はすべて戸建て住宅であり、持ち家率が約九五%と高いのが特徴と言える。

御池台には一丁[2]から五丁まであり、単位自治会の数は一四、その全てが校区連合自治会（以下、連合自治会）に加入している。住民の自治会加入率は約六五%である。校区内に小学校、幼稚園のほか、支援学校、老人ホーム、障害者の作業所やデイサービス等の福祉施設も多くある。

校区の中ほどに「近隣センター」があり、開設当初はここに買い物の中心となるスーパーマーケットの他に、商店が一五、医院が五つ集積していた。しかし、現在では近隣センターの様子も変わってきている。いくつかの商店は入れ替わり、また店を閉じ、廃業した医院もある。何よりもスーパーマーケットがなくなってしまった。日々の買い物の中心であったスーパーマーケットだが、経営的にはなかなか厳しかったようで何度か経営者が入れ替わった。これまでは地域からの要望もあり何とか維持されてきた。しかしそれでも続かず、最終的に二〇一九年に閉店となった。

最寄り駅までの距離がある御池台では、多くの家が自家用車を所有している。それも複数台持っていることも珍しくない。移動が自由にできれば、スーパーマーケットの閉店もそれほど問題にはならないのかもしれない。しかし、高齢化に伴い運転免許の返納を考える時期に入りつつある家庭も生まれてきている。買い物や移動が地域の課題として意識されている。ニュータウンであるために地域に同じ年齢層が多く、近年では高齢化率が一気に上昇している。御池台は、子ども世代が戻ってきたり若い家族が入ってきたりすることも比較的あるが、それでも地域の高齢化のスピードは速い。

ここまでの情報であれば、開発されてかなりの年月が経ち高齢化してきている一戸建ての多い駅から離れたニュータウンで、買い物するのに不便さがある地域というイメージであろう。しかし、御池台を印象づけるのは何よりも地域住民活動の活発さである。活動の拠点となっているのは老人集会所を併設した「御池台地域会館」である。この会館は平屋建てで、役員室、管理人室のほかに七つの部屋があり、一〇〇人ほど入る集会室や楽器演奏ができる音楽室、簡単な厨房も備えている。またこうした集会施設には珍しく中庭があり、イベントの際には活用されている。入り口前はちょっとした広場となっており、その一隅には一〇人ほどで利用できる「ぶら里（り）ルーム」[3]が建てられている。会館の開設日は年間三五〇日以上であり、休館は年末年始、ゴールデンウィーク、お盆のみである。大きなイベントがなくても、一日平均五〇人程度は出入りしている活気と笑顔が多い会館である。

では、どのような活動があるのか、どのようにしてつくられてきたのか、そして、どのように運営されているのか、御池台をさらに探索してみよう。

第三節　どのような住民活動が行われているのか

第一項　網羅的な活動の展開

御池台の活動は幅広く網羅的である。御池台の活動を紹介する際の「楽しむ」、「助け合う」、「育てる」、「情報」という四分類がある。

「楽しむ」――御池文化祭、御池ふるさとまつり、ビアガーデン、音楽会・落語

地域の多くの住民を対象にした、人々のつながりや文化づくりを目的とした活動である。

「助け合う」――自主防災会、声かけボランティア、いきいきサロン、ぞうさんクラブ

地域での助け合いの活動、防災活動、福祉活動である。対象は、地域住民全体、高齢者、子育て世帯と幅広い。

「育てる」――見守り隊、冒険山あそび、成人を祝う集い、小学生防災まち歩き、英語村

子どもや若い世代に対する活動である。御池台の次世代を育成し、地域の継続を生みだしていく。

「情報」――好きやねん御池台ニュース、ブログ、Facebook、Instagram

御池台の取り組みを内外に発信している。その方法も、紙媒体だけでなくSNSの活用へと広がってきている。

これだけでも多様だが、この四分類はあくまで例示的なものである。二〇二〇年度には一部重複やコロナの影響で中止になったものはあるが、連合自治会として三六事業、校区福祉委員会[4]として二九事業、まちづくり協議会として六事業が予定されていた。[5] さらにこれら事業の中には定例的に開催されるものがあったり、また地域の

主な福祉関係の活動（2020年度）

いきいきサロン活動	校区福祉委員会によって月２回実施されている。17回の開催で、325人が参加。
声かけボランティア	校区福祉委員会が中心となって25人の担い手によって校区内の162人の高齢者等を見守っている。
ぞうさんクラブ	未就園児を対象とする地域の子育て支援。７回開催されて、139人が参加した。
校区ボランティアビューロー「ぶら里ルーム」	住民が運営し、住民からの相談を受ける。13回20件。
障がい者保護者の会「レインボー」	障害についての学習会や障害施設の見学、交流などを行ってきた。２回開催。
ボランティア喫茶	2003年に開始され、月２回行われている。15回実施され、利用者は456人であった。
ふれあいお食事会	1999年からはじまり、一人暮らしの人や高齢者世帯が対象である。2020年度は中止、2019年度は延べ281人が参加した。
男の料理教室	男性の地域デビューの場として1999年から年８回行われてきたが、現在は食メン喫茶・居酒屋として続けられている。
元気アップ教室・筋力アップ教室	健康促進のための教室。元気アップ教室は944人参加。筋力アップ教室は456人参加。
童謡を歌う会	2009年から毎月１回実施。190人参加。
歩こう会	1999年から年２回実施。2020年度は１回のみ８人参加。
物忘れ予防教室	2014年から月２回開催。139人参加。
御池映画サロン	2007年から開催。６回、51人参加。
地域福祉活動計画見直し事業	計画の中間見直しを行うためのワークショップの開催。2020年度２回開催。
みいけ地域猫の会	毎月１回例会の開催。
お買い物バス	スーパーがなくなった後に、民間のバス会社の協力で2020年から始まった。
学校ごっこ	御池台小学校を使って実施する生涯教育の取り組み。2020年度より年１回開催。2021年３月には101人参加。

各団体、グループもそれぞれ活動、事業に取り組んでいるので、その活動全体は非常に大きなものとなる。主に校区福祉委員会が行う福祉関係の活動を表にまとめている。

たくさんの活動が行われているなあ、という感想が出るであろう。活動の量だけでなく、種類も多い。年齢層別では高齢者向けが多いが、子ども、若者、現役世代対象の活動も少なくない。分野としても福祉的なものから教育、防犯、文化など多様である。障害福祉に関する取り組み（レインボー）や動物福祉（みいけ地域猫の会）もある。厳密にはどれが福祉の分野でどれがそうではないのかは区別することが難しい。さまざまな活動が混然一体として進められている。

第二項　地域による福祉の取り組み

地域福祉の柱と言える特徴的な取り組みをあげておこう。

㈠自治型福祉ＮＰＯ

御池台には地域の福祉ＮＰＯ法人がある。「ピュア・ハート御池」である。「地域住民による地域のための自治型福祉ＮＰＯ」と銘うっている。自治会等では担えない有償の事業を行っていくため、独立した組織をつくろうということで創設された。設立は二〇〇六年である。スタッフになるにはＮＰＯの会員として年会費二〇〇〇円を納めて登録する。実働している担い手の数は一二～一三人程度であり、高齢者が多い。事務局は、かつてはスーパーマーケットの一角にあったのだが、今では府営住宅の一室を間借りして、午前中、事務局スタッフが詰めている。

事業の柱は四つある。一つ目は、食事喫茶事業として日替わりのお弁当をつくり（四三〇円）、宅配もしている。現在は宅配が多く、一日で一〇食程度出ている。二つ目として「ちょっとヘルプ」という有償の家事支援事業がある。植木の剪定、庭の雑草取り、簡単な大工仕事、家事代行、掃除代行、買い物代行、付き添いといった活動である。作業内容によって料金は違うが、最低一時間一〇〇〇円から受けている。利用する常連さんが数人いて主には部屋の掃除をしている。単発の依頼では庭木の剪定が多い。三つ目は、「ふれあいサロンひなた」の実施である。地域の人が交流できる拠点として、また身近な困りごとの相談窓口として開設されている。四つ目が受託事業であり、小学校の安全管理や「堺っ子くらぶ」という学童保育、「みいけ子どもひろば」を行っている。

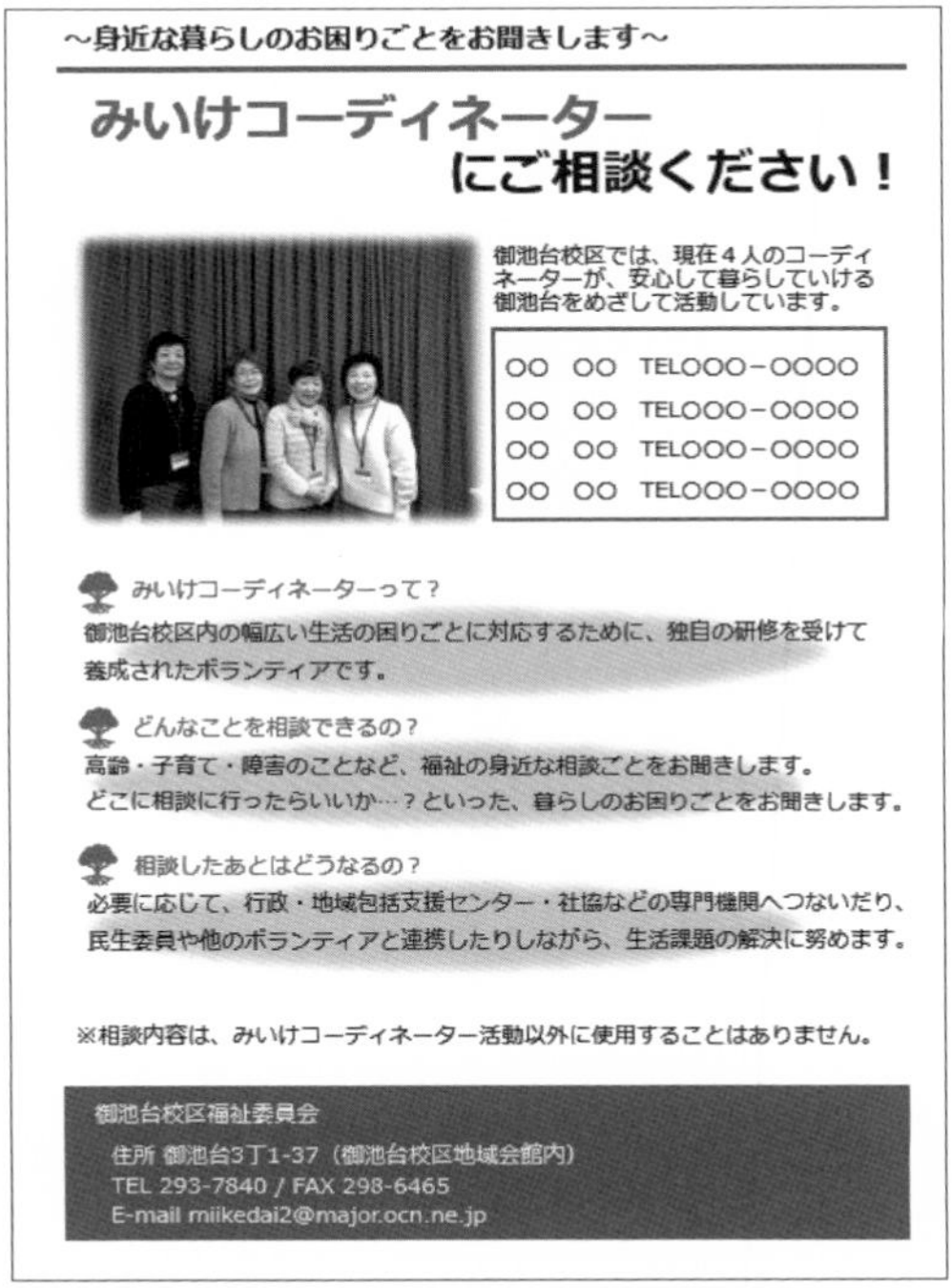

みいけコーディネーター　チラシ

(二)みいけコーディネーター

「みいけコーディネーター」は住民ソーシャルワーカーと呼べるもので、住民による専門的な地域福祉活動である。堺市は、住民による相談活動（校区ボランティアビューロー）を各小学校区に設置している。だが、開催は月一回程度であり地域のニーズに十分こたえられない場合もある。地域の身近なところで困りごとの相談を気軽にできたり、福祉の課題に対応できればいい。その人材として民生委員・児童委員（以下、民生委員）の定年（七〇歳）を迎えた人を考えることができる。民生委員として培ってきた経験や地域とのつながりが埋もれてしまうのはもったいない。そんな思いで生まれたのがみいけコーディネーターである。

二〇二〇年に開始された活動であり、民生委員経験者の四人が任命されている。このコーディネーターは制度や政策の背景はなく、地域オリジナルの住民による福祉活動である。活動の質を担保するために堺市社会福祉協議会にコーディネーターの研修を実施してもらい、養成講座修了証も授与されている。具体的な役割としては地域で住民の相談を受けたり、福祉活動を担っていくことが期待されている。現在では、福祉に関する講演会等の企画実施もしている。メンバーは月に一回の定例会を行い、研鑽を重ねている。

㈢御池台校区地域福祉活動計画

御池台校区の地域福祉活動計画は校区が自主的につくったもので、二〇一六年から二〇二五年の一〇年計画である。小学校区単位で地域福祉活動計画を策定することは当時（現在でも）かなり珍しかった。市域よりも身近な校区での福祉計画の必要性を意識して、策定することにした。この策定は増進型による取り組みであるため、そのプロセスを紹介しておきたい。

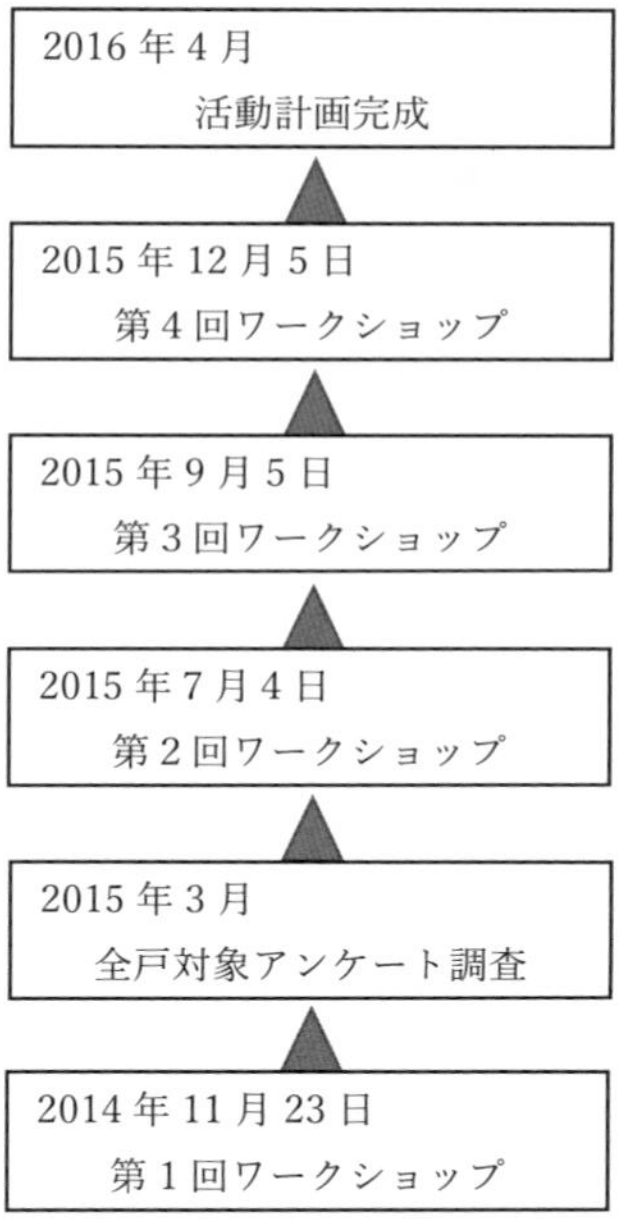

御池台校区地域福祉活動計画　作成プロセス

第一回の「御池台校区　地域福祉計画づくりワークショップ」は二〇一四年一一月に開催された。自治会、まちづくり協議会、子ども会、老人会、民生委員、ＰＴＡ、業務運営委員などの関係者六〇人を超える参加を得た。一〇年後の御池台を見

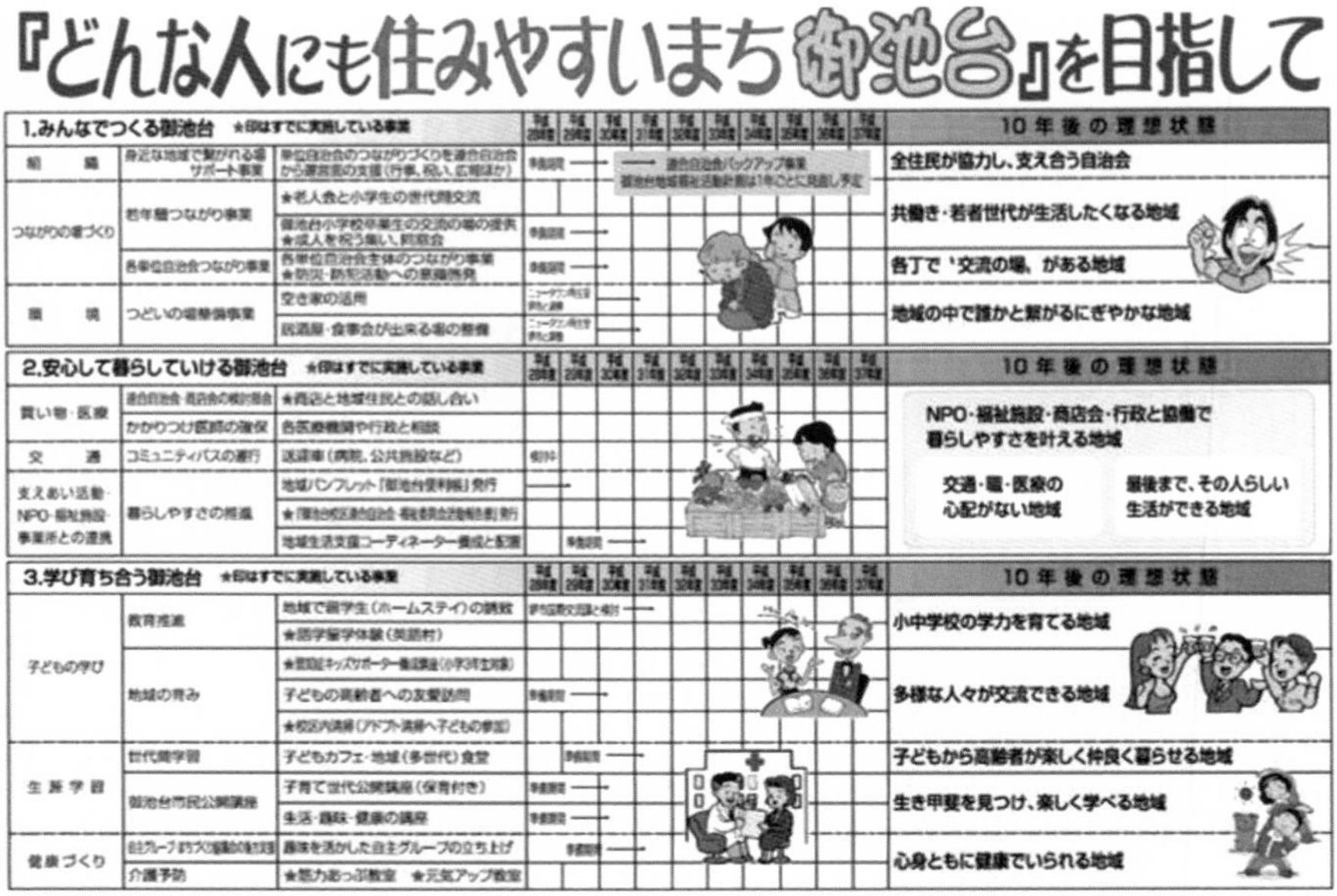

御池台校区地域福祉活動計画（二〇一六～二〇二五年）

すえて「こんな御池台にしたい、こんな御池台で暮らしたい」を出し合った。二〇一五年三月には、校区全戸を対象としたアンケート調査を実施した。配布数は三二三四、回収数は一七七五で回収率は約五五％である。アンケートから、御池台に今後も住み続けたいと考えている人が九割以上いることが分かった。二回目のワークショップは二〇一五年七月に開催された。アンケート結果を共有したうえで、地域福祉活動計画で何をメインに据えていくかについて話し合った。地域の活動の活発さを特長とする一方で、そうした活動が負担になっているという意見も出された。地域社会の高齢化に伴って近隣のつながりと交通の利便性に関する問題も挙げられた。その後二〇一五年九月のワークショップを経て、一二月に最終のワークショップを行った。重点事業を明確にしていくワークであり「理想の御池台プロジェクト」という副題がつけられた。地域の課題、テーマについて理想の状態を考えていく増進型ワークショップである。

以上のように計画の策定過程では初回から最後まで、これからどのようになればよいかという思いを話し合っている。地域の理想の未来を多くの参加者とともに描く体験を共有した。

このようなプロセスを経て作成されたのが「御池台校区地域福祉活動計画」（二〇一六～二〇二五年）である。「どんな人にも住みやすいまち御池台」を目指して、三つの目標が掲げられた。㈠みんなでつくる御池台、㈡安心して暮らしていける御池台、㈢学び育ちあう御池台、である。各目標のもとには具体的な事業が示されており、その数は合計で二二に及んでいる。

計画はカラー版で印刷されて二五〇〇世帯に配布された。計画された事業は英語村、みいけコーディネーター、学校ごっこのように順次実現してきている。しかし、地域の変化に伴って計画内容の見直しが必要となってきた。高齢化率は計画策定中の二〇一五年一一月の時点では二九・六％だったものが、二〇二〇年一〇月には三六・三％となった。スーパーマーケットはなくなり、廃業した医院もある。そのため二〇二〇年一一月と二〇二一年三月にワークショップを実施して中間見直しを行ない、後半期の計画を策定した。

計画づくりワークショップ

第四節　活動はどのようにつくられてきたか

第一項　活動を生み出してきた思い

ニュータウンである御池台のまちびらきは一九七九年である。それから四〇余年、ゼロのスタートから活動は拡大し蓄積されてきた。連合自治会は一九八一年に結成されたが、活動が現在のように広がってくるのは戎谷悦子が連合自治会長になった一九九六年以降である。一介の主婦であった戎谷が連合自治会長になった当時の活動はお祭りと展示を中心とする文化祭ぐらいであり、会館も現在と比べて狭いものであった。そこからの取り組みは、戎谷（子どもたちからは親しみを込めて「エビちゃん」と呼ばれている）自身によれば次のようなものである。

最初は、特に何をどうしようと考えていたわけではない。ともかく先輩の連合自治会長のアドバイスを受けて大阪府のつながりハート事業を申請し、福祉活動から手を付けた。また、連合自治会長と地区福祉委員会の委員長を兼ねることもアドバイスされて、二年目から二つを兼ねるカタチにした。

就任後まもなく堺市で大きな事件が起きた。O－157食中毒事件である。連合自治会として予定していた事業ができなくなった。学校が休校になることを住民に伝えてほしいという連絡が来たり、消毒薬を地域で配布することになった。ただ、当時はこれを広く知らせる手立てがなかった。こうした事情によって広報紙（後の『好きやねん御池台ニュース』）が生まれた。

そこからは、必要に迫られて様々な活動を生み出してきた。夏のお祭り、スポーツ大会、文化祭など多くの人に来てほしいとイベントをやるようになった。次第に、こうしたものがあったらいいなあというものができるようになってきた。例えば、女性たちが気軽に外に出て集まれる場所を作りたいという思いから、補助金を申請してぶら里ルームをつくった。こうした取り組みは地域の人にも好評だった。

なんでも諦めずに続けてきている。持続しないと地域はよくなっていかない。長く続けていくことで、行政、学校、地域の施設とも関係ができてくる。その担当者は変わっても地域の自分たちは継続できるので、関係は発展し、いろんなこともできるようになっている。

我が地域のことは自分たちでがんばらないと行政がよくしてくれるわけではない。行政は行政のやり方で行うのだが、それが自分たちの地域に合うとは限らない。例えば、公園の公衆トイレを改修することになった。これまで和式だったので、行政は和式のままにしようとした。それはもうこの時代には合わない。地域の側がそうしたことを行政に要望しないと、そのままになってしまう。

人間関係を大切にしてきた。何事も大変なことは率先して自分で動き、最後の責任は自分がとるという覚悟を持っている。自分が暮らしやすくなるためには地域全体がよくならなければならない。地域がよくならないと自分だけよくなることはない。

第二項　活動の基盤づくり

歴史的経緯の中で見逃せないことが、この期間を通して連合自治会を中心とする組織や拠点会館の整備、拡充が継続的に進められてきたことである。一九八一年の連合自治会発足当初時に加入していたのは五自治会であった。戎谷会長が就任する一九九六年までに加入は一〇自治会となっている。その後次第に加入自治会が増えてきて、二〇二二年にそれまで加入していなかった最後の自治会も加わり一四自治会全てが加入した。

主要な組織として、校区福祉委員会は当初からできており、ＮＰＯ法人の「ピュア・ハート御池」が二〇〇六年に設立され、まちづくり協議会は二〇一二年につくられている。ハード面に関しても、拠点としての会館は幾度も改修増築が行われている。大きなものだけでも二〇〇一年の大規模改修、二〇〇三年のぶら里ルームの増築、二〇一一年の大規模改修というものがある。

活動の基盤となるソフト面およびハード面の整備を継続的に進めてきたことがわかる。組織的な足腰を強化してきたことが、網羅的で厚い活動を生むことを支えてきたと考えるのは妥当であろう。ただしこの面にはいま、懸念もある。連合自治会の基盤となっている単位自治会への住民の加入率である。現在の加入率は約六五％であり、漸減している。都市部ということからすれば低い数値ではないが、カバーしきれていない住民が三分の一いることになる。運営上の工夫がさらに求められるところである。

第五節　活動はどのような仕組みで生み出されるか

第一項　一体的運営方式

御池台の地域活動に関わる主な組織は図の通りである。これらはどのように運営されて活発な活動を生み出しているのだろうか。

御池台の組織運営の特徴は、地域に関わる複数の組織の一体的運営である。連合自治会が中心となり、校区福祉委員会やまちづくり協議会が連動して地域の活動を生み出している。御池台の年間の活動報告書は、連合自治会と校区福祉委員会、そして校区まちづくり協議会が一つの冊子となっている。この三つの組織の関係性を示すようである。御池台校区協議会は、連合自治会と校区福祉委員会を中心に、保護司、そして小学校や特別養護老人ホーム、ピュア・ハート御池など各種団体の集合体である。もともとはこの校区協議会だけであったものに、堺市の意向を背景にまちづくり協議会が置かれることになった。まちづくり協議会の構成は、ほぼ校区協議会に属する団体を網羅した上に校区内の全住民が入る。つまり自治会に加入していない住民も入ることが特徴である。こうなると形式的にはまちづくり協議会の方が包括的であるが、実質的な活動では連合自治会と校区福祉委員会が中心となり、これにまちづくり協議会が必要な部分に加わっているという状況である。また、形式の上では民生委員は校区福祉委員会を構成する一部であるが、その活動は独立性がある。そこで実際には、連合自治会、校

御池台校区組織図

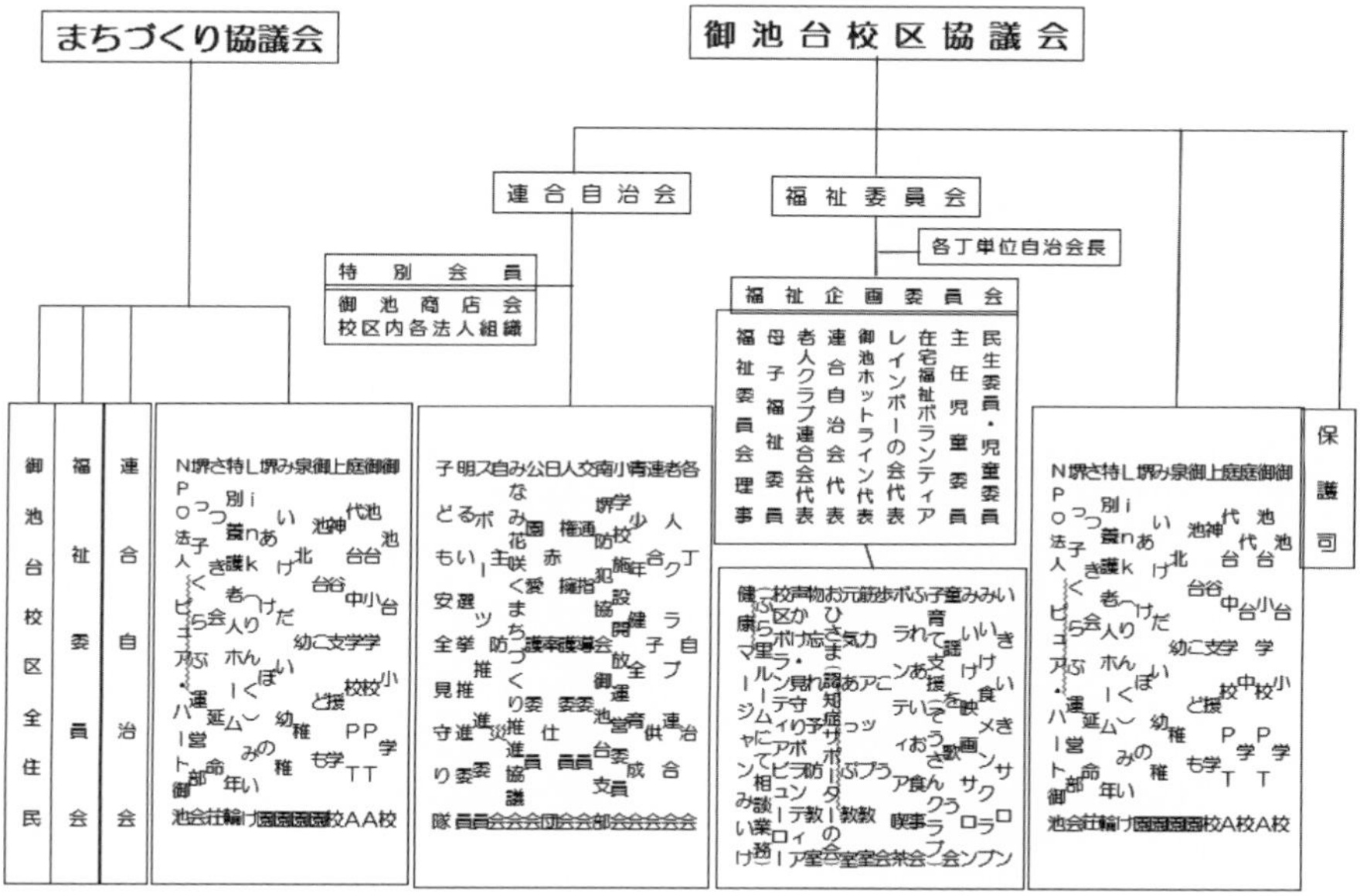

区福祉委員会、民生委員のバランスで地域の福祉活動が生みだされていく。

このように組織それぞれの特性はあるが、地域全体とすれば御池台にあるこれらの組織は一体的に運営されている。連合自治会、校区福祉委員会、民生委員、まちづくり協議会が協調して連動する。それぞれの組織の役割、強みを生かしながら、連携して活動が進められていく。例えば、二〇二〇年度には御池台の地域福祉活動計画見直し事業が行われ、ワークショップが開催されたが、これは校区福祉委員会の事業であると同時に、全住民を対象とするまちづくり協議会の事業としても位置づけられた。福祉という特性と全住民という特性がうまく組み合わさるように事業が構成されていた。地域からすれば、重要な活動が効果的にできればよいのであって、タテ割をそのまま受け止めず、うまく連動させればよいという発想である。

第二項　明快なリーダーシップ

こうした一体的運営を可能にするのは、連合自治会長を中心としたコアメンバーによるわかりやすいリーダーシップである。連合自治会長の戎谷は、校区福祉委員会委員長とまちづくり協議会会長も兼務してきた。これにより一体的運営が行いやすくなり、それぞれの組織の実態も把握できることで地域活動にありがちな重複や漏れが少なくなっていく。

しかし、会長一人では何もできないと戎谷は言う。運営を担っていくコアとなるメンバーたちがいる。それは、ほぼ連合自治会の役員に重なっている。会長である戎谷のほかに、三人の副会長、事務局長、事務局員二人、会計一人、業務運営委員（委員長を含めて）九人（二〇二一年度の体制）である。業務運営委員は連合自治会、および校区全体の事業運営をサポートし、毎年役員が代わる各丁の負担を軽減する役割も担っている。組織運営体制づくりの過程の中で、こうした役割が意図的に作り出されてきた。また、事務局長や事務局員も時間をかけて配置されてきた。このメンバーで毎月一回の定例会を行い、事業を進めていく。また、丁レベルとの連携を図るための定例会も毎月行われている。

各組織内の役割分担も明確化している。連合自治会には、まつり部からはじまって、自主防災会、体育部、文化部、環境部など二〇ほどの各種部会があり、活動を担っている。校区福祉委員会には、民生委員や在宅福祉ボランティア、老人クラブ等の代表による福祉企画委員会が置かれ、年五回程度の会議を開催している。校区の福祉活動の中心を担っているのは、在宅福祉ボランティアの五一人と民生委員一二人である。こうした役割分担の方針は「特定の人の負担を大きくしない」ことである。

第三項　活動を生み出す御池台の地域特性

御池台は「住民主導の自律志向の強い地域」ということができる。基本には、自分たちの地域のことは行政や専門職など「外部」に頼るのではなく、自分たちでやっていくという考えがある。自治型福祉ＮＰＯ、みいけコーディネーターの配置、そして校区地域福祉活動計画の策定などを見れば自前で地域福祉を進めるという気概がある。それは住民主体というよりも自分たちが進めるという意思を持っているという点で住民主導という用語がふさわしい。地域で必要なこと、やりたいことについては自分たちが主導権を持って進めていく姿勢である。

ただし、すべてを地域だけでやるわけではない。この点が自立ではなく自律である。自分たちが直接行うことと行えないことを意識し、行えないことに関しては外部の協力を得ながら、というより外部を巻き込みながら実現していこうとする態度である。必要な場合には補助金を探したり紹介してもらって申請する。専門職や学識経験者の支援も得る。例えば地域福祉活動計画づくりには、堺市社協のほか小野達也研究室も関わっている。近年では、学校、福祉施設ばかりでなく生協、近隣のスーパーマーケット、バス会社等一般事業者も巻き込んだ活動が展開されている。それは地域の中の人たちに対しても同様である。地域にいる才能を探し出し、活動に誘う。地域内の開発である。冒険山あそび、見守り隊、成人を祝う集いなど機会あるごとに地域からの新たな参加が生まれてきている。

第六節　増進型地域福祉の観点からみた御池台

第一項　地域の理想への道のり

御池台の活動の基本にあるのは、「必要性」である。活動が立ち上がる場合も、地域の課題に対する必要性から生まれてきている。特に福祉的な活動や健康、防犯、買い物、移動というテーマごとの活動は、必要から生みだされてくるものが多い。これは、地域のニーズへの的確な対応ではあるが、この段階では不足を埋めていくという意味合いが強く、理想の状態を目指すという増進型のアプローチというわけではない。

ただし、その一方で文化祭やふるさと祭り、新成人を祝う集い、様々な文化的、教育的プログラムを重ねてきている。地域の豊かさや持続可能性を考えてきている。御池台の活動のルーツには、地域のつながりをつくるポジティブな性格が備わっている。活動の積み重ねという点からすれば、そうした性格は引き継がれてきている。さらに転機ともいえるものが、校区の地域福祉活動計画の作成である。理想の地域づくりの作成過程に多くの住民がかかわった。御池台の一〇年後を描くという未来志向で、理想を考える作業を住民が共同で行った。これは福祉的な活動がポジティブなものであることを認識する契機となったと考えられる。

地域の高齢化とともに生活の基盤を支える活動が求められる段階になっており、必要性の側面は依然として強いが、より良いもの、理想を目指す動きも、生まれはじめている。

第二項　対話的な進め方

御池台の活動には明快なリーダーシップがあり、それが諸組織の一体的な運営を生み、地域課題に対する迅速な対応を可能にしている。スーパーマーケットがなくなった際のお買い物バスの運行や小学校との連携による学校ごっこの実施はその例である。それでもこのリーダーシップのあり方は変化してきている。当初の個人中心のリーダーシップから、運営体制が整備され、より多くの人たちが運営にかかわるようになっている。連合自治会でいえば、コアメンバーは一八人で構成されており、丁レベルを含めれば多くの人の声が反映する状況が生まれている。さらに実際の活動に関わる部会の体制も整ってきている。対話的な進め方の基盤はできてきた。

ただし、まだ対話の余地は残されている。戎谷には「御池台の人たちは、困ったことがあっても他人に頼らず自分で何とかしようとする。しかし、地域全体として高齢化してきているので、もっと気軽に助け合える関係になっていけばよい」という思いがある。こうした関係を生み出すために対話が求められている。また、地域の活動に対して負担感が指摘されたり、一部の単位自治会から連合自治会に「使われている」という疑念が呈されたりすることも、さらなるコミュニケーションの必要性を意味している。認知症のプログラムや障害関係の活動、みいけコーディネーターの配置などから分かるように、御池台には小さな声を意識しようとする姿勢がある。こうした取り組みがさらに広がり、地域にあるさまざまな声への応答が進んでいけば、誰もが自分たちが地域の主体であるという意識を持つようになる。

それは「好きやねん御池台」を地域全体で実現する道ともなるだろう。[6]

註

1　ここでの校区とは「御池台小学校」の校区であることを示している。
2　市街地の小区分で「町」と同じ。堺市では、「丁」を使っている。
3　住民による地域の身近な相談の場である校区ボランティアビューローの拠点施設である。
4　小地域レベルの住民による福祉活動の組織である。校区社協や地区社協と同じものを指す。
5　年間の事業予算としては、連合自治会が約八三〇万円、校区福祉委員会が約五一〇万円、まちづくり協議会が約九〇万円である（二〇二〇年度）。
6　『好きやねん御池台ニュース』の名称は当初、単に『御池台ニュース』だったのだが、自分たちの思いを伝えるために二〇一二年に「好きやねん」を加えた。

第六章　行政による増進型地域福祉の取り組み

植田憲治

第一節　富田林市の概要

富田林市の位置

富田林市は大阪府の南東部、大阪都心部から約二〇キロメートルに位置し総面積三九、七二平方キロメートルの市域を有し地勢的には、市域のほぼ中央部を南北に流れる石川によって形成された中央平野部と金剛山系に連なる南部の山地部、西部の丘陵部で構成されています。古くから南河内の中心部として商業を中心に栄え、昭和二五（一九五〇）年に人口三万人余りで、大阪府内一六番目の市として誕生しました。高度経済成長期には、市の西部において閑静でゆとりある戸建住宅と西日本で最大規模の日本住宅公団（現：UR都市機構）賃貸住宅などが開発され、都市通勤者世帯のベッドタウンとして成長してきましたが、開発後、半世紀以上が経過し人口減少や少子高齢化、施設の老朽化など、いわゆるニュータウン問題が顕在化しています。総人口は、平成一四（二〇〇二）年の一二万六千人をピークに減少を続けており令和四（二〇二二）年二月末時点の人口は、一〇万八千人（ピーク時より一万八千人減少）高齢化率が三〇・七パーセントと人口減少・少子高齢化が顕著に表れています。

第二節　富田林市地域福祉計画

地域福祉計画は、社会福祉法（昭和二六年法律第四五号）第一〇七条に位置付けられた行政計画であり、地域福祉の推進を目的に地域住民などの参加を得て、地域生活課題を明らかにするとともに、その解決のために必要となる施策の内容や体制などを示すものです。本市では、平成一九（二〇〇七）年度から平成二三（二〇一一）年度までの五カ年を第一期地域福祉計画期間として取組みが始まり、令和三（二〇二一）年度で第三期地域福祉計画期間が終了し一五年が経過します。

地域福祉計画の策定及び推進に関しては、外部からの意見を広く取り入れるため「富田林市地域福祉推進委員会」（以下「推進委員会」）を設置し委員には、医師会、社会福祉協議会、民生委員・児童委員協議会、福祉関係団体、町総代会などからの代表者及び公募市民に加え、第一期地域福祉計画策定時から現在まで学識経験者として小野達也教授に委員長を担っていただいています。

第三節　増進型地域福祉のはじまり

本市において増進型地域福祉の考え方について議論が始まったのは、第三期地域福祉計画策定に向け開催された平成二七（二〇一五）年一二月の第一回推進委員会においてです。推進委員会の最初の議題は、本市地域福祉計画が策定され二期一〇年間が経過し具体的な成果が求められる中、「推進委員会として目指す本市の地域福祉の方向性」でした。これは推進委員会がこれからの本市地域福祉についてどのようなビジョンを持ち検討を進めるかを確認するために設定したものでした。その中で小野委員長から「地域福祉とは、地域での福祉の実現〈福祉とは幸せ〉。これまでの福祉は、マイナスからゼロへという福祉を想定してきているが、本当の福祉の意味は、その時代、その社会の中で最も良い状態を実現していくこと。『理想への地域福祉』を意識的に取り組まない限り地域の福祉は実現できない。そのためにも『理想への地域福祉』を目指すことを見据えた計画づくりが必要。」との意見が出され、増進型地域福祉の考え方について説明が行われました。委員からは、「今の時代は理想を掲げないといけない。今までの延長線上で進めていても地域福祉が達成されない。」と賛同する意見が出され、推進委員会として目指す本市の地域福祉の方向性に増進型地域福祉の考え方を取り入れ議論を進めることが決定しました。ここから本市の地域福祉は、理想の追求を基盤とする増進型地域福祉へと大きく舵を切ることとなりました。

その後、推進委員会にて増進型地域福祉の考え方を具体的に展開し、地域の理想を福祉の実現につなげる仕組みについて繰り返し協議された結果、小学校区（富田林市：一六小学校区）を単位として地域の住民や福祉活動団体、福祉専門機関など、さまざまな主体が参加し、地域の課題を共有するとともに、地域の理想について話し合い、地域のことを自分のこととして考え、その理想の姿の実現に向けて事業・活動計画（校区プログラム）を企画・実践する「校区交流会議」が誕生しました。

校区交流会議は、㈠地域の課題を出し合い㈡理想の状態を描き㈢具体的な校区プログラムを作り㈣事業活動に取り組む、という四段階のプロセスを踏むものです。これまでの地域課題の発生原因を特定し、それを除外することで元の状態に戻すという「問題解決型」から、どのようになれば良いかという理想を描いて、その実現を目指す「目的実現型」へ考え方を転換することを重要なポイントとされました。そして、市及び社会福祉協議会は地域課題を共有し、地域住民が協力し合い、地域の主体性を育みながら取り組んでいけるよう支援することとなりました。

第三期地域福祉計画では、増進型地域福祉の考え方を具現化する「地域」「市」「社会福祉協議会」の連携による新たな仕組みとして、校区交流会議は重点プロジェクトの一つに位置付けられることとなりました。

平成二九（二〇一七）年三月、すべての市民が、障がいの有無、性別、国籍、文化、年齢などの違いをこえて、地域の理想の姿を共有し、地域の取り組みに積極的に参加、協働、連携し、一人ひとりがその人らしい生き方を実現することのできる増進型地域福祉を目指すことが推進委員会で決定され、『増進型地域福祉づくり』（一人ひとりがその人らしい生き方を実現することのできる富田林）を基本理念として掲げる「第三期富田林市地域福祉計画」を策定しました。同時に市政を長期的な視点で総合的かつ計画的に推進していくための指針であり、市の最上位計画に位置付けられている「総合ビジョン及び総合基本計画（平成二九（二〇一七）年度から一〇カ年）」の改定に合わせ、「地域福祉の推進」に関する基本的な方向として、誰もが支え合いと助け合いのしくみの中で活躍できる地域づくりに向けたネットワークの強化や、地域福祉に関する市民の活動の場やきっかけづくりを進めるなど、増進型の地域福祉を推進することを明記しました。これにより、本市の地域福祉に関する方向性として増進型地域福祉の考え方が公式なものとして確立しました。

第四節　増進型地域福祉の推進

「地域の夢と理想を追求する増進型地域福祉の推進」を選挙公約の一つに掲げ令和元（二〇一九）年五月に就

任した吉村善美市長は、所信表明で「地域住民と地域の福祉関係者や団体、行政などがしっかりと連携して、それぞれの地域における理想の姿や幸福の実現を地域福祉推進の目的とプロセスにしっかりと位置づけ、これからもこの地域で住み続けたいという積極的な意欲と住み続けられる条件を新たに作り出していこうとする『増進型地域福祉』を重点施策として推進する。」と述べました。さらに、「今日、市民ニーズが複雑多様化し、地域が様々な課題を抱える中で、縦割り行政の壁を排して、地域の情報や課題を市民と行政で共有しながら、市民主体の協働のまちづくりを推進するため、『地域担当職員（後に「校区担当職員」に名称変更）』制度を導入し、小学校区ごとに取り組む『増進型地域福祉』を推進する行政側の役割を担っていただきたい」とも述べました。これを契機にそれまで福祉部局以外の職員には、殆ど知られていなかった増進型地域福祉というキーワードが、全職員から注目を集めることとなりました。

市長就任五ヵ月後には専任職員一名、兼務職員二名による「増進型地域福祉推進プロジェクトチーム」（以下「増進ＰＴ」）を設置しました。本市では、これまでも特に重要な施策を集中的に検討するためプロジェクトチームを設置することはありましたが、福祉部局の所管でなく市長公室内に増進ＰＴを設置したことは極めて異例で増進型地域福祉に対する市長の強い想いが全職員へのメッセージとして発信されました。

増進ＰＴが先ず取り掛かったのが全庁的に増進型地域福祉を理解し取り組むため全職員を対象とする小野委員長による研修会の開催でした。研修会には市長・副市長・教育長・全部局長をはじめ、管理職員から一般職員まで約二五〇名が参加し、参加できなかった職員は研修会の録画映像を業務用パソコンから視聴し全職員が増進型地域福祉について理解を深めました。研修後のアンケートでは「これまで『福祉』という言葉を見て連想するのはマイナスイメージだったが、本来の意味は『幸福』であるという説明に思わずハッとした。本来の意味に近づけていくためにも『増進型地域福祉』が必要であると感じた。」や「理想追求型へ切り替えていくことは困難なことだと思うが、精力的に取り組まなければならないと思った。」など前向きな意見が多く寄せられました。特に増進型地域福祉の考え方と地方自治法第一条の二「地方公共団体は、住民福祉の増進を図ることを基本として、地域における行政を自主的かつ総合的に実施する役割を広く担うものとする。」との関係性として市職員はあらゆる分野において住民の福祉（幸せ）を目指す役割である事が説明され、多くの市職員が福祉本来の意味を理解した上で地方自治法上の「住民福祉の増進」を再認識する有意義な機会となりました。

お困り相談連絡票

この連絡票は、日常的な業務の中で福祉的な生活課題を抱えておられる市民と接した際、「福祉なんでも相談窓口」に案内し、適切な支援につなげるための連絡票です。

令和　年　月　日

対象者氏名		本人に本連絡票の目的を説明の上、活用について同意を得た。	
生年月日	（T・S・H・西暦）　年　月　日	電話連絡	
住所			
主な相談項目 ☑	□ ひきこもり □ 孤立 □ 子育て □ 介護 □ その他［　　］	□ 疾病 □ 就労 □ 借金	
相談内容	（概略）	所属 職員氏名	

【運用方法】
● 本連絡票は、予め本人に利用目的を説明した上で同意が得られた場合のみ活用してください。
● 本連絡票は、本人の前で市職員が要点を聞き取り、記載してください。
● 記載が完了したら、本人に内容を確認していただき、「福祉なんでも相談窓口」に案内してください。その際、市職員も同行の上、本連絡票を持参願います。
● 本人が時間的な余裕が無いなど、「福祉なんでも相談窓口」に行けない場合などは、担当職員から連絡がある旨を伝えていただき、連絡票を「福祉なんでも相談窓口」に持参願います。

福祉なんでも相談受付日	担当
令和　年　月　日	

　この研修効果は、新型コロナウイルス感染症の拡大による影響が長引く中、令和二（二〇二〇）年四月、税の滞納などの相談を行う収納管理課より住民が滞納などに至る背景に福祉的な課題を抱え生活困窮状態になっている事案が見受けられ、何とか支援に繋げたいと言う提案として表れまし

た。この提案により「お困り相談連絡票」が作成され相談者の同意を得て庁内に設置している「福祉なんでも相談窓口」（生活困窮者自立相談支援機関にコミュニティソーシャルワーカーが配置されている相談窓口）に相談内容が引き継がれるという仕組みができました。

そして、一年後には庁内大半の三四課でお困り相談連絡票が活用されるまでに拡大し、生活困窮だけでなく「ひきこもり」や「孤立」などさまざまな相談が福祉なんでも相談窓口に引き継がれるようになりました。

これは、増進型地域福祉の考え方を基に市職員がコロナ禍によりさまざまな課題を抱える住民に対し、理想の生活を描き、その実現に向け意識改革が生まれた結果であると推測しています。

第五節　校区担当職員制度

市職員と住民が地域の課題を共有しながら共に地域の理想の姿の実現を目指す取り組みとして市長が提案した「校区担当職員」制度の導入に向け、増進ＰＴは、先ず校区交流会議で議論されている内容や会議の雰囲気などを確認するため約三カ月間、市内七小学校区の校区交流会議に参加しました。その際、特に懸念していたことが市職員が参加することで会議の場が地域の要望や交渉の場となり、地域の御用聞きになってしまわないかという点でした。しかし、どの校区交流会議でも市職員が参加することについて批判的な意見はなく、多少の要望を受けるものの全て地域を良くしたいという住民の前向きな想いによるもので喜んで参加者の一員として迎え入れていただけました。

また、増進ＰＴが校区交流会議に参加している間に三校区で校区プログラムが実践されました。Ａ小学校区交流会議では「色々な世代が繋がりを取り戻すための居場所づくり」をテーマに校区内の清掃活動が実施される祝日に合わせて小学校でイベントを開催するものでした。小学校では餅つきやグラウンドゴルフを高齢者と小学生が楽しむゲーム、児童による音楽発表など、子どもから高齢者まで約三〇〇名が集まりました。B小学校区交流会議では「地域と学校のコミュニケーション強化」をテーマに校区のことを町の人にも知ってもらうため「わが町ニュース」と題して模造紙サイズの校区新聞を作成しました。会議では学校、幼稚園、保育所、福祉施設、町会、福祉委員会などの情報を参加者が分担して収集し、白地図にイベントなどを記したカードや折り紙を貼り付けた校区新聞が作成され校区内の公共施設や商店、学校など一五ヵ所に掲示しました。C小学校区交流会議では「高齢化」をテーマに毎年小学校で開催されている「新春餅つき大会」に「ふれあいランド」と銘打って、担い手不足となっている福祉委員会の活動案内とメンバー募集、コマ回しを高齢者が子どもに教える世代間交流活動、校区内の防犯活動用バンダナの配布などを行い、約四五〇名の参加がありました。

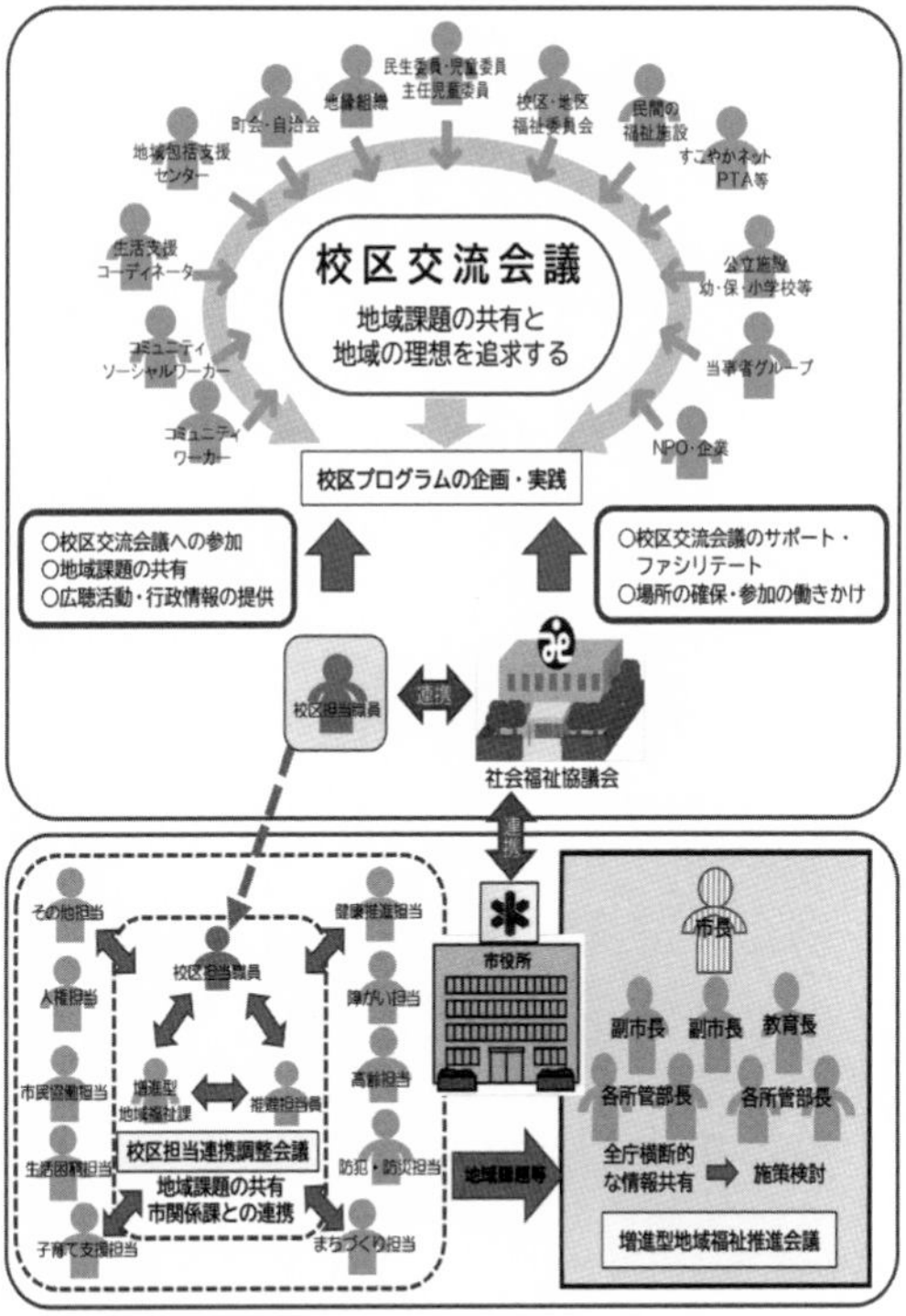

校区交流会議や校区プログラムへの参加を通じて確認できたことは、どの参加者も楽しみながら、そして、地域がこうなれば良いという想いが対話により生まれ、笑顔ある活動が実践されていたことです。そして何よりも増進型地域福祉の目指す姿を体感できた貴重な時間となっ

たことです。

この体験を通じて校区担当職員制度を導入する上で三つの方針を定めました。㈠校区交流会議には色々な方が参加しているが参加者全員が対等な立場であることから、校区担当職員も他の参加者と同じ位置付けとすること。㈡校区交流会議の参加者の多くは年配の方や地域活動の代表者であることから校区担当職員も一定の行政経験を積んだ管理職員から選任すること。㈢校区担当職員の役割を地域と行政のパイプ役とし行政内部に地域課題や地域の理想を共有する仕組みと課題解決や地域支援に対応できる体制を全庁的に作ること。

これらの方針を基に校区担当職員を全部局（消防・教育指導室などを除く）の管理職員（主幹・課長代理・参事）から一六名選任し、一班二名体制で二校区を担当する八班編成としました。そして、校区担当職員の役割を校区交流会議への参加を通じて㈠地域課題の共有㈡校区プログラムの企画・実践の支援㈢校区プログラムの実現に向けた行政情報の提供㈣市民本位の市政推進に向けた広聴活動としました。次に庁内関係課への働きかけとして㈠関係課へ地域課題や広聴活動により受けた要望などの情報提供㈡校区交流会議の企画やプログラムについての周知・広報活動と決定しました。

庁内体制としては、部局の総括事務を所掌する課の長を「推進担当員」と位置づけ部局内の課題共有並びに解決に向けた検討及び連携調整を行う役割としました。また、校区担当職員との情報共有・意見交換などを通して、校区担当職員制度の円滑な運用と全庁的な増進型地域福祉の推進について検討を行う「校区担当連携調整会議」を設置し検討事案に応じて推進担当員や関係課職員が参加し部局横断的な検討体制を確保するとともに市長、副市長、教育長、部長職により構成する「増進型地域福祉推進会議」を設置し増進型地域福祉の推進に関する全庁的な検討体制を構築しました。

第六節　増進型地域福祉アプローチシート

　個別支援の場面における増進型地域福祉の実践を増進ＰＴで検討した結果、コミュニティソーシャルワーカー（以下「ＣＳＷ」）による相談支援の場面で活用する相談記録様式に「増進型地域福祉アプローチシート」として新たな様式を追加することとしました。「増進型地域福祉アプローチシート」はＣＳＷが支援を通じて相談者の「理想の生活」について聞き取り記録するもので記録後は、ＣＳＷが署名し控えを相談者に手渡します。ＣＳＷと相談者の双方が「理想の生活」を共有しながら取り組み、目標が達成した際には新たな目標設定することを繰り返す中で双方のエンパワーメントやモチベーションを高めていくことを本シートの目的としました。

(様式第4号)　　受付番号

増進型地域福祉アプローチシート

作成日　R　年　月　日

ふりがな 本人氏名	

今、あなたが、理想と思われる生活についてお聞かせ下さい。

理想の生活	

わたしたちは、あなたが理想とする生活に向け、
あなたと一緒に関係機関と共にあきらめずに支援します。

富田林市「福祉なんでも相談窓口」

コミュニティソーシャルワーカー

連絡先

富田林市社会福祉協議会

Tel:0721-25-8200

富田林市役所 子育て福祉部 増進型地域福祉課

Tel:0721-25-1000(内273/274)

第七節　考察

　行政による増進型地域福祉の取り組みを設計する際に大切にしたことは、三つの領域からの取り組みを設定し、それらを相互に関連させながら推進していく仕組みでし

た。

㈠『理想の生活』ＣＳＷや地域包括支援センター職員などが個別支援する場面において相談者と支援者が理想の生活を描き、共有しながら取り組むことにより生活の質が高められその人らしい生活を実現する領域

㈡『理想の地域』地域と行政が共に取り組む防犯・防災活動や校区交流会議などの場面において住民と行政が理想の地域を描き、共有しながら取り組むことにより理想の地域を実現する領域

㈢『理想の社会』行政が策定する条例や計画、施策展開の場面において理想の住民生活を住民参加や住民目線で描き住民福祉の増進を実現する領域

この三つの領域が相互に関連することにより、個人の幸せが地域の幸せに広がり、持続可能な社会へと導かれることをその狙いとしました。

そしてその実践例が「校区交流会議」や「校区担当職員制度」「増進型地域福祉アプローチシート」です。令和二（二〇二〇）年度より予算事業化した「校区担当職員制度」は新型コロナウイルス感染症の拡大に伴い殆ど活動できませんでしたが令和三（二〇二一）年度はオンラインによる会議が積極的に開催されたこともあり校区担当職員全員が会議に参加できました。校区担当職員からは「当初、市に対する厳しい意見をいただくのではと不安だったが終始和やかで参加者全員が『楽しんでやる』という想いが伝わる会議だった」と導入段階ではスムーズな事業実施ができました。今後は校区交流会議で議論される地域課題や理想の地域を行政が共有し、その実現に向けた施策の検討・実践へと発展させていくことが重要であり達成していかなければなりません。

「増進型地域福祉アプローチシート」は、導入後約二年が経過しますが、活用事例が数件に留まっており積極的な運用に至っていません。その原因は、個別支援の場面が相談者の生活課題の解決に向けた支援（問題解決型）で完結しているからです。支援者が相談者の理想の生活を描き、その理想の生活に向けた支援を実践する増

進型地域福祉のアプローチ（目的実現型）に意識を変えていけるようCSWとの調整を進めながら他の個別支援の場面でも取り組まれるよう働きかけていくことが必要です。

本市における増進型地域福祉の取り組みは始まったばかりで課題も沢山ありますが、市長の重点施策の一つに位置付けられたことにより福祉分野の枠を超え行政サービス全般において進展するきっかけとなりました。特にセクショナリズムの比較的強い傾向にある市役所の各職場において、福祉的な課題を抱える住民に「気づき」そして「つなぐ」ために始まった「お困り相談連絡票」の活用は市職員の意識に変革が生まれた大きな一歩となりました。この歩みを止めることなく増進型地域福祉の考え方を全職員が心に刻み、それぞれの職場において着実に進めることが「住んで良かった、これからも住み続けたい」と思っていただける街づくりに繋がるのです。

令和三（二〇二一）年四月、地域福祉課の名称を「増進型地域福祉課」に改め、増進型地域福祉を基盤に本市が目指す、誰一人取り残さない、一人ひとりが幸せを感じ、笑顔あふれる『麗しの富田林』の実現に向けた挑戦は続きます。

増進型地域福祉は、私の公約である「市民とともにつくる。市民が幸せになる。市民本位の市政」を実現していくために不可欠の取り組みであるとともに、今後の自治体行政のあり方も示唆しています。この理論と実践が全国に広がっていくことを願っています。

富田林市長　吉村　善美

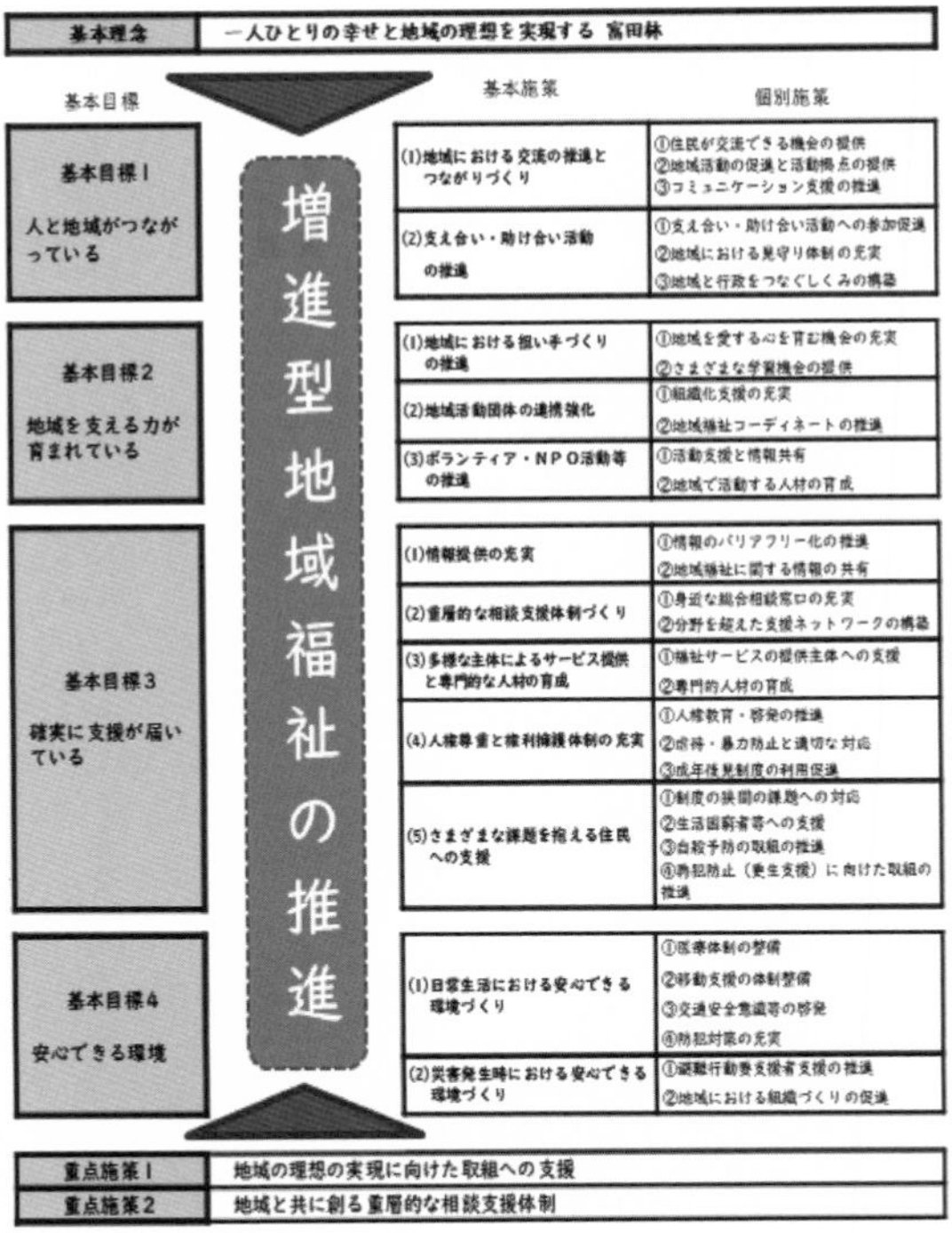

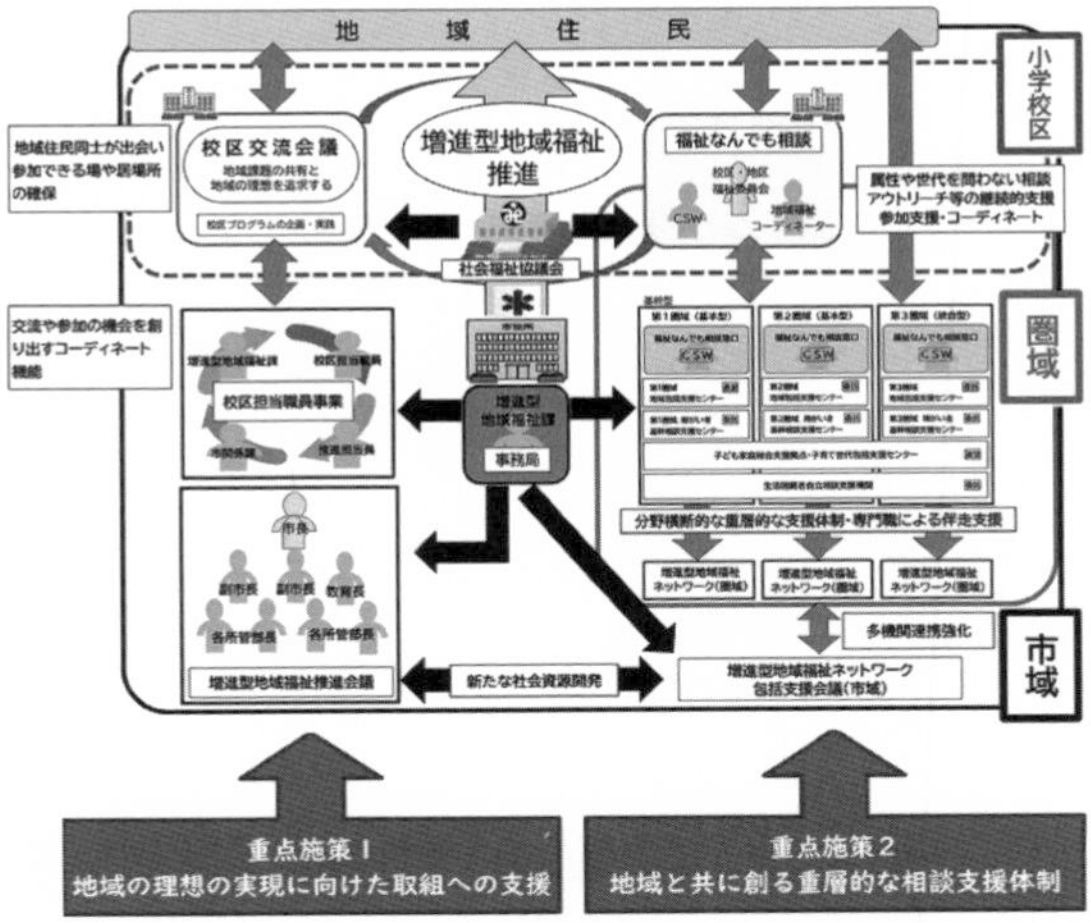

参考（富田林市第四期地域福祉計画）二〇二二（令和四）年三月策定　富田林市ウェブページにて閲覧できます。

令和元年度　ＵＲ金剛団地世帯アンケート調査

１．調査の目的
　まちの活性化に向け、高齢者世代が安心して住めるまちづくり、子育て世代が住みたくなるまちづくり、組織づくりの輪が広がるまちづくりを実現していくことを目的にアンケート調査を実施する。

２．調査内容
（１）調査対象：ＵＲ金剛団地に居住する世帯
（２）調査対象者数：４，１５１世帯（令和元（２０１９）年１１月末日現在）
（３）実施期間：令和元（2019）年１２月１０日～令和元（2019）年１２月２４日
（４）調査方法：郵送による配布・回収
（５）調査項目：家族と住まい、地域コミュニティ、増進型地域福祉の地域づくり
（６）調査問数：２１問
（７）抽出方法：悉皆（住民基本台帳データを使用）

３．回収結果

配布数	宛先到着数	有効回収数	有効回収率（%）
４，１５１	４，１３６	１，５６６	37.9

４．アンケート内容（一部抜粋）
「増進型地域福祉」の地域づくりについて
　本市では、「増進型地域福祉」※をテーマにした地域づくりを進めています。平成28年度より、小学校区ごとに開催する「校区交流会議」において、専門職等と協力し住民同士が地域課題や将来像について話し合うなど、「理想の地域」の実現に向けた取り組みを進めているところです。
　ＵＲ金剛団地においても、「増進型地域福祉」の地域づくりを支援していきたいと考えております。

※「増進型地域福祉」とは、「福祉」本来の意味である「幸福」を地域で実現するため、地域の理想を描き、その理想の実現に向けて地域住民と専門職等が力を合わせて取り組んでいく「目的実現型」の地域福祉を言います。

問19　ＵＲ金剛団地において、「増進型地域福祉」の地域づくりについてどのように思われますか。

問20　「増進型地域福祉」の地域づくりで、どのような「理想の地域」を望まれますか。（○はいくつでも）

５．アンケート結果
問１９：増進型地域福祉づくり

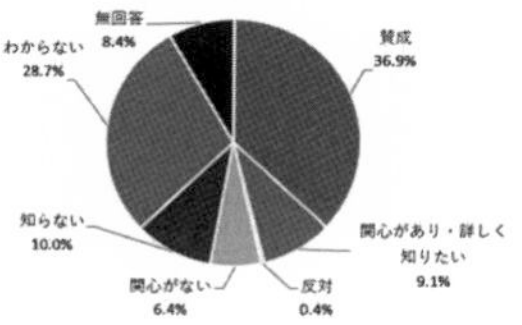

問２０：理想の地域

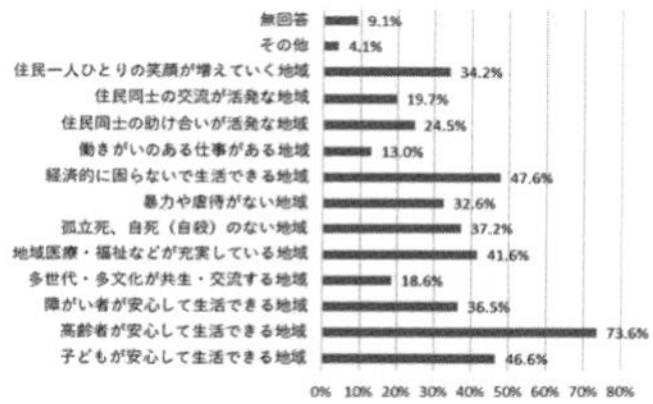

令和3年度　「増進型地域福祉づくり」に関するアンケート調査

１．調査の目的
　第3期富田林市地域福祉計画・富田林市地域福祉活動計画が令和3（2021）年度をもって計画期間が終了することに伴い、次期計画策定にあたり市民を対象に地域を取り巻く環境や地域福祉に対する考えを調査することを目的にアンケート調査を実施する。

２．調査内容
（１）調査対象：18歳以上の市民
（２）調査対象者数：２，０００世帯
（３）実施期間：令和３（2021）年5月２８日～令和３（2021）年6月３０日
（４）調査方法：郵送による配布・回収
（５）調査項目：家族と住まい、生活上の課題、地域福祉を進めるための取組み
（６）調査問数：３５問
（７）抽出方法：無作為抽出（住民基本台帳データを使用）

３．回収結果

配布数	宛先到着数	有効回収数	有効回収率（%）
２，０００	２，０００	909	45.5

４．アンケート内容（一部抜粋）
　富田林市では、「増進型地域福祉」をテーマにした地域づくりを進めています。
　平成２８年度（2016年度）より、小学校区ごとに開催する「校区交流会議」において、専門職等と協力し住民同士が地域課題や将来像について話し合うなど、「理想の地域」の実現に向けた取り組みを進めています。

＊「増進型地域福祉」とは、「福祉」本来の意味である「幸福」を地域で実現するため、地域の理想を描き、その理想の実現に向けて地域住民と専門職等が力を合わせて取り組んでいく「目的実現型」の地域福祉のことを言います。

問32　お住まいの地域において、「増進型地域福祉」の地域づくりを進めることについて、どのように思われますか。（一番お考えに近いものを選んで、１つだけ○をつけてください）

問33　「増進型地域福祉」の地域づくりを進めることにより、どのような地域になっていけばいいと思いますか。（○はいくつでも）

５．アンケート結果
問３２：増進型地域福祉づくり

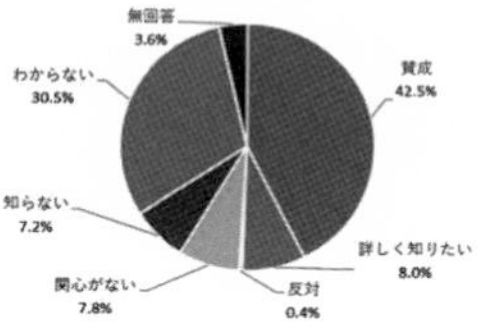

問３３：理想の地域

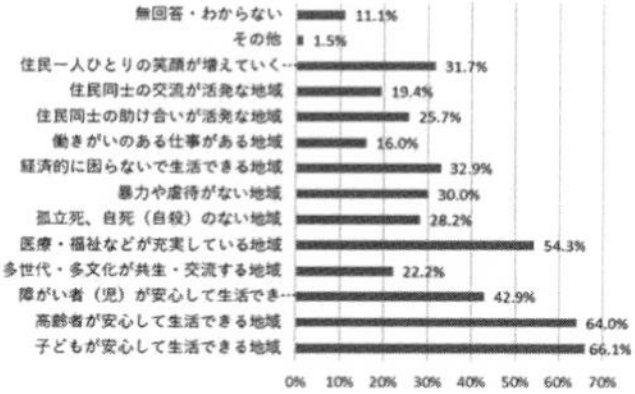

　「増進型地域福祉」の地域づくりに関しては、令和元年度調査では「賛成」36.9%「詳しく知りたい」9.1%、令和３年度調査では「賛成」42.5%「詳しく知りたい」8.0%と共に肯定的な意見が概ね５０％を占めています。この結果は、小学校区に大きな差はありませんでした。
　「理想の地域」に関しては、令和元年度調査では「高齢者が安心して生活できる地域」73.6%、令和３年度調査では「子どもが安心して生活できる地域」66.1%が最も高い割合を占めています。これはＵＲ金剛団地住民と市域全体を対象とする調査による居住地属性による結果です。

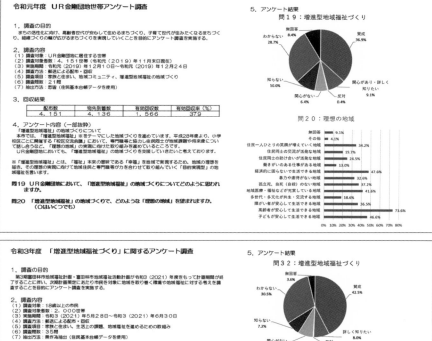

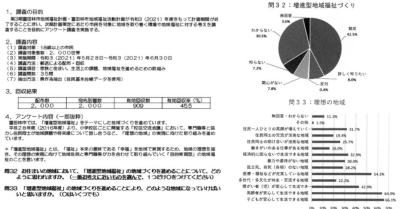

第七章　地域共生社会の実現にむけた増進型地域福祉の推進――「地域や福祉にまだ関心のない層」の住民へのアプローチに関する一考察

所　正文

第一節　はじめに

筆者は地域共生社会の実現には、増進型地域福祉[1]の推進が欠かせないと考える立場である。その理由は社会福祉協議会（以下「社協」という）で、地域福祉の実践を重ねてきた経験から個人や地域の課題解決をベースとしたアプローチ（以下「課題ベースのアプローチ」という）だけでは、地域住民の参画が従来の高齢者を中心とした地縁組織（自治会や地区社協等の地域福祉推進基礎組織）からの域を超えないと考えているからである。地域では少子・高齢化と人口減少、定年延長などにより、地域活動者が減少している状況が生じており、地域で何か貢献したい、自己実現をしたいと考えている住民はもちろんのこと、いわゆる「地域や福祉にまだ関心のない層」の住民に対し地域活動へ導く方法論を早急に確立する必要性が高まっている。従来の課題ベースのアプローチから、理想や幸福を追求する楽しさベースのアプローチ（以下「楽しさベースのアプローチ」という）を同時に追求する増進型地域福祉の推進が、地域共生社会を実現する鍵になると考える。

しかし、現在の国の地域共生社会の実現にむけた施策をみると、課題ベースの取組を地域住民の努力義務に頼る部分が多く見受けられる。本論文は地域共生社会の実現に向けた増進型地域福祉の実践、特に全世代の「地域や福祉にまだ関心のない層」の住民を楽しさベースで地域福祉活動に導く方法論について、堺市社協の仮説と実践から可能性を考察していく。

第二節　社会福祉法からみる住民への役割期待の変遷

本節ではこれまでの国の福祉施策における地域住民への役割期待の変遷を、社会福祉法の改正時から振り返り課題を考察する。

二〇〇〇年に社会福祉法に改正されるまでの社会福祉事業法では、第三条の二で「国、地方公共団体、社会福祉法人その他社会福祉事業を経営する者は、社会福祉事業その他の社会福祉を目的とする事業を実施するに当たっては、医療、保健その他関連施策との有機的な連携を図り、地域に即した創意と工夫を行い、及び地域住民等の理解と協力を得るよう努めなければならない。」と定めていた。この内容から社会福祉を促進するのは事業実施者が主体で、地域住民は社会福祉事業に対する「理解促進の対象」ととらえられる。

一九九八年社会福祉基礎構造改革の中間まとめで、七つの基本的方向が示され、そのひとつに「福祉文化の創造」が掲げられた。その説明には「社会福祉に対する住民の積極的かつ主体的な参加を通じて、福祉に対する関心と理解を深めることにより、自助、共助、公助があいまって、地域に根ざしたそれぞれに個性ある福祉の文化を創造する」とある。この内容から住民は社会福祉への「理解促進の対象」から、「参加促進の対象」になったととらえられる。

当時は積極的かつ主体的な参加を促せる住民の代表は、動員がかけやすい自治会などの地縁組織等であり、この層への働きかけを行った。いわゆるすでに地域や福祉に関心のある住民が束になっている状態へのアプローチであり、この手法は取組が進み、効果が高かった。具体的には大阪府の小地域ネットワーク活動推進事業を始めとする地縁組織をベースとした福祉活動の推進である。[2]

二〇〇〇年改正の社会福祉法第四条では「地域住民、社会福祉を目的とする事業を経営する者及び社会福祉に関する活動を行う者（以下「地域住民等」という）は、相互に協力し、福祉サービスを必要とする地域住民が地域社会を構成する一員として日常生活を営み、社会、経済、文化その他あらゆる分野の活動に参加する機会が与えられるよう、地域福祉の推進に努めなければならない」とある。この内容から住民は社会福祉（地域福祉）への「参加促進の対象」から、「地域福祉の推進主体」となって地域福祉に関する活動への参加が求められたととらえられる。

また同法第一〇七条（市町村地域福祉計画）の第一項の四では「地域福祉に関する活動への住民の参加の促進に関する事項」があり、行政は計画的に住民を地域福祉の推進主体として、活動を促進する役割が課せられた。

二〇〇〇年に出された「社会的な援護を要する人々に対する社会福祉のあり方に関する検討会」報告書[3]で指摘された現代社会の社会福祉の諸問題が、この間さらに深化し現実のものとなった。

国は諸問題への対応に二〇一五年に生活困窮者自立支援法を施行し、介護保険法においても介護予防・日常生活支援総合事業を創設した。この中で個別に生活困窮の課題を抱えている方への支援、高齢で虚弱な方への介護予防は、専門職と地域住民が協働し解決に向けた取組が施策の中で位置づけられた。

二〇一八年の改正社会福祉法では、第四条に第二項「地域住民等は、地域福祉の推進に当たっては、福祉サービスを必要とする地域住民及びその世帯が抱える福祉、介護、介護予防（要介護状態若しくは要支援状態となることの予防又は要介護状態若しくは要支援状態の軽減若しくは悪化の防止をいう）、保健医療、住まい、就労及び教育に関する課題、福祉サービスを必要とする地域住民の地域社会からの孤立その他の福祉サービスを必要とする地域住民が日常生活を営み、あらゆる分野の活動に参加する機会が確保される上での各般の課題（以下「地域生活課題」という）を把握し、地域生活課題の解決に資する支援を行う関係機関（以下「支援関係機関」という）との連携等によりその解決を図るよう特に留意するものとする」が追加された。住民は地域福祉の推進主体として、「地域生活課題を専門職とともに解決を図る」役割となった。これにより第一〇七条（市町村地域福祉計画）の第一項の四の意味合いも、住民の参加レベルに加え、専門職と協働し、地域生活課題を解決するレベルまで、大きく役割が膨らんだととらえられる。

まとめると社会福祉事業法では住民は「理解促進」の役割、一九九八年の社会福祉基礎構造改革においては「参加促進」の役割、二〇〇〇年の社会福祉法では「地域福祉の推進主体」の役割、さらに二〇一八年の改正では支援関係機関と連携により「地域生活課題の解決を図る」役割となった。

現在の日本は、少子高齢化・人口減少、核家族化の進行、家庭の機能の変化、景気悪化・雇用形態の変化などによる血縁・地縁・社縁の希薄化や、定年延長等による地域活動の担い手の減少などによる地域活動の停滞などが重なるなか、社会的孤立への対応が迫られている。国は二〇二一年二月に孤独・孤立対策担当大臣を設置し取組を進めている。筆者はこのような状況下で、社会福祉法が求めている、支援関係機関と連携して地域生活課題の解決を図る住民を、本当に増やしていけるのか甚だ疑問である。本気で実現をめざすには、国民にかなりの理解と協力を得る必要がある。そのためには福祉教育を超えた全国民向けの啓発や、住民が専門職と連携し生活課題を解決するための仕組みを確立しなければならないと考える。また同時に専門職に対し住民と協働する援助技術の開発と普及も前提条件となろう。

第三節　住民参加を働きかける基本的な考え方

全国社会福祉協議会（以下「全社協」という）は、二〇一〇年度福祉教育実践研究会において「住民主体による地域福祉推進のための『大人の学び』」を発表した。[4] この中で住民を福祉等への「関心の低い層」「関心はあるが参加できない層」「活動層」の三層に大きく分類し、各層に応じて効果的なプログラムを提供することで、「理解者」「協力者」「実践者・リーダー」へと発展させることを提案している。

「関心の低い層」から「理解者」（ボランティア・市民活動に参加はしていないが、地域で起こっている福祉課題や社会問題を理解している人）への発展

「関心はあるが参加できない層」から「協力者」（ボランティア・市民活動に参加・協力する人）への発展

「活動層」から「実践者・リーダー」（ボランティア・市民活動の牽引役）への発展

各層への効果的な福祉教育プログラムを提供することによって「理解者」は「協力者」へ、「協力者」は「実践者・リーダー」へと発展し、総体的には「地域の福祉力」が高まっていくという考えである。

現在、ボランティア・市民活動の人材不足が叫ばれるのは、このうちの「実践者・リーダー」「協力者」層であり、「実践者・リーダー」「協力者」層を増やすためには、そのベースを支える根幹に「理解者」層を増やし、その層を厚くするというボトムアップ型の取組が必要であると述べている。

筆者はこの「理解者」を増やすために「理解者」層まで至っていない「関心の低い層」（本論文では「地域や福

祉にまだ関心のない層」という）にどのように働きかけるか、その方法論の確立が地域の福祉力の向上の前提になると考え、長年取組んできたが、福祉職だけでは限界があることを感じてきた。

第四節　包括的相談支援体制・重層的支援体制整備事業からみる住民への役割期待と課題

現在国は、包括的相談支援体制の構築にむけた理念として「伴走型支援」を掲げ、その趣旨を支援者と本人が継続的につながり関わり合いながら、本人と社会・他者との関係を広げていくことをめざすとしている。また市町村の伴走型支援を実践する上では、「専門職が時間をかけてアセスメントを行い、課題を解きほぐすとともに、本人と世帯の状態の変化に寄り添う継続的な支援」（専門職による伴走型支援）と、「地域の居場所などにおける様々な活動等を通じて日常の暮らしの中で行われる、地域住民同士の支え合いや緩やかな見守り」といった双方の視点を重視する必要性を説いている。それらを進めることにより地域におけるセーフティネットが強化され、重層的なものとなっていくと解説している。[5]

さらに包括的相談支援体制を法定事業化した重層的支援体制整備事業の目的は、市町村において属性を問わない相談支援、参加支援及び地域づくりに向けた支援を一体的に実施する包括的な支援体制を整備することで、重層的なセーフティネットの構築をめざすものである。当該事業による支援対象者は孤立も含む地域生活課題を抱える全ての地域住民であるとし、下記の五つの理念と三つの支援の柱を掲げている。

理念

・アウトリーチを含む早期的な対応を行うこと。

・本人・世帯を包括的に受け止め支えること。
・本人を中心とし、本人の力を引き出す観点で行われること。
・信頼関係を基盤として継続的に行われること。
・地域住民のつながりや関係性づくりを行うこと。

三つの支援の柱
＊相談支援…本人・世帯の属性にかかわらず受け止める相談支援。
＊参加支援…本人・世帯の状態に合わせ、地域資源を活かしながら、就労支援、居住支援などを提供することで社会とのつながりを回復する支援。
＊地域づくりに向けた支援…地域社会からの孤立を防ぐとともに、地域における多世代の交流や多様な活躍の機会と役割を生み出す支援。

また三つの支援の柱の相互関係と、支援を一体的に展開することで期待される具体的な効果を左記のとおり想定している。
(ア)属性を問わない相談支援において、本人やその世帯が抱える地域生活課題を断らず包括的に受け止めることで、参加支援や地域づくりに向けた支援について、地域の支援ニーズに合わせた、より効果的な実施が可能となること。
(イ)属性を問わない相談支援において浮かび上がった複雑化・複合化した支援ニーズに対し、制度の狭間にも対応した就労に向けた支援や一時的な住まいの提供など柔軟な参加支援を推進することで、本人やその世

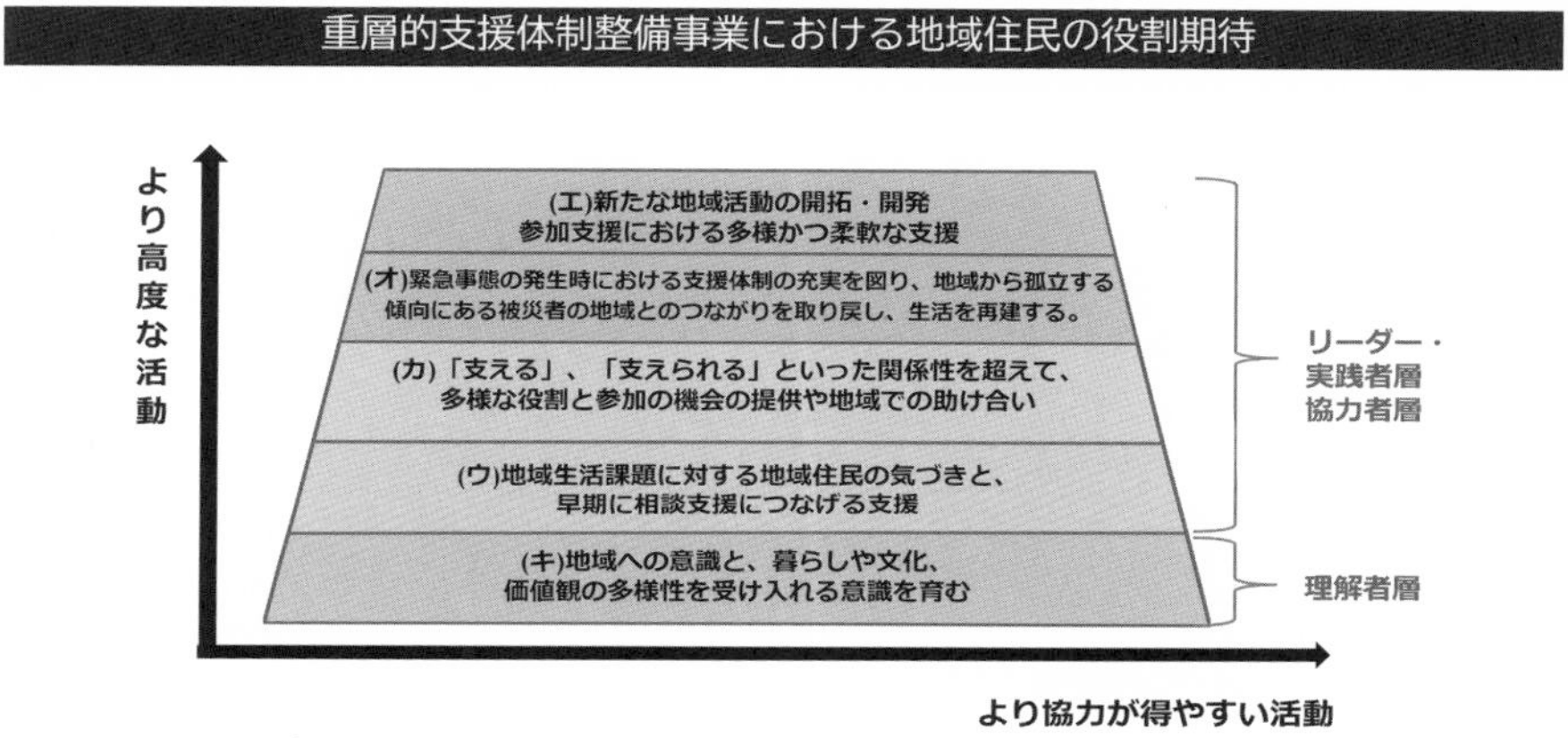

（図一）出所：筆者作成

帯の状況等に応じたオーダーメイドの支援が実現し、属性を問わない相談支援が一層効果的に機能すること。

（ウ）地域づくりに向けた支援を通じて、地域で人と人とのつながりが強化され、本人やその世帯が抱える地域生活課題に対する他の地域住民の気づきが生まれやすくなり、早期に相談支援につながるようになること。

（エ）地域づくりに向けた支援を通じて、新たな地域活動が開拓・開発されることにより、参加支援において本人やその世帯が有する地域生活課題や希望に応じた多様かつ柔軟な支援を実施しやすくなること。

（オ）災害や感染症の流行等の緊急事態の発生時における支援体制の充実を図ることができるとともに、地域から孤立する傾向にある被災者の地域とのつながりを取り戻し、生活を再建すること。

（カ）包括的な支援体制が構築されることによって、「支える」、「支えられる」といった関係性を超えて、多様な役割と参加の機会や地域での助け合いの関係性が生まれること。

（キ）世代や属性、国籍を超えた多様な関わりを通じて、地域への意識と、暮らしや文化、価値観の多様性を受け入れる意識を育むことにつながること。

以上のことから、国が考える地域住民への役割期待を図一のように整理した。期待される効果のうち（ウ）から（キ）の項目が特に地域住民に求めている役割といえる。その（ウ）から（キ）の項目を社協での活動経験から、縦軸の「より高度な活動」に照らし合わせ並べ替えた。そのうえで前出の全社協研究会の考え方を参考に「リーダー・実践者層」「協力者層」「理解者層」にあてはめた。

このように整理していくと、あらためて国は地域住民に対し高度な活動を求めていることを再確認した。さらにこの高度な活動を本気で推進するには、「リーダー・実践者層」「協力者層」への活動支援の援助技術の開発に加え、「理解者層」の拡大と「理解者層」から「協力者層」等への活動発展にむけた援助技術の開発が大きな課題であることを再認識した。

今後も当面は包括的相談支援体制・重層的支援体制整備事業の推進には、地縁組織が中心となり「リーダー・実践者層」「協力者層」として機能することが前提であろうと考える。そこに「理解者層」の拡大を目的に地縁組織に参加していない新たな住民層をいかに巻き込むかが推進のポイントになるであろう。しかし全国的に自治会の加入率の低下や、「リーダー・実践者層」「協力者層」の高齢化に伴い活動維持が精一杯の状況のところが多いと推測する。また新たな住民層を巻き込む援助技術が確立しているとは言えない。

国はかろうじてこれらの課題への一方策として、地域共生社会に向けた包括的支援と多様な参加・協働の推進に関する検討会のなかで、「多様な主体による地域活動の展開における出会い・学びのプラットフォーム」を提案している。[6]

しかし国のこの考え方では、あくまで「まちづくり」の実践者・協力者・理解者を「福祉」の実践者・協力者・理解者にすることであり、いくつかの先進事例は生まれても、包括的相談支援体制・重層的支援体制整備事

地域住民の地域活動や福祉活動への活動・関心の実態イメージ

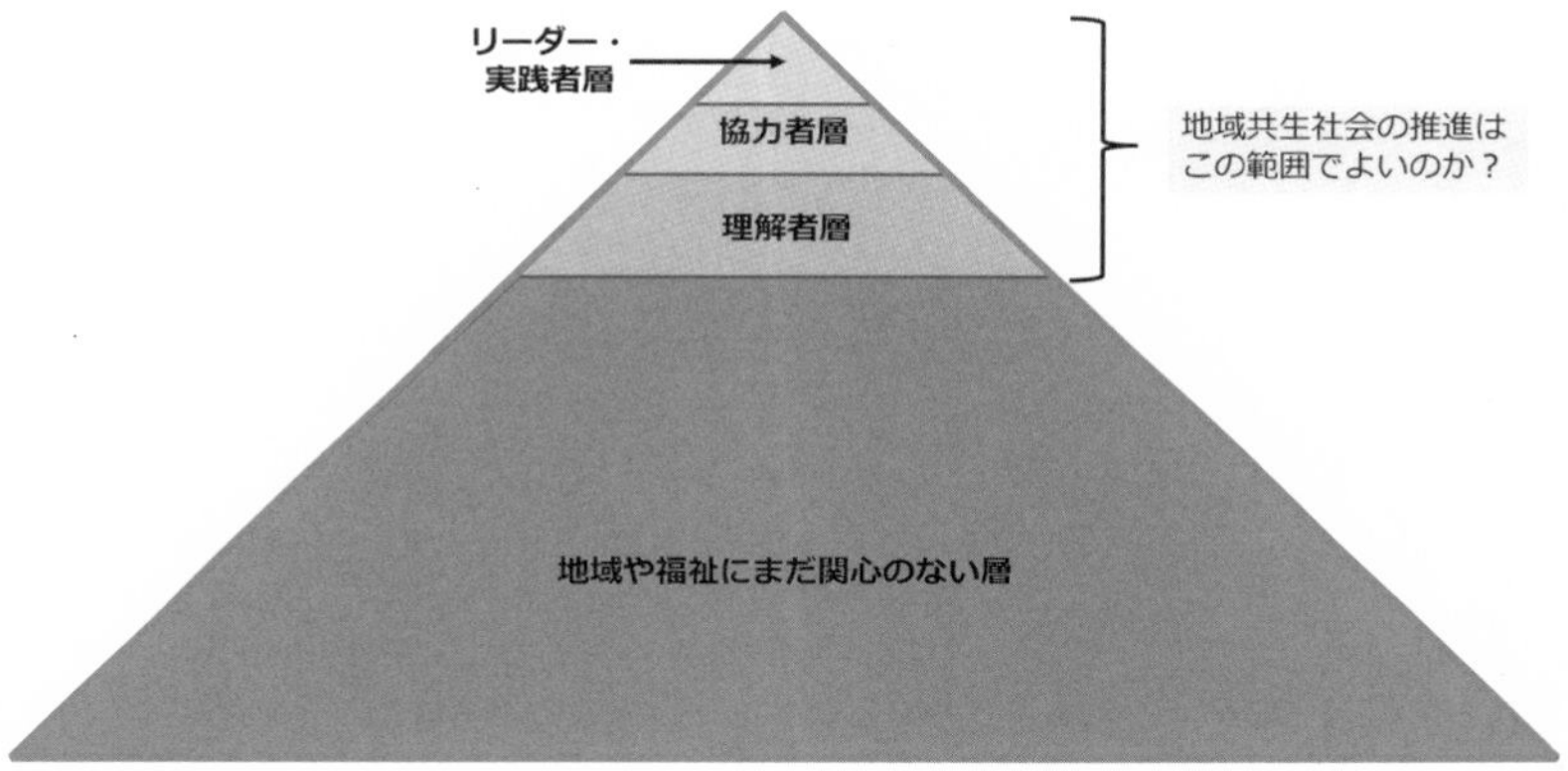

（図二）出所：筆者作成

業で期待されている住民の役割に至るにはほど遠いと考える。

地域住民の地域活動や福祉活動への活動・関心の実態イメージは図二のようなものではなかろうか。そうであれば国がいう「リーダー・実践者層」「協力者層」「理解者層」だけのアプローチではなく、「地域や福祉にまだ関心のない層」に対し、福祉活動に巻き込んでいく効果的な対策を早急に検討していかないと、地域共生社会の実現はスローガンにとどまるのではなかろうか。

第五節　「地域や福祉にまだ関心のない層」へ向けてのアプローチに関する一考察

筆者もそうであるが、地域福祉を推進する関係者のほとんどが「地域や福祉にまだ関心のない層」の住民を、いかにして地域福祉活動へ導くかを念頭に置きながら活動しているであろう。その文脈でいうと図三のように国が示す多様な主体が出会い学びあう「プラットフォーム」に、「地域や福祉にまだ関心のない層」の住民がいかに参画できるかが、地域共

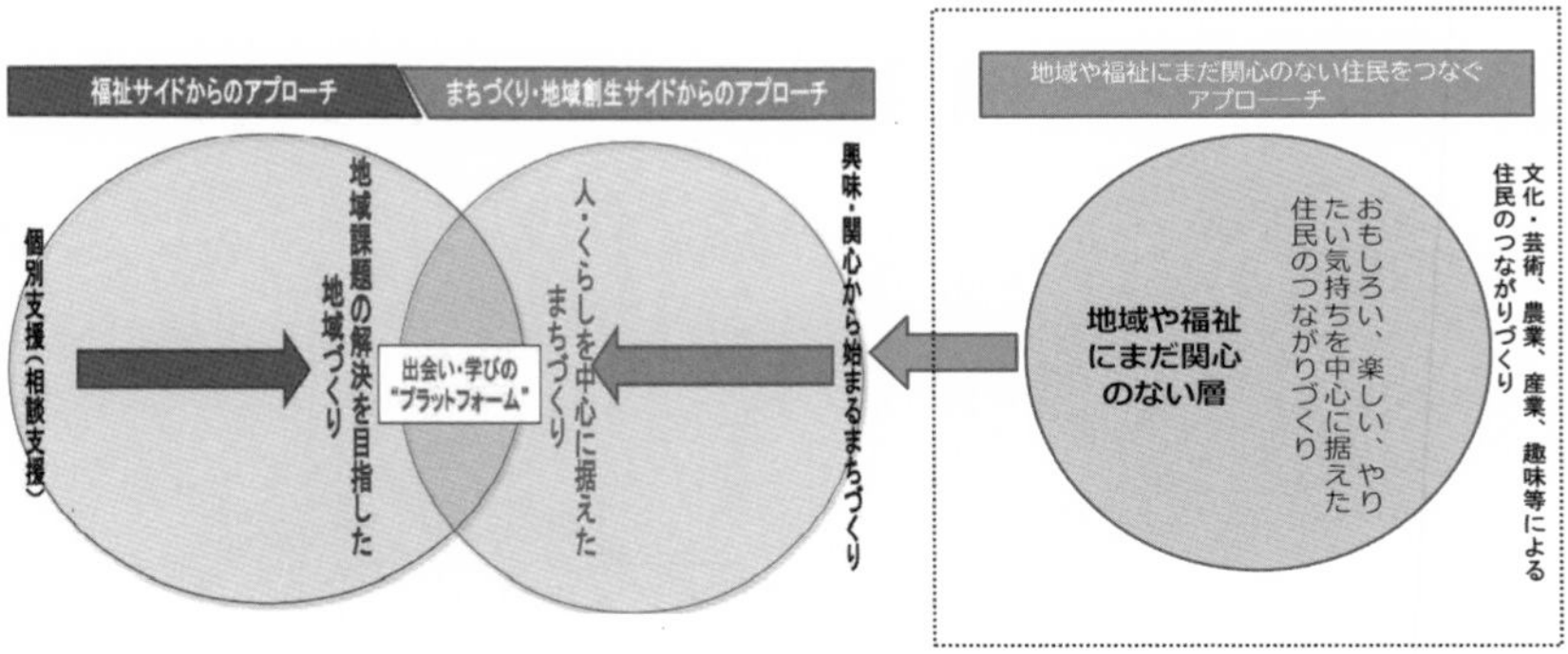

（図三）出所：厚生労働省第４回「地域共生社会に向けた包括的支援と多様な参加・協働の推進に関する検討会」資料に筆者が……枠内等を加筆

生社会の実現を左右する要因になると考える。本章ではその一つの方法として、文化・芸術、農業、産業、趣味等の場面において、おもしろい、楽しい、やりたい気持ちを中心に据えた住民のつながりづくりのアプローチが「地域や福祉にまだ関心のない層」を参画に巻き込む有効な手段と考え、その方法を考察していく。

筆者は以前社協において地域福祉を推進する立場から、地域共生社会の実現にむけた社協の立ち位置と、「地域や福祉にまだ関心のない層」へのアプローチとの連携による地域づくりを提唱した。[7]

真に地域共生社会が実現するには、図四の③の「地域や福祉にあまり関心のない層」に向けたアプローチが最重要課題であると認識している。しかしこの層に立ち向かうだけの技量や体力が、現在の特に都市部などの社協には不足しているのではないだろうか。そのことを自覚しながら、守備範囲を限定し社協が長年培ってきた地域福祉推進のノウハウを最大限効率的に発揮できる部分から、地域共生社会の実現にアプローチすることが、社協の優位性を際立たせる戦略であると考えた。

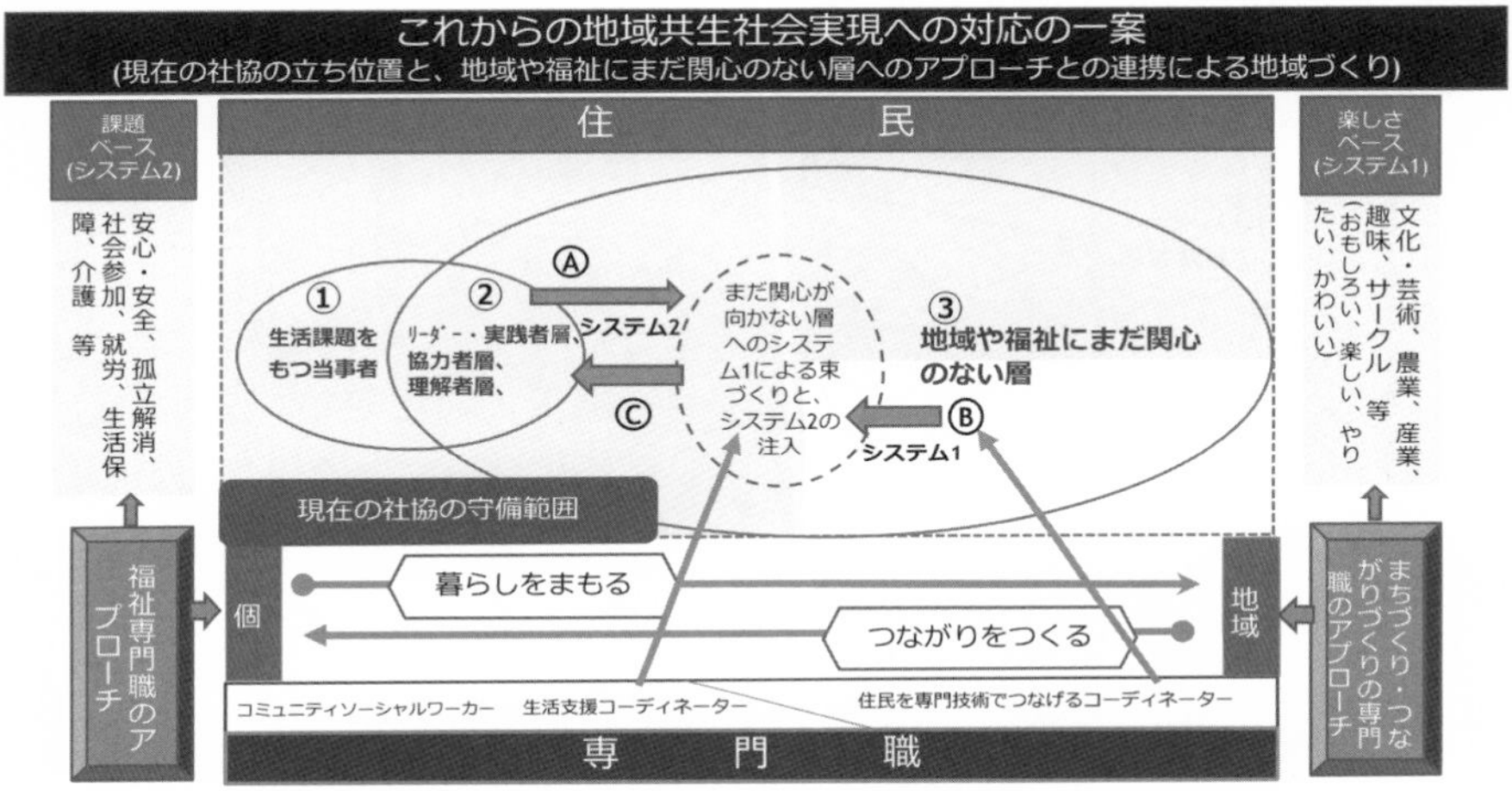

（図四）出所：所正文（二〇二〇）「共生社会実現に向けた社会福祉協議会の戦略」上野谷加代子編著「共生社会創造におけるソーシャルワークの役割」ミネルヴァ書房，一五八頁の図を一部加筆

社協は心理学・行動経済学でいうシステム二[8]の論理的な思考モードを使い、個人の地域生活課題をベースに「リーダー・実践者層」、「協力者層」、「理解者層」、（図四の②の住民層）を増やすアプローチを行うが、「地域や福祉にまだ関心のない層」の住民にはシステム二では響かない。福祉以外の「まちづくり」や「つながりづくり」に取組む専門職（住民を専門技術でつなげる各種コーディネーター等）などが、「おもしろい、楽しい、やりたい、かわいい」などのシステム一の思考モードに働きかけ、Ⓑのベクトルのように「地域や福祉にまだ関心のない層」にアプローチし、文化・芸術、農業、産業、趣味、サークル等の活動を誘発し、住民のつながり（束）をつくる。住民のつながり（束）ができたところに、社協は住民を専門技術でつなげる各種コーディネーター等との連携において、システム二の思考モードを束に注入し、地域生活課題に関心や理解を持つよう働きかけ、②の住民を増やす取組に誘導するベクトルを実践する。以上が「地域や福祉にまだ関心のない層」の住民への二次的なアプローチである。

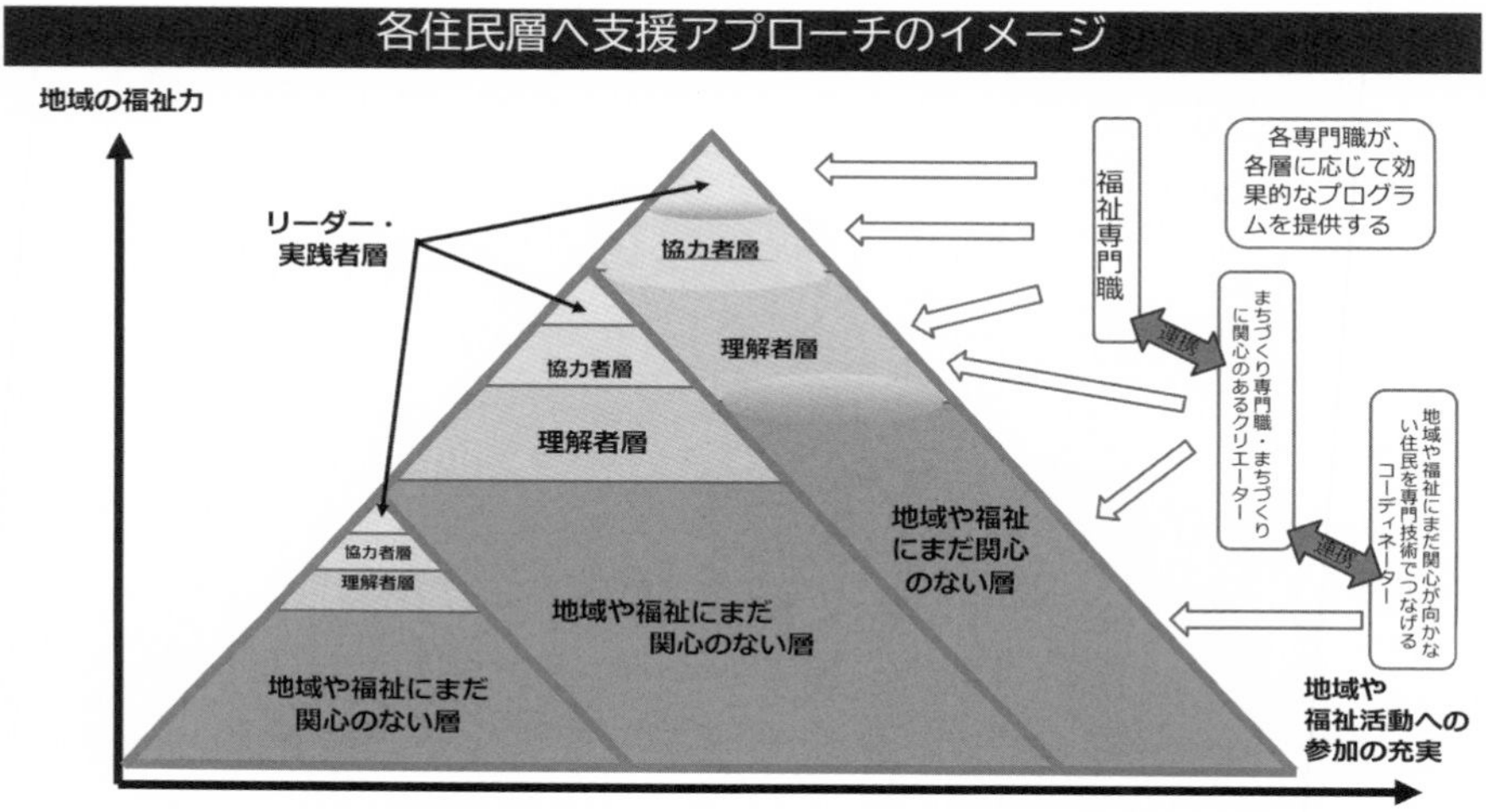

（図五）出所：筆者作成

上記の考え方を基本にさらに「リーダー・実践者層」「協力者層」「理解者層」「地域や福祉にまだ関心のない層」への支援アプローチをイメージしたものが図五である。地域の福祉力を高め、地域や福祉活動への住民の参加を充実（増大）させていくには、各層に適切な専門職によるアプローチと、その専門職間の連携が重要であると考えた。

専門職は第一にコミュニティーワーカーなどの福祉専門職、第二に国がいう地域おこし協力隊などの、まちづくり専門職・まちづくりに関心のあるクリエーター、第三に文化、芸術、農業、産業、趣味等の専門技術を持ち、地域や福祉にまだ関心が向かない住民を専門技術でつなげるコーディネーターの三者を想定した。

福祉専門職が主に「リーダー・実践者層」「協力者層」「理解者層」を、まちづくり専門職・まちづくりに関心のあるクリエーターが主に「理解者層」「地域や福祉にまだ関心のない層」を、地域や福祉にまだ関心が向かない住民を専門技術でつなげるコーディネーターが主に「地域や福祉にまだ関心のない層」を対象にしつつ、同時に三者連携でアプローチし、グラデーションのように重なり合いながら、住民の活動発展を支援する仕組みが効果的であると考える。

第六節　堺市社協の地域福祉推進戦略と実践事例

第一項　これまでの地域福祉推進戦略と現在の課題

本節ではこれまでの考察を踏まえ、堺市社協の地域福祉実践の特徴と、現在実験的に取り組んでいる文化、芸術分野と福祉の連携による取組を紹介し、「地域や福祉にまだ関心のない層」へのアプローチの可能性を探る。

堺市は大阪市の南部に隣接し、一六世紀には海外貿易の中心的な商業都市となり、「自治のまち堺」として栄えた。一八八九年の市町村制施行と同時に発足し、一九五〇年代後半から六〇年代初頭の近隣町村との合併と、衛星都市として金岡団地や泉北ニュータウンの開発などで人口が増加し、一九七九年には人口八〇万人を突破したが、以後は横ばい状態が続く。二〇〇五年の美原町との合併を経て、二〇〇六年には全国で一五番目の政令指定都市（七行政区）になった。現在人口八一万九九六五人、世帯数三六万七二五一 世帯、高齢化率約二八・三％（二〇二二年一月一日現在）である。政令指定都市移行前には全国でも最大級の中核市、移行後はほぼ合併の影響がなくかつ県庁所在地でない政令指定都市となった。

これまでの堺市社協の地域福祉実践の特徴は二点ある。一点目はこれまで堺市の地域特性や行政や他の民間事業者が行う福祉サービスの提供の状況に鑑み、在宅福祉サービスは行わず、地域組織化活動やボランティアの育成を中心に、インターグループワークやコミュニティワークによる地域福祉の推進を図ってきた。その結果、都市部にはめずらしく市内全域に校区福祉委員会が行う小地域ネットワーク活動が活発に展開されている。

二点目は一九九三年以降、地域福祉活動計画の策定（第一次計画から第六次計画）を行い、その時代の堺市における地域福祉のテーマに沿って計画的に活動の推進を行ってきた。特に第四次計画以降は行政の地域福祉計画と合同策定を行っており、行政との協働関係、地域福祉実践の政策化を図っている。堺市社協は地域福祉（活動）計画策定の作業を通して、住民、専門機関・団体、行政とともに地域福祉課題を分析し協議しながら、行政とともに事業企画し、その過程に学識者等と共同研究を行い、活動や事業を実践してきた。上野谷加代子がいう三つの地域福祉である、「実践の地域福祉」、「理論（理念）の地域福祉」、「政策の地域福祉」を具現化してきたとも言える。[9]現在は「くらしをまもる」、「つながりをつくる」、「地域福祉を創る」、を堺市社協活動の方向性とし、地域福祉の総合的な推進を戦略として、地域共生社会の実現に向けて取組んでいる。

しかし課題も多い。特に一九九〇年代から推進してきた校区福祉委員会による小地域ネットワーク活動であるが、全国的な傾向に抗えず堺市においても担い手の高齢化や、新たな担い手の参画不足による世代交代の難しさなどで、これまでの活動の維持が精一杯な状況である。

第二項　専門技術でつなげるコーディネーターとの連携事例

そのようななか、新たな地域福祉活動として注目しているのが、子ども食堂である。堺市においても二〇一六年頃から活動が芽生え、堺市社協は「子ども食堂ネットワーク形成支援事業」を堺市から受託し、子ども食堂の支援に取組んでいる。二〇二二年三月末現在七一団体がさまざまな形態で、子どもの居場所づくり、地域の賑わいづくりを進めている。[10]

子ども食堂の活動は、自主的・主体的な活動、規格化されない、若い担い手が参加しやすい、などの特長がある。筆者は三〇年社協職員として地域福祉活動に携わってきたが、子ども食堂のように住民が主体的に地域生活課題に取組み、ムーブメントを起こす活動に携わるのは初めての経験といえる。

特定非営利活動法人全国こども食堂支援センター・むすびえ理事長の湯浅誠は、子ども食堂が全国的に広まった要因を商店街のシャッター通り化や、自治会も子ども会も解散など多様な年代の人々が集える場が失われていく状況を憂いている人が、潜在的に多数存在していること。それらの人たちが「こども食堂」という存在を知ったとき、「これなら私にもできるかも」と思えたことと分析している[11]。

このように地域や社会のことに関心はあるが、何から始めてよいかわからなかった人や、地域の活動の中心を担ってきた地縁組織のしがらみが苦手な人たちに、子ども食堂は共感が得やすい活動だといえる[12]。

地域福祉活動における子ども食堂の可能性を大いに感じ、堺市社協として事業推進の中核に位置付け活動を支援している。そして現在次のアウトカムの仮説を持ち事業を推進している。

(一)子ども食堂の活動を広げることにより、地域の中に埋もれている「理解者層」に対し「協力者層」、「リーダー・実践者層」への活動促進につながる。

(二)子ども食堂と地縁団体との連携により地域が活性化し（にぎわいを取り戻す）、新たな活動の開発や地域生活課題に専門職と協働し取組む担い手が増える。

アウトカムの仮説を検証する取組の一つとして、二〇二〇年度休眠預金活用事業に応募し「居場所の包括連携によるモデル地域づくり－支え合う地域、災害に強い地域、資源の地域循環の一体的実施－」に取組んでいる[13]。加えて真の地域共生社会の実現をめざすため「地域や福祉に関心のない層」へのアプローチ等の実践にチャレンジしている。具体例として堺市の外郭団体である公益財団法人堺市文化振興財団（以下「文化振興財団」という）に働きかけ、協働実践を行っている。堺市は国の「文化芸術基本法」に基づき二〇二一年「第2期堺文化芸術推進計画」を策定し文化芸術の振興を進めている。計画の重点的方向性一の重点的施策一の一に「文化芸術を通じた社会的課題の解決」を掲げている。また重点的方向性二に「文化芸術で子どもたちを育てる」を掲げている。計画の推進体制として、「堺アーツカウンシル」を設立し、その目的を「文化芸術分野に関する専門的知識を有する人材が領域横断的な活動支援を行うことにより、子育て、教育、福祉等の幅広い分野において社会的課題の解決を図ること」としている。堺市は文化振興財団を文化芸術の創造発展を支える事業を実施する推進母体と位置付け、計画ではアートコーディネーター機能の強化と、文化芸術の力を活用した共生社会の実現に向けた取組として、学校等の教育施設、社会福祉施設等と積極的な連携を行う等、すべての市民が文化芸術に触れる機会を提供する役割を担うとしている。

堺市社協は第五節の仮説と、本節の子ども食堂を通じたアウトカムの仮説を検証することを目的に、文化振興財団と協働し、まずは子ども食堂と文化芸術のアーティストとコラボレートした子どもへの事業を展開している。[14]二〇二一年度はコロナ禍の影響で、子ども食堂を中心とした検証にとどまった。今後状況が落ち着けば全世代の「地域や福祉にまだ関心のない層」を対象とし、文化振興財団との協働で「おもしろい、楽しい、やりたい気持ちを中心に据えた住民のつながりづくり」に取組みたい。さらに文化・芸術以外にスポーツや農業、産業に携わる分野の専門職（家）とも連携し、「地域や福祉にまだ関心のない層」の住民を専門技術でつなげるコーディネーター機能を検証し、必要性を世に訴えていきたいと考えている。

さらにこのコーディネーター機能によってつながった「地域や福祉にまだ関心のない層」の住民を、社協が「理解者層」→「協力者層」→「リーダー・実践者層」へ発展させ、専門職連携による住民の活動発展を支援する仕組みを確立していきたい。

第七節　残された課題

最後にこれまでの考察を踏まえ、増進型地域福祉を実現するための課題を提起する。

はじめに当事者、地域活動者（リーダー・実践者層、協力者層、理解者層）、専門職、自治体による、ミクロ、メゾ、マクロレベルでの増進型地域福祉の実践である。日本の積年の福祉政策の考え方から、福祉を課題の克服ととらえる固定観念からの脱却を図る必要がある。これは福祉専門職も同様である。課題の克服を主眼としている取組では、増進型地域福祉の発想にはならない。増進型地域福祉は課題克服と並行し理想や幸福の追求を、現在地域福祉に携わっている当事者、地域活動者、専門職、自治体など全員が、ミクロ、メゾ、マクロレベルの現場で体系的に取組まないと実現しない。そのための実践の蓄積や、方法論の確立が必要である。

次に地域や福祉にまだ関心のない住民や、儀礼的無関心の住民[15]に対し、地域福祉活動の参加へ導く方法論の確立である。地域や福祉にまだ関心のない住民はもちろんのこと、儀礼的無関心の住民にも、本論文で提唱した方法も含め、多様な方向から地域福祉活動への参加を導く実践の蓄積と方法論の確立が必要である。そのためには第五節で提案した各層にアプローチする専門職の確保と、その専門職間の連携が欠かせない。全国的にコミュニティーワーカーなどの福祉専門職は社協を中心に配置されているが、国がいう地域おこし協力隊などの、まちづくり専門職・まちづくりに関心のあるクリエーターや、文化、芸術、農業、産業、趣味等の専門技術を持ち、地域や福祉にまだ関心が向かない住民をつなげるコーディネーターなどは、地域に配置されているところは稀である。さらに連携の事例もほぼなく、方法論も確立されていないなど課題が山積している。

これらが進められてはじめて地域共生社会の実現にむけた増進型地域福祉の推進へ挑戦できる環境が整ったと

いえるのではないか。

註

1　小野達也「増進型地域福祉への考察」(二〇一六)『社会問題研究』65、大阪府立大学、一～一六頁。

2　一九九九年大阪府は老人医療費の見直し事業として「小地域ネットワーク活動推進事業」を立ち上げた。事業内容は府下全域において五年間を目標に府下全小学校区における校区福祉委員会(地区社協)の設置と、見守り訪問活動や、いきいきサロン活動などの実施、またそれに対する事業補助である。堺市も計画期間中の事業推進を達成している。この事業により一気に堺市の小地域福祉活動が活性化された。さらに堺市では二〇〇五年から事業をより発展させた「地域のつながりハート事業」を立ち上げ、地域住民によるよろず相談窓口である「校区ボランティアビューロー」や、見守りが必要な地域住民に安否確認を目的に定期的に訪問し、カンファレンスを行う「お元気ですか訪問活動」などが、市内九三校区福祉委員会のほとんどで取り組まれている。

3　厚生労働省　(二〇〇〇)「社会的な援護を要する人々に対する社会福祉のあり方に関する検討会」報告書 https://www.mhlw.go.jp/www1/shingi/s0012/s1208-2_16. html　二〇二二年三月三一日取得。

4　全国社会福祉協議会(二〇一〇)「住民主体による地域福祉推進のための『大人の学び』」。

5　厚生労働省(二〇二二)「重層的支援体制整備事業にかかる自治体事務マニュアル」三一四頁 https://www.pref.fukuoka.lg.jp/uploaded/attachment/134595.pdf　二〇二二年三月三一日取得。

6　厚生労働省(二〇一九)「第4回 地域共生社会に向けた包括的支援と多様な参加・協働の推進に関する検討会」資料 https://www.mhlw.go.jp/content/12602000/00052818.pdf　二〇二二年三月三一日取得。

7　所正文(二〇二〇)「共生社会実現に向けた社会福祉協議会の戦略」上野谷加代子 編著『共生社会創造におけるソーシャルワークの役割：地域福祉実践の挑戦』ミネルヴァ書房、一五一～一六二頁。

8　Kahneman. D.(二〇一二)村井章子訳「ファスト&スロー あなたの意思はどのように決まるか?」(上・下)早川書房。

9　上野谷加代子(二〇一九)「地域福祉という考え方」上野谷加代子・松端克文・永田祐編著『新版よくわかる地域福祉』ミネルヴァ書房、五頁。

10　堺市の多種多様な子ども食堂の詳細については、https://www.sakai-syakyo.net/KSN/ 二〇二二年三月三一日取得を参照。

また現在の充足率（こども食堂が一箇所以上ある小学校区数／小学校総数）は五〇％を超え、政令指定都市の中では上位に入る。

11　PRESIDENT Online（二〇二一）「『知らないのはオジサンだけ』この四年で〝こども食堂〟が全国五〇〇〇ヵ所に爆増した本当の理由」

https://president.jp/articles/-/46953?page=2　二〇二二年三月三一日取得。

12　さらに湯浅は子ども食堂に携わる層を、三〇代女性と五〇～六〇代女性であること、その動機を三〇代女性の場合は、自分一人で子育てをすることがいかに過酷なことかを思い知り、友だちを呼びかけて始める。五〇～六〇代代女性の場合は、子育てが終わって自分の時間ができ、さみしい思いから始めると分析している。さらにこども食堂の認知度が低いのは三〇～五〇代の働き盛りの男性たちであること。こども食堂を運営している人は社会のメインストリートからはずれたり、地縁組織のはじにいたもしくは入らなかった人たちであり、周縁にいた人たちが中心になる場所がこども食堂とも分析している。

13　堺市における居場所の包括連携によるモデル地域づくりというテーマで、事業の柱を二つ設定した。ひとつは堺市で伝統的に取り組んできた地縁組織による居場所と、新たな市民層で形成される子ども食堂等の居場所を掛け合わす等アプローチすることで触媒を生み出し、新たな多世代が集え災害支援の機能も兼ね備える多様な居場所をつくる、居場所の包括連携の取組である。

ふたつは全国的に取組がほとんどない、子ども・若者が発するイエローシグナル（重篤な課題に陥るもしくは再び陥る可能性のある状態）を受け止め、早期対応することで重篤化・レッドシグナルを予防する相談支援体制の開発を行う取組である。二つとも試行した取組の施策化の提言を図ることを計画している。

14　現在までに㈠「ピアニスト・声楽家」×「子ども食堂」で創作校歌ワークショップ」、㈡「ピアニスト・立体造形家」×「子ども食堂」で鉄琴づくりと演奏（https://www.sakai-syakyo.net/KSN/CMS/00264.html）、㈢「染色家」×「子ども食堂」でブロックプリントのワークショップ（（https://www.sakai-syakyo.net/KSN/CMS/00282.html）を行った。

15　儀礼的無関心は社会的な空間の中で現代人が互いにあたかも関心がないようにして振舞うことを意味する。儀礼的無関心については、ゴフマンの以下の文献を参照。Goffman, E.（一九七一）Relation in Public : Microstudies of the Public Order. New York: Basic Books.

第八章　ワーカーズ・コレクティブ運動、協同労働がつくる増進型地域福祉

藤井恵里

第一節　生協からワーカーズ・コレクティブへ

第一項　協同することとの出会い

現在の私の活動ステージであるワーカーズ・コレクティブについて紹介する前に、なぜこの活動にいたったのかを先に述べたい。私は、一九八九年に、いわゆる今でいうママ友からの誘いで生活クラブ生活協同組合（以下生活クラブ生協）に加入した。あらゆる協同組合とは全く縁がない家庭で育ったので、当然「生協」なるものにも初めて遭遇した。加入の動機は、誘われた展示即売会で食べたケチャップの目からうろこの美味しさと、そこで活動している、これまで出会ったことがないほど印象的な女性（主婦）の姿であった。その時の感想は、とにかく、誰もが、もれなく生き生きと活動していて、いろんなことを知っていて、社会にある様々な矛盾に目を向けている先輩たちの姿への驚きだった。彼女たちは自信に満ち溢れていてハツラツとしていた。

当時、愛知ではできたてホヤホヤの生活クラブ生協（首都圏では既に約二〇年が経過）だったので、とにかく「組合員を増やしましょう。その購買力をもって、社会にある食の問題を解決しましょう！」という運動目的が

組合員（全員といっても過言ではない）に共有され、誰もが主体的かつ自発的に活動に参加していた。それが一点の曇りもなく、当たり前に、母として女性として自然になされていた。

添加物削減、遺伝子組み換えや環境ホルモン、国内自給率向上の追求、食の安全を脅かす様々な問題に対する取り組みや環境や福祉への取り組み等、これまでそのような問題に対して無頓着に過ごしてきたことを大いに反省させられるとともに、組合員活動を進めるうちに、みんなと一緒に何とかしたいという思いが強くなり、活動に引き込まれていった。その活動のなかで、協同で働くことと地域づくりの実践の意味を深く考えるようになった。ワーカーズ・コレクティブの実践を一人ひとりの幸せと地域の幸せをともにつくるという増進型地域福祉に位置づけて紹介したい。

第二項　生活協同組合とは何か

生活クラブ生協では、組合員である自分たちは決してお客さんではなく「出資と運営と利用」に参加する主体であり主権者だということ。その主体者が「自ら考え行動する」「自主運営・自主管理する」ことによって食の問題をはじめとするさまざまな生活課題、そして広く社会の問題をも解決する組織である、ということを実践から学んだ。

一番思い出深い活動は、一九九六年から開始された愛知県農業総合試験場における遺伝子組み換えイネの研究、栽培試験の中止を求めた運動である。さまざまな団体と協同し、アクションを起こしたことで二〇〇二年、県から中止の回答を得られ、遺伝子組み換えされたお米の商品化に向けた研究を阻止することができたことである。「食べたくない」というおおぜいの思いが届いた活動だった。

学びの中で大事だったことは、「仲間と協同する」ことである。「協同」を検索すると、心をあわせ、力をあわせ、助けあって仕事をすることとある。合わせるのは力だけでなく、目的や目標に向かう心とお互いを思いやる心を合わせるという、この「協同」の考え方こそが、生協組合員活動、そしてワーカーズ・コレクティブの活動の基礎であることを学び、そしてその考え方を基本とする「協同組合」という組織を学んだ。

「協同組合」は「人びとの自治的な組織であり、自発的に手を結んだ人びとが、共同で所有し民主的に管理する事業体をつうじて、共通の経済的、社会的、文化的ニーズと願いをかなえることを目的とする」と定義されている。世界各国の協同組合が加盟する国際協同組合同盟（以下ＩＣＡ）という世界最大のＮＧＯ（非政府組織）がある。ＩＣＡは一八九五年に設立され、長年にわたり「協同組合原則」について議論し続け、時代や社会的背景等からこれまでに三回の見直しがされてきた。

その原則とは、第一原則から第七原則まであり、第一原則は自発的で開かれた組合員制、第二原則は組合員による民主的管理、第三原則は組合員の経済的参加、第四原則は自治と自立、第五原則は教育、研修および広報、第六原則は協同組合間の協同、第七原則は地域社会への関与である。世界中のさまざまな協同組合の指針となっていて、この原則に基づき運営されている。

ケチャップから始まった私の生協組合員活動も、この価値と原則に沿った経験であった。生活クラブ生協に加入したことが、私の人生の大きな分岐点になったのは間違いない。原則に沿った活動は、私に多くの発見と変化をもたらした。同じ思いの仲間と、時には激しく議論しながら、意見を一致させていく過程がとにかく楽しく、やらされ感など一切感じることなく様々な活動を続けてきた。人の意見を遮るほど我が強かった私が、人の意見に耳を傾けること、すり合わせることを学び、組合員主権と自治を学びながら、加入から一二年目の二〇〇一年度から二〇〇三年度の三年間、生活クラブ生協愛知の理事長を務めた。

第三項　ワーカーズ・コレクティブの創出

理事長就任三年目が長期計画立案の年と重なり、地域や組合員のニーズの高まりを受けて個別配送システムの導入と、それに伴い生協組織の事務局改革として組合員のもう一つの参加形態「働く」ことで事業と運動に参加する枠組み「ワーカーズ・コレクティブ」の創出を提案した。提案した総代会で理事長を退任し、愛知では誰も経験したことがない初めてのワーカーズ・コレクティブづくりに私は活動を移した。生協の活動は専従の職員もおり、専門的な業務を組合員がすることはほとんどない。ワーカーズ・コレクティブは、何から何まですべて自分たちで全部やっていく、小さな協同組合をつくるという認識でスタートした。

生活を取り巻く様々な課題を解決するために、生活クラブ生協の消費材（生活クラブ生協では商品といわず、消費する側の使用価値に基づく呼び方で取扱品をこう呼んでいる）を必要とする人に届けたい、運動への共感を拡げたいという思いで、生活クラブ生協の消費材を届けると同時に共感を拡げる事業として配送ワーカーズ・コレクティブを二〇〇四年六月に八人の仲間と設立した。三ヵ月間の研修とシステム構築等の準備を経て、全員で一トン車を運転し、配達を開始した。慣れない体力勝負の仕事を終え、配送センターに戻ったときの仲間からの「お帰り、お疲れ様！」の心地よい声に毎日癒されたことは忘れられない。

ワーカーズ・コレクティブとしての労働参加は、自発的で主体的な活動を経験してきた組合員の次なるステージだと思う。指示命令を下す人はいない。誰かに雇われて働くという働き方ではないので、自分たちでやるべき仕事を見つけ、それぞれが率先して働いている。その中で自ずと切磋琢磨そして自己研鑽しながら、さらに自分らしさに磨きをかけて、たすけあいながら働く、自分で考えたことを実行してきた経験から、このワーカーズ・コレクティブこそが、活動によって身につけてきた能力を十分発揮できる働き方だと思った。

このように、生協組合員は「自分で考え行動する」、そして「協同組合原則」に基づいた活動や組織運営を経験し、生活を自治する人となり、地域や労働を自治する市民として、そこで培われた信頼や規範、ネットワーク（人と人とのつながり）、いわゆるソーシャル・キャピタル（社会関係性資源）とともに、生協を飛び出し社会活動に参加し始めている。これまで生活クラブから生まれた運動には、ワーカーズ・コレクティブ運動の他に、生活者ネットワーク運動（政治を生活の場に引き寄せ、暮らしを豊かにするために 市民自治による新たな政治を生み出すことをめざす）、せっけん運動、脱原発運動、民際協力活動（フェアトレードといわれる民衆交易や国の枠を超えた支援活動）等がある。

第二節　ワーカーズ・コレクティブ

第一項　ワーカーズ・コレクティブとは何か

これまで私の生協との出会いとワーカーズ・コレクティブの創出について紹介してきた。ここでは、ワーカーズ・コレクティブとは何か。その実践などについて論じていきたい。ワーカーズ・コレクティブとは、「まちづくりを目的として働く人たちの協同組合」である。自分たちが住み暮らす地域の「困りごと」や「あったらいいな」に応え、まちに必要な機能を事業化（仕事）し、より暮らしやすい地域社会をつくろうという運動である。

さらには、「協同労働」という働き方で非営利の市民事業を起こす。同じ思いや目的を持った仲間と資金を出し合い（出資）、全員が平等の権利と責任を持ち運営や経営にも参加しながら、性別や年齢、国籍や障害や働きづらさのある無しなどみんなで違いを認め合い、配慮し合って働くのである。「使用人／使用者」の関係は労働者保護の観点から法的には存在するが、一般的な雇用関係の中にある上下の関係を働く環境から排除している。日々の仕事の進め方やシフトはもちろんのこと、毎年度総会を開き、事業報告や事業計画をみんなで決めたり、

図一

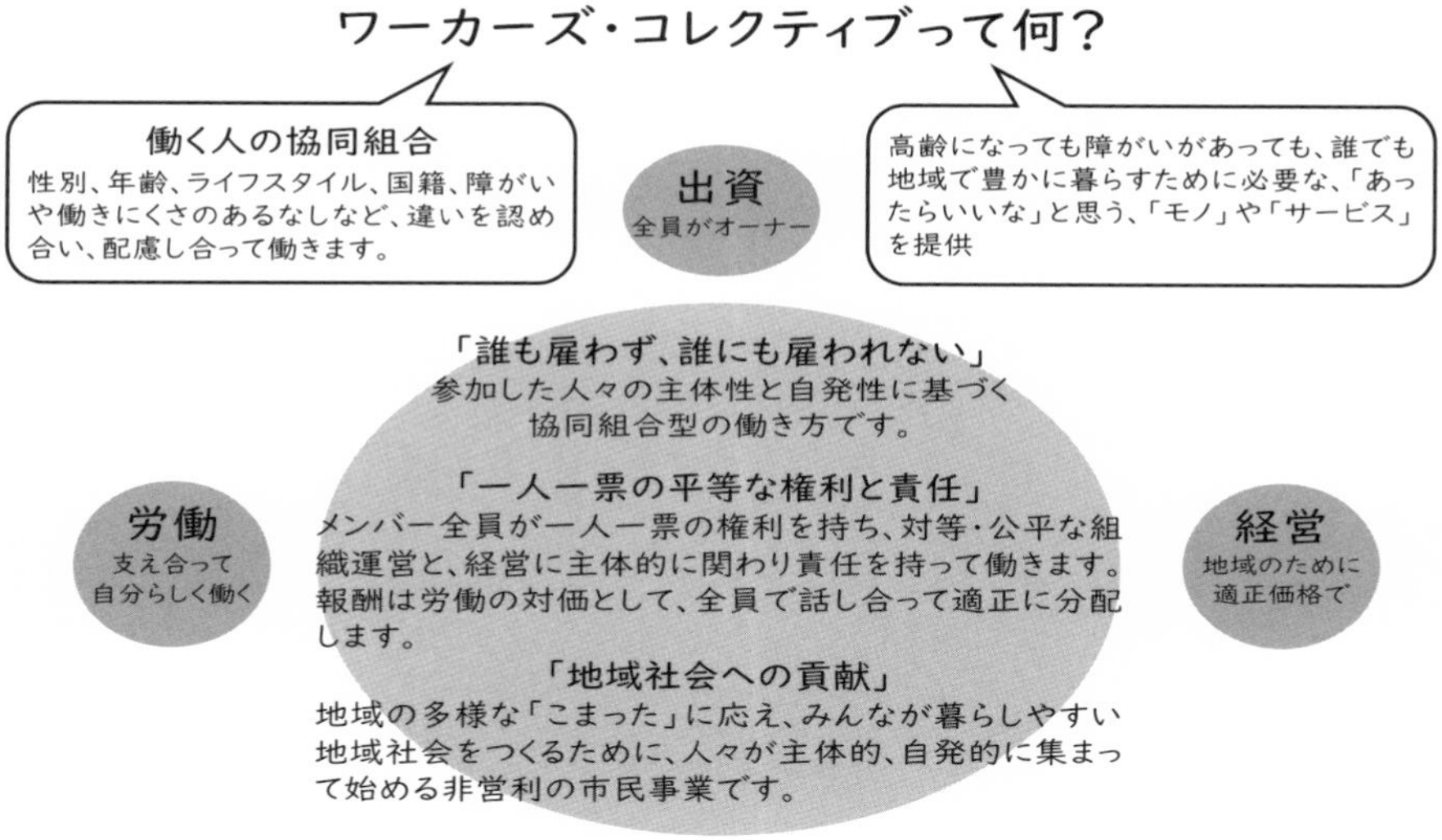
ワーカーズ・コレクティブって何？
働く人の協同組合
性別、年齢、ライフスタイル、国籍、障がいや働きにくさのあるなしなど、違いを認め合い、配慮し合って働きます。
出資
全員がオーナー
高齢になっても障がいがあっても、誰でも地域で豊かに暮らすために必要な、「あったらいいな」と思う、「モノ」や「サービス」を提供
「誰も雇わず、誰にも雇われない」
参加した人々の主体性と自発性に基づく協同組合型の働き方です。
「一人一票の平等な権利と責任」
メンバー全員が一人一票の権利を持ち、対等・公平な組織運営と、経営に主体的に関わり責任を持って働きます。報酬は労働の対価として、全員で話し合って適正に分配します。
「地域社会への貢献」
地域の多様な「こまった」に応え、みんなが暮らしやすい地域社会をつくるために、人々が主体的、自発的に集まって始める非営利の市民事業です。
労働
支え合って
自分らしく働く
経営
地域のために
適正価格で

分配金（ワーカーズ・コレクティブでは給与のことを、分け合うという意味で分配金という）の分け方や役員の選出等、あらゆることをみんなで話し合って進めている。

ワーカーズ・コレクティブの源流は、一九世紀に思想も運動もフランスで発展し、ヨーロッパ、アメリカへと広がった。日本では、一九八二年一一月生活クラブ生協神奈川によって第一号となる「にんじん（人人）」が生み出された。「にんじん」は、デポー（生協店舗）運営を生協から委託され事業が始まった。設立時の「ワーカーズ・コレクティブにんじん」の設立趣意書の一部を紹介したい。「私たちは働くことが正当な社会的自己の創出をはかり、社会の公正と連帯の実現に寄与するような企業組合にんじんを組織します。私たちが企てようとする事業は、現代物質文明を終始リードする〝資本・市場・賃労働〟の原理を越えることによって見えてくるであろう新しい社会と生活のモデルを模索し創造する諸運動に寄与します。働くことの実現は、新しい自己の発見であり、他者を促し自己を確信し、活動空間を広げ、住む人の英知で生活を豊富化し、自ずと充実した人生を演出し

合う人々が、自由に群れ集う姿をイメージします」と書かれている。

日本に初めてできたワーカーズ・コレクティブは、市民自らが主体的に事業と運動と労働に関わることにより、社会的自己の実現、よりよい地域社会の実現、そして現在ある雇用労働の概念を超えた働き方を用いて、新しい社会生活の創造に向けて運動を進め、活動空間を広げていくことを設立の趣意とした。そしてその姿は、充実した人生を演出し合う市民が自分たちらしく集う姿を描いたものであった。

当時の、主婦による家事労働の評価は低く、今日の産業社会において、本来的役割が軽視され、従属的サービスとしての地位しか与えられていないことに対して、このことを問い直すことも設立の動機にあった。この営みは、人間と自然とが調和する共同社会を実現するための家庭婦人によるチャレンジであった。そして生活協同組合とワーカーズ・コレクティブという二つの異なる協同組合が、同時に一つの事業目的を双方の主体性を活かして推進するという取り組みは、おそらく世界でも初めての試みだったといわれている。

第二項　ワーカーズ・コレクティブ運動四〇年の歴史

一九八二年に第一号が神奈川で誕生してから、全国の生協組合員によりワーカーズ・コレクティブ運動は広がった。各地で団体が増え続け、約二〇年後の二〇〇一年には全国で五六〇団体一万四〇〇〇人がワーカーズ・コレクティブで働いていた。そのうち約三〇〇団体が家事、介護、保育、高齢者配食などの福祉関係のワーカーズ・コレクティブで、メンバー数は九〇〇〇人にのぼった。この頃には、中間支援機能を兼ね備えた都道府県ごとの連合組織も自らの手で設立した。私が現在代表を務めるワーカーズ・コレクティブの全国組織ワーカーズ・コレクティブ　ネットワークジャパン（以下ＷＮＪ）も一九九五年に設立している。

運動や実践が広まりつつある中、私たちは何者なのかを規定する法人格や制度が整備されていなかったため、一般社会で認知されることが困難な時代が続いた。そのなかで、働く人自らが出資し、経営も担い、働くというもう一つの働き方の社会化を目指し、WNJが中心となり法制化を要望する運動も始まった。このような働き方が、これからの市民社会では必要であるという認識は広まりつつあり、幾度となく国会でも取り上げられ制度化の必要性が議論されてきたが、なかなか法律の成立にはつながらなかった。しかし、法制化運動を始めて二五年の歳月を経て、ようやく二〇二〇年一二月四日、議員立法により、全党全会派一致で「労働者協同組合法」を成立させることができた。

この法律は、市民立法ともいわれ、長年実践と経験を積み重ねてきた当事者団体としてWNJと日本労働者協同組合連合会が法案作りに三年間参加し、協力してきた。労働者協同組合は、そこに集まった人々による出資と意見反映と従事という三つの原則からなる協同労働という働き方を用いて、多様な就労を創出し、地域ニーズに応える事業を行うことで、持続可能で活力ある地域社会づくりを目的としている。そして、この法律は二〇二二年一〇月一日に施行される。ようやくワーカーズ・コレクティブが目指してきた働き方と使命が、法的に認められ、位置づけられることになった。これを機に、改めて「働くこと」を問い直し、暮らしといのちの土台を支えるコミュニティ事業としてワーカーズ・コレクティブの再構築をはかっていきたいと考えている。

第三節　多様なワーカーズ・コレクティブの実践

ワーカーズ・コレクティブは、生協の組合員活動から生まれたこともあり、現在でもそこで働く九割近くを女性が占めている。現在、WNJに加入する団体数、メンバー数は、三四〇団体、七〇〇〇人（二〇二〇年三月末WNJ調べ）だが、加入していないワーカーズ・コレクティブを含めると約五〇〇団体、一万人と推測される。

業種は多岐にわたるが、団体の半数以上が福祉関連のワーカーズ・コレクティブである。業種は図二にあるよ

図二　WNJ所属の全国の職種別ワーカーズ・コレクティブ

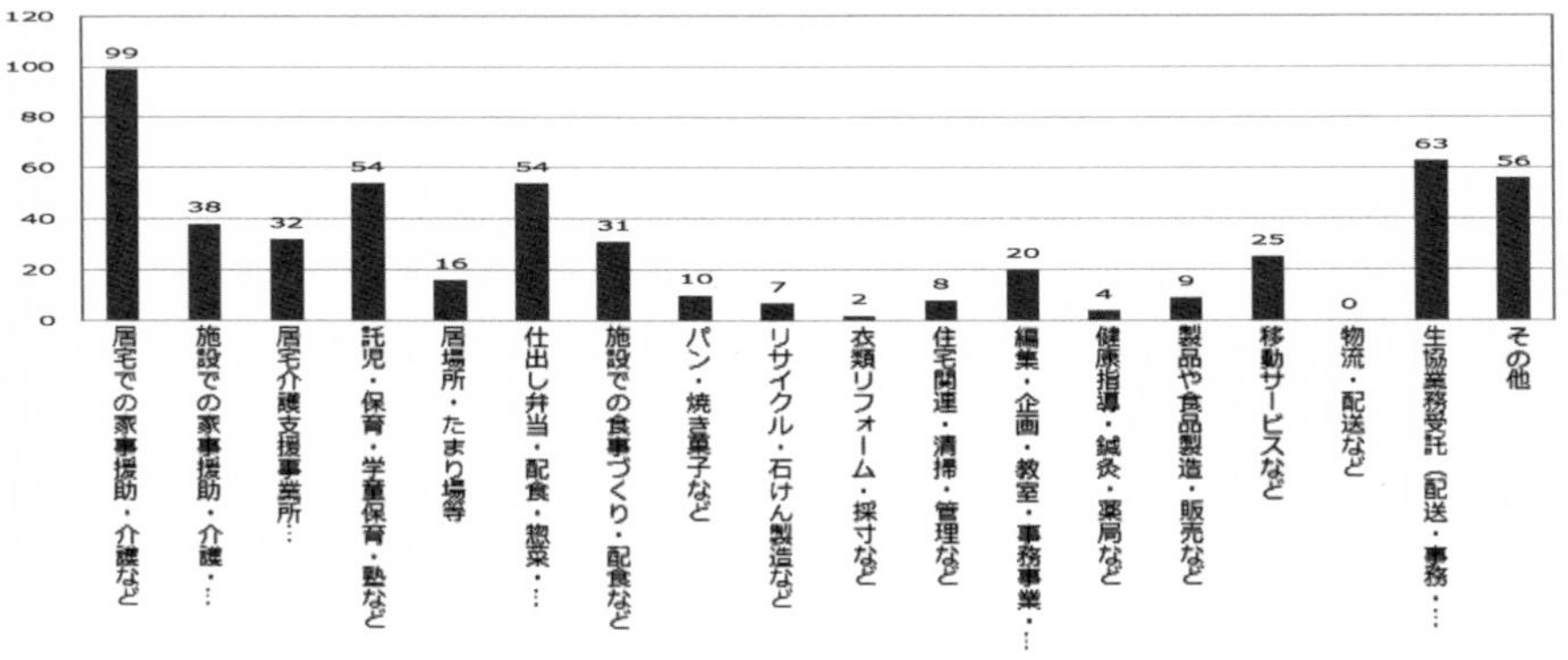

うに三〇種以上にも及び、一番多い業種は、高齢者介護、保育・子育て支援、配食サービス、移動サービス等福祉事業が全体の六割を占めている。提供するサービスも画一的なものではなく、必要とする人の側に立って考え、自分たちらしいきめ細やかなサービスの提供がワーカーズ・コレクティブの強みともいえる。珍しい業種では、薬局や造園、経理作業のサポートやチャリティーショップ等もある。人数も三人から三〇〇人を超える事業所があり、事業高も年間三〇万円のところから五億円を超す事業所までとにかく多種多様である。

第三節　愛知のワーカーズ・コレクティブと協同労働の展開

第一項　愛知県のワーカーズ・コレクティブの現状

愛知県には、現在五つのワーカーズ・コレクティブが存在し、それぞれが事業を行うとともに、愛知ワーカーズ・コレクティブ連合会を作りワーカーズ・コレクティブ運動を推進している。それぞれの団体の活動概要は以下のとおりである。

①愛知で初めてのワーカーズ・コレクティブ　グラン

集まった八人の仲間とともにワーカーズ・コレクティブ　グランは、

三カ月の設立準備期間を経て二〇〇四年六月に設立した。ほぼ毎週のように会議を繰り返し、何故私たちは生協配送事業をワーカーズ・コレクティブとして始めるのかを記した「設立趣意書」の作成に多くの時間を割いた。設立趣意書はいわゆる私たちの羅針盤である。設立の思いや自分たちの使命を忘れることが無いように、新しく仲間入りする人たちに、どんな事業所で働くのかがちゃんと伝わるものでなければならない。

名称にも私たちのこだわりがある。みんなで案を持ち寄り、最有力候補の「グランマ」をヒントに「グラン」になった。グランマはおばあちゃん。私たちがおばあちゃんになっても働ける職場をつくりたいという思いが込められていた。話し合いの中で、この先男性もメンバーになる可能性もあるのでグランパもいるよね、となり、この際、マもパも取ってしまえ!ということで「グラン =Grand」になった。

後付けだが、Grandには、「壮大な」や「堂々とした」等の意味もあり、これから自分たちの事業に自信を持って取り組んでいこうという意気込みも込めた。

出資金額なども自分たちで決めた。ワーカーズ・コレクティブの出資は、自分たちが行う事業の元手としてみんなで出し合う。必要な資金がどれだけかを話し合い、基本的にはみんなで案分する。グランの出資金は一口三万円を一括で納めることを設立総会で決定したが、後にメンバーを増やしていくのに、三万円を一括で払うのは厳しいとの声に応え一口五〇〇〇円を三万円になるまで毎月積み立て増資する方法に切り替えた。

こうして、生活クラブ生協の配送と組合員対応の事業委託を通し、運動と事業のパートナーとして法人格を持たない人格なき社団（みなし法人）でグランはスタートした。設立後の三カ月は、事業開始準備として人生初のトラック運転研修、必要な道具（モノだけではなくしくみも）を整える期間とし一〇月スタートに備えた。到底、三カ月でパーフェクトな準備ができるわけではなく、やりながら作り変える、組み立ててはやり直すの連続であった。自分たちで考え、実行し、より良いものを創り出す生協組合員時代の経験はこういったところに生かされる。関わるみんなの納得度が高まる瞬間でもあった。

　ワーカーズ・コレクティブの働き方は、現代社会にある効率優先や画一的な働き方ではない。トップダウン型で人を働かせるやり方は、雇っている（会社）側にとっては、使い勝手の良い働かせ方かもしれない。しかし、私たちワーカーズ・コレクティブは、効率や、収益を上げることを最優先とするのではなく、働く側にとっても、サービスを受ける側にとっても、心地よいものを創り出すことを優先する。もちろん事業の効率は考えるが、「ちょっとがんばったら、みんなできる」目標を決めて事業に取り組んでいる。やり方とモノサシ（基準）と目標は社会一般にあるものをそのまま使わず、全員で話し合って決めて、全員で実行し目指している。

　設立して一八年が経つが、この間、事業高が増え、働くメンバーも増えたことから、事業所としての社会的責任と働く環境を整えていくために必要と判断し二〇一二年に法人格を取得した。分配金の分け方も自主的な参加によるプロジェクトチームを設置し、より公平でわかりやすい分配金規定の見直しも複数回行ってきた。五年後一〇年後のグランを展望し、長期的な計画もみんなで作っている。今は「誰もが働きやすい、緩やかに働き続けることができる、生涯現役でやめないグラン」をテーマにいろんな取り組みを模索している。定年退職後の男性の割合も増えて、幅広い年齢層、多様な人々との協同労働が拡がっている。

②ワーカーズ・コレクティブＲｉｎ
　豊橋センターでの生活クラブ生協の個別配送導入が行われることになり、グランと同様にワーカーズ・コレクティブという協同労働で実践したいということで始まった。現在メンバー一〇人で、毎月の定例会議と年一回の総会で運営している。少人数だからこそ全員の意見を反映しやすく、家庭のこと、子どものことなど話したり、相談したりしながら、シフトの交代も柔軟に行っている。

「自分たちの働く場をつくる」、「消費材と組合員、組合員活動と組合員をつなぐ」、「地域の人々の消費生活の手助けをする」という三つのことを目的に掲げて運営している。なかでも子育て、介護、高齢などによって買い物困難な人達に消費材を届けることで生活の助けとなり、地域に貢献することを目指している。メンバーの年齢が上がってきて、トラックでの配達がきつくなってきているが、ワーカーズならではの働きやすい環境を模索している。

③ＮＰＯ法人　たすけあいワーカーズ・コレクティブ愛・Ｉ

義母の介護が始まった当時、身近にも親の介護が必要となった人が増えているのに気づき、介護はお互いに助け合わないと長く続けられないと思ったメンバーの一人が、生活クラブの「まちづくり」や「ワーカーズ・コレクティブ」の学習会に参加し、同じ思いをもつ人たちと出逢った。そのなかの一人の「一歩踏み出さないと始まらない」という一言で、やってみようという気持ちになり、共感する人々とでＮＰＯ法人　たすけあいワーカーズ・コレクティブ愛・Ｉを創出した。

その際、住み慣れたまちで安心して暮らすためには、困った時の助け合いの仕組みが必要であり、その参加型福祉のまちづくりを進めていきたいと考えた。さらにワーカーズ・コレクティブでの働き方は、利益を目的としていないので、いずれ自分たちもサービスを受ける側になっても利用できる助け合いのシステムにしたい。さらにその助け合いは、自分たちの持っている生活技術を生かし、よりよいサービスを提供できると考えたという。

現在、ホームヘルパーステーションを運営し、介護保険サービスの訪問介護、総合事業、障害者自立支援サービスの障害福祉サービス、移動支援サービス、たすけあい事業と居宅介護事業所として居宅介護支援と予防介護支援のサービスを提供している。その中で、ワーカー同士が困った時に助け合える関係があり、話しやすく働きやすい環境になっている。さらに利用者さんやケアマネジャーからの評価も高いのがやりがいにつながっている。毎月定例会と学習会も開催し、利用者さんのことで相談するときには自分のこととして考えてみんなで話し合うことを大切にしている。

④デザインワーカーズCOCOT

二〇一四年に「地域に住み暮らす人が必要とする情報や心が豊かになる情報を生活者の視点に立ち、より正確に伝えたい」「ワークライフバランスの取れた働き方を構築したい」「自分たちの持つ知識・スキルをもっと役立てたい」という思いで三名のメンバーでワーカーズ・コレクティブを創設した。

生活クラブ生協の「単協カタログ」、「陽だまりカレッジ」、「展示会チラシ」、「ワーカーズガイド　知ってみよう編・やってみよう編」、「保育園向けパンフレット」、「編集力アップ研修」、定期刊行物などの編集・デザインを請け負っている。デザイン・編集の仕事の多くは、時間的に余裕のないものが多く、作業者個人に負担がかたより、生活が不規則になりがちである。COCOTで、一人ひとりの生活や労働条件に合わせながら、協力し合って業務を行う働き方を目指している。生活クラブ生協の消費材を中心に、社会にとって有益だと思える情報を伝えたいという。メンバーで仕事を分け合い、助け合いながら仕事ができており、ホームページの請負なども始め、スキルアップも図っている。

⑤ワーカーズ・コレクティブ講師の会リシェ

二〇一〇年に生活クラブ生協組合員のともに学ぶ「共育」、人と人をつなげるお手伝いという位置づけで始まり、講座及び講師派遣事業を行っている。リシェとは、フランス語で「豊か」を語源とし、講座を通して豊かな生活、豊かな地域・豊かな心、真の豊かさを提案し、楽しい心や健やかな身体が叶えられる豊さを目指している。

現在、生活クラブ生協愛知の文化講座事業『陽だまりカレッジ』、エッコロ共済事業の『エッコロ講座』へ講師派遣を行っているほか、愛知県内及び名古屋市内の小学校・豊田市交流館・ＰＴＡ主催の行事・トヨタ自動車グループ企業・一般企業・自主保育グループなどからの依頼により講師派遣を行っている。講座内容は健康・運動・クラフト・料理・語学・石けん・子ども向け講座など多岐にわたり現在約三〇人がメンバーである。生活の質の向上を目指し、学びたい気持ち、仲間との出会い、新しいことへのチャレンジをサポートすることで、新たなコミュニティ文化の創出、人と人のネットワーク作り、新しい働き方、新しい講座展開を図っている。

第二項　協同ではたらくネットワークあいちと今後の展望

愛知には前出のワーカーズ・コレクティブの他に、共に働き、共に生活する場をつくり、共に生きる共生社会を目指す団体が沢山ある。多様な団体がつながることで、その運動をさらに拡げていこうと、「協同ではたらく」をキーワードに新たなネットワーク組織を二〇二一年四月に設立した。

参加する団体は、愛知ワーカーズ・コレクティブ連合会、わっぱの会、愛知県高齢者生活協同組合、ワーカーズコープ・センター事業団東海事業本部、しげんカフェシステムズ、のわみ相談所、そして研究者として金城学院大学の朝倉美江さんにも参加いただいている。地域でともに働く意義と価値をより多くの人に伝え、協同ではたらく文化と実践を拡げることを目的に活動している。

第四節　愛知のワーカーズ・コレクティブと増進型地域福祉

ここでは、愛知のワーカーズ・コレクティブの実践の特徴を増進型地域福祉の五つの特性に添って論じていく。

①理想実現主義

ワーカーズ・コレクティブは「こんな地域にしたい」そのための「あったらいいな」に応え、まちの機能として事業を起こすことも目的としている。そのような意味で、ワーカーズ・コレクティブはまちづくりの道具と称されることもある。まちづくりを検索すると「より暮らしやすいまちにつくりかえること」とあり、市民が理想的な地域社会をつくるための具体的な取り組み（道具）としてワーカーズ・コレクティブは存在している。まさに理想実現主義にもとづく取り組みといっていいだろう。

②目的実現型のアプローチ

もちろん、身近な小さな困りごとを見過ごさずに応じることで生活課題を解決していくこともワーカーズ・コレクティブはミッションとしているが、それにとどまらず困りごとを未然に防いだり、大事になる前に身近な誰かが気づき助け合える関係性を地域の中でつくっていくことが重要だと考えている。

対症療法的なサービス提供だけではなく、同じ地域に住み暮らす人と人とが出会い、つながる仕組みをつくり、地域の免疫力を高め、心豊かに安心して暮らせる社会を目指している。近年、サロンや子育てひろば等の居場所事業、地域食堂のような集う場づくりが広がっている。目先の課題だけではなく、ここでもやはり理想と幸福を求めるまちづくりの視点がワーカーズ・コレクティブにはある。

③対話を基礎としたみんなで取り組む共同的、相互主観的なアプローチ

ワーカーズ・コレクティブは素人集団に近い。ほとんどの人に事業経営や開業の経験はない。そんな人たちが地域の必要に応え、豊かなまちづくりに参画している。同じ思いの仲間が集まって作ったとしても、日々の事業運営の中では異なる意見がぶつかり合う。さらにはみんなが主役で脇役はいない。そんなワーカーズ・コレクティブにとってお互いを認め合い、全員参加型の民主的な組織運営は肝となる。合意形成はワーカーズ・コレクティブの事業の継続にとって欠かせないし、大事にしている。中には合意づくりのための話し合いがワーカーズ・コレクティブの醍醐味だと感じている人も少なくない。

④プロセスの大切さ

三つ目の合意に基づく実践の取り組みに通ずるところはあるが、私自身、結果評価ではなく行動評価の方が重要だと常に言い続けている。売り上げた数や事業高は事業継続のためには重要な要素であることは間違いないが、ワーカーズ・コレクティブの評価は、自分たちのミッションが達成できているかどうかである。効率重視、利益の増加を求める一般企業での働き方は、おそらく結果評価なのであろうが、人を大切にする組織だからこそ、取り組みの過程を常に振り返り成長の糧とする。

私が所属するグランには、NOミス三原則なるものが存在する。「Wチェックの徹底」、「声だし指差し確認」、「あわてずおちついて」がNOミス三原則である。ミスが起きた過程を振り返り、全員で決めた。これさえ徹底できていればミスは起こらないと言い切る自信がメンバー全員にある。ミスをしたことや回数を問うのではなく、

全員で決めたというプロセスと経験から導き出したことを大切にしようとする取り組みだ。

⑤個人と地域社会との関係として自己実現ではなく「相互実現」

ワーカーズ・コレクティブが考える「地域」は住み暮らす、ともに生きる範囲と考える。職住接近という言葉もある。自分自身が住み暮らしている地域だから見えてくるもの、同じ地域に住み暮らしているからこそ共感が広がる。一〇年後の自分と地域を想像しながら必要な事業を創造する。

ワーカーズ・コレクティブによる生活に必要なサービスの生産は、お互いの使用価値の実現を目指して行われる。その実現に向けた営みは、人と人とのつながりやコミュニケーション、人と地域との関わりの中でしか生まれない。必要とされるサービスや機能を仲間と一緒に生み出し、地域に根差すワーカーズ・コレクティブになることで、かかわる人みんなが自分らしく働き、自分らしく生きられる地域社会の実現に寄与すると考えている。

おわりに

愛知のワーカーズ・コレクティブの実践を、増進型地域福祉の二つの理念の観点から今後の展望を含めて論じたい。「ワーカーズ・コレクティブ運動は、まちづくりである」ということが、増進型地域福祉の一つ目の理念の理想の地域づくりと一致している。私たちは、課題解決型にとどまらず、自分も含めたすべての人たちが望む生き方、働き方、そして市民が描くまちづくりの実現に向けて実践を積み重ねてきた。二つ目の理念の対話についても、ワーカーズ・コレクティブにとっても欠かすことができない要素だ。仲間との豊かなコミュニケーションのうえに成り立つ合意形成は、働きがいのある仕事や自身の成長、成果を感じ、自己肯定感にもつながる。

愛知にはワーカーズ・コレクティブは五団体しかなくその力はまだまだ小さい。とはいえ、一人でも多くの人びとと思いを共有し、主体となって参加することでそのスピードは加速する。労働者協同組合法の成立によって、愛知の協同労働のネットワークもさらに広がりつつある。理念を共有し、運動に参加する人を増やし、理想とするよりよい社会の実現に向けて運動を進めていきたい。

第九章　地域包括ケアシステムと増進型地域福祉

渡辺晴子

はじめに

介護保険制度がプロデュースする「地域包括ケアシステムの深化・推進」の舞台のうえで、地域住民および地域社会はまぶしいほどのスポットライトに照らされ、あらためてケアの担い手という役割を果たすことが期待されている。その光景は、一九七〇年代後半に提唱された「日本型福祉社会」を彷彿とさせる。一九七九年の「新経済社会七カ年戦略」において、「個人の自助努力と家庭や近隣・地域社会等の連帯を基礎としつつ、効率のよい政府が適正な公的福祉を重点的に保障する（中略）、いわば日本型ともいうべき新しい福祉社会の実現を目指す」ことが示され、一九八〇年代には積極的に推進された。

このような地域住民および地域社会に対する期待は、介護保険制度が目指す「地域包括ケアシステムの深化・推進」を実現するために地域住民および地域社会を対象化、手段化する、すなわち「実践での客体化」を招くリスクを孕む。小野達也によれば、「実践での客体化」とは二〇〇〇年以降の地域福祉の主流化が生み出す問題であり、「実践を担いながら、あるいはその実践の当事者でありながら、実践での位置づけで対象化され、本人の意思が実践に反映されなかったり、実践の成果を自らのものにすることができないこと」であるという。[1]

しかしながら、地域住民および地域社会にとっては、介護保険制度も地域包括ケアシステムも他人事ではない。介護保険制度が破綻してしまったり、いざ要支援・要介護状態になった時に必要なサービスが利用できなければ、まず困るのは地域住民および地域社会である。また、そもそもケアという営みは、私たちの日常生活のなかで、家族や地域社会といった身近な人間関係のなかで行われてきたものであり、国の制度や専門職に一任できるものではない。むしろ、私たちはケアの主体として、「ケアすること」を通して、日常生活を、家族や地域社会の人間関係をより豊かに、より幸せに生きることを求めているのではないだろうか。

本章では、増進型地域福祉の観点から、地域住民および地域社会がケアの主体となり、自らの幸福を実現することができるような地域包括ケアシステムのあり方について模索してみたい。まず、地域包括ケアシステムの概念と施策の変遷をふまえたうえで、ケアとコミュニティをめぐる課題と可能性について考察する。次に、新しい地域支援事業における生活支援体制整備事業の実践事例を読み解き、増進型地域福祉のエッセンスを抽出する。そして、ケアとコミュニティの可能性をふまえながら、増進型地域包括ケアシステムのあり方および増進型地域福祉の展望を描いていく。

第一節　地域包括ケアシステムの概念と施策の展開

第一項　地域包括ケアシステムの変遷

地域包括ケアシステムとは、およそ住み慣れた地域で暮らし続けるための総合的・包括的なケアの提供体制を意味するが、社会的背景の変化、とりわけ介護保険制度の創設・改正とともに発展してきた概念である。

そのはじまりは、広島県の御調町にある。一九七〇年代半ば、御調国保病院の山口昇院長は退院後に寝たきり状態で再入院してくるケースが増加したことを問題視して、在宅ケアによる「寝たきりゼロ作戦」を開始した。そして、一九八〇年代には町行政を巻き込んだ保健・医療・介護・福祉の連携体制を構築し、それを「地域包括ケアシステム」と命名した。[2] その後、先進的な自治体でも地域包括ケアシステムの構築に向けた取り組みが推進されるが、全国的な広がりをみせるのは介護保険制度に位置づけられてからである。

介護保険制度に地域包括ケアシステムが位置づけられたのは二〇〇五年であり、予防重視型システムへの転換のもと「地域包括ケア体制の整備」が掲げられ、その中核機関として地域包括支援センターが創設された。そして、地域包括ケアシステムの考え方として「高齢者が住み慣れた地域で、安心してその人らしい生活を継続するため、高齢者のニーズや状態の変化に応じて、切れ目なく必要なサービスが提供される体制を整備する」ことが示された。

二〇一一年の制度改正では、地域包括ケアの概念がより具体化され、「医療、介護、予防、住まい、生活支援サービスが連携した要介護者等への包括的な支援」を推進することが示された。また、地域支援事業の一つとして介護予防・日常生活支援総合事業（以下、総合事業）が創設された。

次いで、二〇一四年の制度改正では、「地域包括ケアシステムの構築に向けた地域支援事業の充実」が図られた。特に「生活支援サービスの充実・強化」については、総合事業が再編され、新たに生活支援体制整備事業が創設された。

さらに、二〇一七年の制度改正では、「介護保険制度の持続可能性の確保」と併せて「地域包括ケアシステムの深化・推進」が掲げられ、高齢者の自立支援・重症化防止や「地域共生社会の実現」に向けた取り組みなどを推進することが示された。[3]

図一　地域包括ケアシステム

地域包括ケアシステム
○ 団塊の世代が75歳以上となる2025年を目途に、重度な要介護状態となっても住み慣れた地域で自分らしい暮らしを人生の最後まで続けることができるよう、住まい・医療・介護・予防・生活支援が一体的に提供される地域包括ケアシステムの構築を実現していきます。
○ 今後、認知症高齢者の増加が見込まれることから、認知症高齢者の地域での生活を支えるためにも、地域包括ケアシステムの構築が重要です。
○ 人口が横ばいで75歳以上人口が急増する大都市部、75歳以上人口の増加は緩やかだが人口は減少する町村部等、高齢化の進展状況には大きな地域差が生じています。
地域包括ケアシステムは、保険者である市町村や都道府県が、地域の自主性や主体性に基づき、地域の特性に応じて作り上げていくことが必要です。
地域包括ケアシステムの姿
病気になったら…
医療
日常の医療：
・かかりつけ医
介護が必要になったら…
介護
通所・入所
住まい
・自宅
・サービス付き高齢者向け住宅等
・地域包括支援センター
・ケアマネジャー
相談業務やサービスのコーディネートを行います。
いつまでも元気に暮らすために…
生活支援・介護予防
老人クラブ・自治会・ボランティア・NPO　等
※ 地域包括ケアシステムは、おおむね30分以内に必要なサービスが提供される日常生活圏域(具体的には中学校区)を単位として想定

【出所】厚生労働省（二〇二二）「地域包括ケアシステム」（https://www.mhlw.go.jp/stf/seisakunitsuite/bunya/hukushi_kaigo/kaigo_koureisha/chiiki-houkatsu/、二〇二二年五月一日取得）。

このように、地域包括ケアシステムの概念は、高齢者ケアに関する保健・医療・福祉の連携体制に始まり、高齢者の社会参加やボランティア、ＮＰＯ、民間企業、協同組合などの多様な主体による介護予防および生活支援を包摂しながら、高齢者、障害者、子ども、すべての地域住民の生活を包括的に支援するとともに豊かな地域社会をつくっていくという「地域共生社会の実現」を目指すものへと発展してきた。

第二項　新しい地域支援事業の推進

前述のとおり、二〇一四年の介護保険制度改正によって、新しい地域支援事業がスタートした。主な改正点は㈠総合事業の再編と㈡包括的支援事業の充実であり、市町村の役割も拡大した。総合事業については、予防給付（訪問介護・通所

介護）が移行され、従来の介護事業所によるサービスに加えて、ボランティア、ＮＰＯ、民間企業、協同組合などの多様な主体によるサービスの提供が可能になった。あわせて生活支援・介護予防サービスの体制整備を図るため、包括的支援事業の一つに生活支援体制整備事業が創設された。

「介護予防・日常生活支援総合事業のガイドライン」によれば、総合事業の目的は「市町村が中心となって、地域の実情に応じて、住民等の多様な主体が参画し、多様なサービスを充実することにより、地域の支え合いの体制づくりを推進し、要支援者等に対する効果的かつ効率的な支援等を可能とする」ことであり、地域における「多様な主体による多様なサービス」を活用して要支援・要介護状態の高齢者を効果的に支援するとともに、結果として「費用の効率化」を図ることを目指している。

また、生活支援体制整備事業では、総合事業が前提とする「多様な主体による多様なサービス」の創出および「地域の支え合いの体制づくり」を推進するために、「生活支援コーディネーター（地域支え合い推進員）」と「協議体」を設置することになっている。生活支援コーディネーターの役割は「地域において、生活支援等サービスの提供体制の構築に向けたコーディネート機能（主に資源開発やネットワーク構築の機能）を果たす」ことであり、関係者間の「定期的な情報共有及び連携強化の場」として協議体を開催しながら、生活支援・介護予防サービスの体制整備を推進することが想定されている。協議体のエリアについては、第一層を「市町村区域」、第二層を「日常生活圏域（中学校区等）」、第三層を「個々の生活支援等サービスの事業主体」としているが、第三層は事業の対象外である。[4]

すなわち、新しい地域支援事業は、「多様な主体による多様なサービス」の創出と「地域の支え合いの体制づくり」を一体的に推進することによって、介護保険制度の枠組みのなかで地域を基盤としたケアを強化し、「地域包括ケアシステムの深化・推進」、さらには「地域共生社会の実現」を目指すものである。しかし、このような制度の文脈において地域を基盤としたケアが強調される時、その担い手として期待されている地域住民および地域社会が置かれる状況は非常に危うい。それは、「実践での客体化」の状況であり、「ケアの社会化」を促進しながらも同時に抑制するという矛盾に満ちた状況である。

第二節　定常型社会におけるケアとコミュニティのゆくえ

第一項　ケア政策におけるコミュニティへの期待

地域包括ケアシステムの変遷を眺めてみると、ケア政策の発展とともに、コミュニティへの期待はますます高まっていることがわかる。まずは、ケア政策におけるコミュニティへの期待について、「ケアの社会化」の流れのなかに位置づけながら、その課題と可能性について考えてみたい。

「ケアの社会化」とは、もともと家族や地域社会の内部で行われていたケアが外部化され、より広い枠組みのなかで、主に国家や政府を媒介として制度化ないし社会化されることを意味する。それは、図二のとおり、ケアの領域が「伝統的な家族・共同体」から「政府」へ拡大してきた流れであり、同時に「伝統的な家族・共同体」から「市場」へ拡大してきた流れでもある。そして、成長・拡大の時代から成熟化・定常型社会へ時代が変化するなかで、ケアの領域は「新しいコミュニティ」・「政府」・「市場」がクロスオーバーするところへ移行していくと、広井良典は説明する。[5]「新しいコミュニティ」とは、具体的にはボランティア、NPO、協同組合などを指すが、「自立的な個人をベースとする、自発的かつ開かれた性格の共同体であるという点」[6]において「伝統的な家族・共同体」とは異質なものである。

「新しいコミュニティ」・「政府」・「市場」のクロスオーバーによるケアもまたケア政策とのかかわりのなかで

図二 「公ー共ー私」をめぐる構造変化

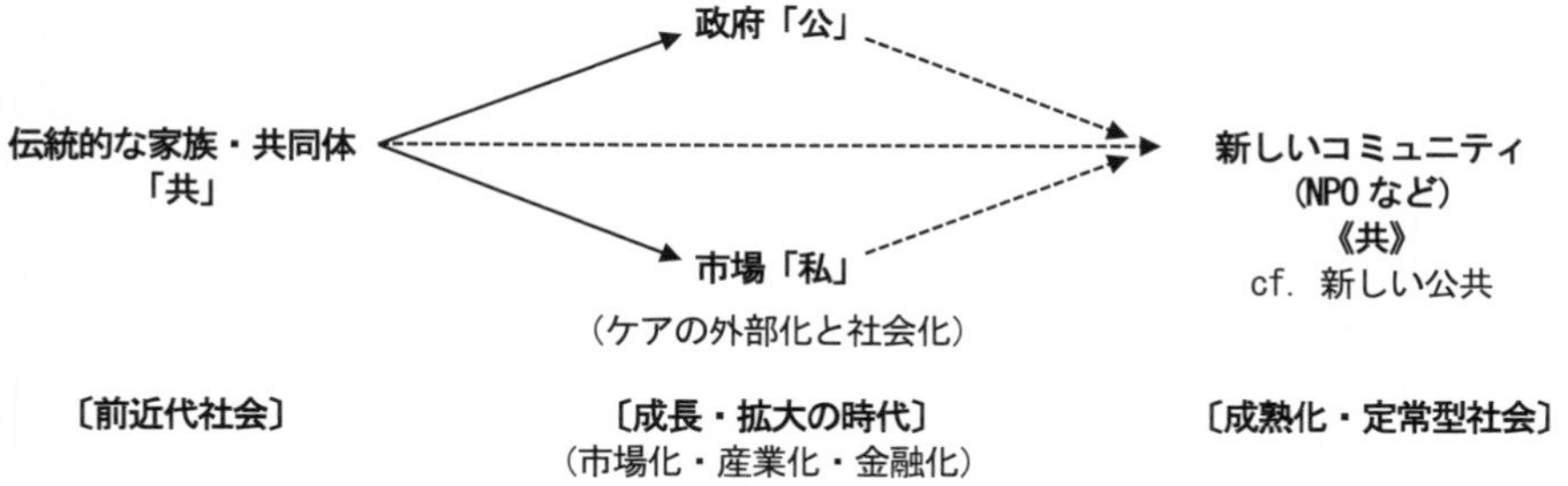

【出典】広井良典（二〇一三）「いま『ケア』を考えることの意味」広井良典編著『ケアとは何だろうか――領域の壁を越えて』ミネルヴァ書房、一一頁。

展開されていくが、問題は三者がどのような関係を築き、連携・協働することができるかということである。三者の関係によっては、「ケアの社会化」を促進しながらも同時に抑制するという状況をもたらすかもしれない。「新しいコミュニティ」は、新しい公共の主体として、ますます増大する高齢者ケアのニーズ、そして高齢者、障害者、子ども、生活困窮者など、すべての地域住民を対象として複合化・複雑化する地域生活課題に対応することが期待されている。しかし、三者が連携・協働する体制を構築できず、あるいはそれが形式的なものに過ぎないならば、「新しいコミュニティ」はやがて疲弊し、期待されているようなケアを担うことはできないだろう。極論ではあるが、結果として「伝統的な家族・共同体」にケアを埋め戻すことになるかもしれない。

また、「新しいコミュニティ」に対する期待は、「実践での客体化」の状況をもたらすかもしれない。冒頭で述べたように、小野達也は地域福祉の主流化のもとで起こりうる「実践での客体化」の問題について、政策としての地域福祉が実践の担い手、特にその担い手として期待されている地域住民を対象化、手段化することのリスクを指摘している。[7]このことは、ケア政策にとっても決して無関係ではなく、政策目標を実現するためにケアの担い手として期待されている「新しいコミュニティ」を対象化、手段化するリスクを抱えていることを自覚しなければならない。

このように、ケア政策におけるコミュニティへの期待は、コミュニティが「ケアの社会化」のなかで孤立無援となって疲弊したり、「実践での客体化」に陥るリスクを抱える一方で、「新しいコミュニティ」・「政府」・「市場」のクロスオーバーによるケアを展開していく可能性、言い換えれば、新たな「公－共－私」の関係を構築し、新しい公共をつくっていく可能性に開かれているといえよう。

第二項　ケアとコミュニティの可能性

ケア政策、あるいは「ケアの社会化」の背景には、社会状況の変化やそれに伴う私たちの生活の変化があり、それらの変化に対応したケアのあり方が求められてきた。とりわけ成長・拡大の時代には、高齢者の介護、障害者の介助、子どもの保育など、私たちが日常生活のなかで、家族や地域社会の人間関係のなかで営んできたケアの多くを外部化、社会化してきたが、果たして私たちは幸せになったのだろうか。成熟化・定常型社会を迎えた今、ボランティア、NPO、協同組合などの新しいコミュニティがあらためてケアを担い、ケアを自らの手に取り戻そうとしているが、それはなぜなのだろうか。

広井良典が提唱する「定常型社会」とは、㈠「マテリアルな（物質・エネルギーの）消費が一定となる社会」、㈡「（経済の）量的拡大を基本的な価値ないし目標としない社会」、㈢自然やコミュニティのような「〈変化しないもの〉にも価値を置くことができる社会」という三つの意味からとらえられる。それは、成長・拡大の時代が抱える「限界を乗り越えうる社会のあり方」である。[8] このような時代のなかで、私たちの関心は「自ら自身、ないし人間と人間の『関係性』そのもの」に向かい、コミュニティや自然との関係を問い直し始めている。[9]

ケアとは、さまざまな意味を持つ概念であるが、狭義には「育児」「介護」「看護」あるいは「世話」、広義には「配慮」「気遣い」などを意味する。近年では、より広義に「（人と人との、あるいは自然等との）『関係性』と

図三　「つなぐこととしてのケア」の二つのベクトル

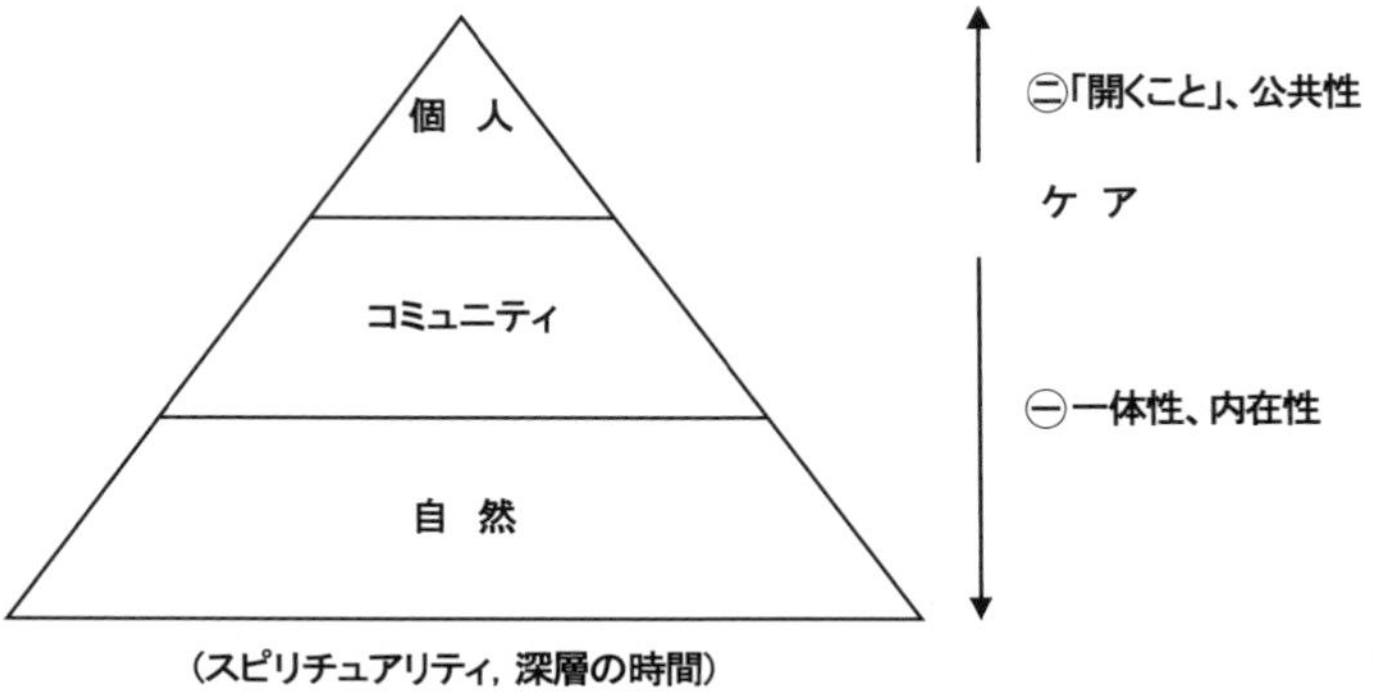

【出典】広井良典（二〇一三）「いま『ケア』を考えることの意味」広井良典編著『ケアとは何だろうか――領域の壁を越えて』ミネルヴァ書房、二七頁。

ほぼ重なるような意味」[10]で用いられているが、定常型社会を生きる私たちにとって、ケアはどのような可能性を持っているのだろうか。

　このことについて、広井良典は「『つなぐこと』としてのケア」、つまりケアの関係をつくる働きに着目し、ケアとは私たちとコミュニティ、私たちと自然とのつながりを回復させるものであると論じている。図三のとおり、その前提として「人間という存在を理解するための基本的な枠組み」を示し、個人・コミュニティ・自然は階層的な関係にあり、根底には「『スピリチュアリティ』あるいは『深層の時間』とも呼ぶべき層」が存在すると説明する。そして、近代社会以降、市場化・産業化が進展するなかで、個人はコミュニティからも自然からも離れていったが、ケアの可能性として、個人をコミュニティや自然、その根底にある次元につなぎ直すことができるのではないかと提起している。ケアには二つのベクトルがあり、ベクトル㈠は個人が「コミュニティや自然とのつながりを回復すること」、すなわち「一体性・内在性」に向かい、ベクトル㈡は個人や集団を「異質な他者へと『開くこと』」「公共性」に向かうという。[11]ベクトル㈡が向かう関係とは、「独立した個人と個人のつながり」であり、「個人をベースとする公共意識」にもとづく、すべての人に「開かれた」関係である。[12]

また、ミルトン・メイヤロフは『ケアの本質――生きることの意味』において、「ケアすること」は私たちの生活や人生を統合し、より意味あるものにすると唱えている。

一人の人間の生涯の中で考えた場合、ケアすることは、ケアすることを中心として彼の他の諸価値と諸活動を位置づける働きをしている。彼のケアがあらゆるものと関連するがゆえに、その位置づけが総合的な意味を持つとき、彼の生涯には基本的な安定性が生まれる。すなわち、彼は場所を得ないでいたり、自分の場所を絶え間なく求めてただすらっているのではなく、世界の中にあって〝自分の落ち着き場所にいる〟のである。他の人々をケアすることをとおして、他の人々に役立つことによって、その人は自身の生の真の意味を生きているのである。[13]

「ケアすること」を通して、私たちは自分自身の価値観や生活に関する諸活動を意味づけ直し、私たちが生きている世界のなかで「自分の落ち着き場所にいる」[14]ことができる。そして、私たちは自分自身の生活や人生の意味を見出し、私たちらしい生活や人生を生きることができるのである。

これらをふまえれば、ケアとは、私たちとコミュニティや自然との関係性、私たちの生活や人生の意味に深くかかわるものであり、私たちが私たちらしく幸せに生きるためのつながりと場を生み出す可能性を持つものであるといえる。しかし、広井が指摘するように、私たちはコミュニティや自然とのつながりを失いながらも、未だ「独立した個人と個人のつながり」を手に入れることができないまま、「二重の意味での『ケア＝つながり』の喪失の中にいる」[15]のである。

第三節　生活支援体制整備事業の実践にみる増進型地域福祉のエッセンス

二〇二〇年六月に公布された「地域共生社会の実現のための社会福祉法等の一部を改正する法律」によって、「地域共生社会の実現に向けた地域福祉の推進」が法律上明確に位置づけられ、地域福祉はより一層、制度・政策の色合いを帯びることになった。昨今の介護保険制度改正もまた同じ流れのなかにあり、地域住民および地域社会に対する大いなる期待のもと「地域包括ケアシステムの深化・推進」を図ろうとしている。このような地域福祉推進の渦中において、地域住民および地域社会はその主体として実践にかかわり、自らの幸福を実現することができるのだろうか。

本節では、二〇一四年の介護保険制度改正によって創設された生活支援体制整備事業を取り上げ、広島県呉市および滋賀県東近江市における実践事例を読み解きながら、増進型地域福祉のエッセンスを探ってみたい[16]。

第一項　第三層協議体から始めるボトムアップの体制整備（広島県呉市）

呉市は、広島県の南西部に位置し、瀬戸内海に面する陸地部と倉橋島や安芸灘諸島などの島嶼部からなる自然豊かなまちである。明治時代から軍港として発展し、昭和時代には造船、鉄鋼などの重工業によって繁栄した。二〇〇三年から二〇〇五年には近隣八町（下蒲刈町、川尻町、音戸町、倉橋町、蒲刈町、安浦町、豊浜町、豊町）と合併し、二〇一六年には中核市へ移行した[17]。二〇二二年三月末現在、人口二一万二三五九人、世帯数一〇万六七一八世帯、高齢化率三六・〇五%となっている[18]。

呉市の生活支援体制整備事業は、二〇一五年度に呉市社会福祉協議会（以下、呉市社協）が行政から委託を受け、取り組みを開始した。当初から制度の対象外である第三層協議体をベースに事業を展開してきたが、そこには呉市社協の覚悟があり、それぞれの「まちの個性」を大切にしながら「住民さんの声を聞き、住民さんと一緒に汗をかく」やり方で、あくまでもボトムアップで体制整備を推進していると、二〇一八年度から第一層生活支援コーディネーター（以下、第一層SC）を務める近藤吉輝さんは言う。

事業の推進体制として、第一層SC一名、第二層SC五名を配置し、第一層協議体を開催するとともに、第二層および第三層協議体の設置を進めている。SCは、呉市社協の地域福祉課職員が担っている。協議体のエリアについては、第一層は市域、第二層はまちづくり委員会・協議会（以下、まち協）、地区自治会連合会（以下、自治連）、地区社会福祉協議会（以下、地区社協）などの区域（二八地区）、第三層は単位自治会区域（四四二地区）である。二〇二一年度末までに、一五地区で第二層協議体、六五地区で第三層協議体が設置される見通しである。

呉市社協が第三層協議体にフォーカスする理由は、「ボトムアップ」の一言に尽きるが、生活支援体制整備事業は「住民さんが自らの力、個としての力もそうだけど、そこの地域の力でつくっていくもの」であり、SCが「地域独自の文化や伝統を知り、自分から一歩を踏み出そうという住民さんと出会う」ためには、単位自治会区域のような小さな地域が望ましいという。各レベルの協議体の関係については、「三層で出たことを二層で話し合って、二層で出たことを一層で話し合う」ものと位置づけている。第三層協議体や地域活動の実体がないところに第二層協議体をかたちだけ設置したとしても、本当の協議にはならない。「そこのまちの言葉で、住民さんの考え方で、住民さん同士がやりとりする」ためには、その土台となる地域における住民の声や取り組みのリアリティが必要であるという。それは、第二層協議体と第一層協議体の関係についても同様であり、地域のリアリティがないところに「つくる」協議は生まれない。

二〇一六年度から第二層協議体の設置に取り組んでいるが、当初の「既存の地域団体をそのまま二層にスライドさせる」やり方を改め、現在は第三層協議体の鍵となる人たちを中心に、自治連、地区社協、地区民生委員児童委員協議会（以下、民児協）などの主要な地域団体の参加を得ながら、第二層協議体の組織化を進めている。ここでは、第三層協議体における住民の小さな声から第二層協議体が動き始めた事例として、第6地区について紹介する。

第三層協議体「きずな会」は、四つの自治会の集合体である。二〇一四年に常設型サロンを立ち上げ、活動するなかで、サロンの世話人らを中心に「ちょっと気になる人」の存在や高齢者の外出や認知症の問題、子育ての問題などの地域の困りごとへの気づきが生まれた。そこで、第二層SCはこれらの気づきを第二層協議体の場で、サロンの枠組みを越えた地域の課題として協議を重ねていった。結果として、買い物に焦点を当てて取り組むことを決め、地区内の社会福祉法人の協力を得て、二〇一九年に「買い物シャトルバス　きずな号」の活動をスタートさせた。第二層協議体を通して、地区社協、自治連、民児協、社会福祉法人を巻き込みながら、地区全体で情報や思いの共有化を丁寧に行ったことが、「まち全体で応援する」かたちをつくり上げることにつながったという。つまり、第6地区の第二層協議体は、第三層協議体「きずな会」の気づきに耳を傾け、それを自らの課題としてとらえ、話し合うことを通して、地区全体がつながり、協働する関係を築いたといえる。

近藤さんは、協議体を㊀「いかにまちの変化を受け入れるか」、㊁「いかに自分のまちに夢を描くか」、㊂「いかに自分事として考えるか」という三つの切り口でとらえているが、これらの拠りどころとなるのは「まちの個性」であり、「そのまちらしさ」である。協議体のなかで「そのまちらしさ」を共有し、その実現を目指して話し合いを進める時、それぞれ考え方に違いはあっても住民たちはバラバラになることはなく、「まちの一員」としてつながることができるという。「自分の、そして地域の将来を描けるかというところ」を大切にしながら、第一層SCとして、呉市社協として地域福祉を推進していきたいと話してくれた。

第二項　体制整備による地域づくりの深化（滋賀県東近江市）

東近江市は、滋賀県の南東部に位置し、東は鈴鹿山脈、西は琵琶湖に面しており、市内を流れる愛知川と日野川の流域には平地や丘陵地が広がり、緑豊かな田園地帯を形成している。日本最古の歌集「万葉集」に詠われ、古くから交通の要衝として栄えてきた。二〇〇五年に一市四町（八日市市、永源寺町、五個荘町、愛東町、湖東町）が合併し、東近江市が誕生した。翌年には能登川町および蒲生町と合併し、現在の姿になった[19]。二〇二二年四月一日現在、人口一一万二六二三人、世帯数四万五九四四世帯、高齢化率二七・〇五％となっている[20]。

東近江市の生活支援体制整備事業について、二〇一六年度から二〇二〇年度まで第一層ＳＣを務めた中西知史さんと二〇二一年度から第一層ＳＣを務める谷和之さんにお話を伺った。二〇一六年度に東近江市社会福祉協議会（以下、東近江市社協）が行政から委託を受けて、「新しい地域支援事業を考える会」を立ち上げ、方向性を話し合うところからスタートした。「サービスづくりではなく、地域づくりをする」ことを念頭に置き、これまでの住民主体の地域づくりをベースとしながら、そのなかで明らかとなった課題を市全体で取り組むこと、福祉の枠組みを越えて多様な主体を巻き込むことを事業のねらいに決めた。「誰もが、支援が必要かどうかに関わらず、可能な限り自立して心豊かに暮らし続けることができる地域づくりを進める」ことを目的に掲げ、課題の解決だけでなく「心豊かな暮らしをつくる」こと、その原動力となる「生きがい」や「やりがい」を重視して体制整備を推進している。

事業の推進体制として、第一層ＳＣ（地域支え合いコーディネーター）一名を配置し、第一層協議体を運営しながら、第二層協議体および第二層ＳＣ（地域支え合い推進員）の設置を進めている。第一層ＳＣは東近江市社協の地域福祉課職員が担っており、実際には担当者二名体制をとっていたが、二〇二一年度からは担当チーム五名体制で取り組んでいる。第二層ＳＣの設置や選出については第二層協議体で話し合って決めるため、第二層ＳＣ

は住民、NPO法人の職員、社会福祉法人の職員など、地区ごとで異なる。協議体のエリアは、第一層は市域、第二層は地区社協、まち協、自治連などの区域（一四地区）である。第三層は単位自治会区域が該当するが、あえて協議体は設置せず、小地域と位置づけている（図四）。二〇二一年度までに、一一地区で第二層協議体が設置されており、残り三地区についても設置の見通しが立っている。

当初から「一四地区すべてに第二層協議体はある」という認識のもと体制整備を展開してきたが、東近江市社協は従来から地区を単位とした地域づくりに力を入れており、二〇一二年度から策定する地区住民福祉活動計画を軸として、地区社協、まち協、自治連ほかさまざまな地域団体と専門職の連携・協働、見守り、居場所づくり、生活支援などの小地域や地区の助け合い活動を積極的に推進してきた[21]。二〇一六年度からは地区ボランティアセンターの設置を進め、地域づくりの実践の場を広げている。各地区には地区担当ワーカーを配置しており、第一層SCおよび第二層SCと連携して体制整備に取り組んでいる。

このような地区の地域づくりを土台として、二〇一七年度から第二層協議体の設置を進めている。第一層SCおよび地区担当ワーカーは「第二層協議体の設置」という結論ありきではなく、地区における地域づくりのあり方をあらためて見直す機会となるように、各地区の実情をふまえて丁寧に働きかけを行っている。前述のとおり、各地区の地域づくりは地区住民福祉活動計画を軸に進められているが、二〇一二年度に地区計画を策定してから一〇年が経過しており、地区計画を推進する地区住民福祉活動計画推進会議の状況も変化している。そこで、第一層SCおよび地区担当ワーカーは推進会議メンバーの交代や高齢化、地域そのものの変化など、各地区の実情をふまえながら、「この地区に必要な話し合いの場とは、どのようなところか」ということについて、地区社協、まち協、自治連などの主要な地域団体と話し合いを重ねている。その結果、推進会議で話し合ったことを進める場として第二層協議体の設置を決めた地区、第二層協議体の設置を契機としてバラバラになっていた地域団体が

図四　東近江市における協議体と地域支え合いコーディネーターのイメージ

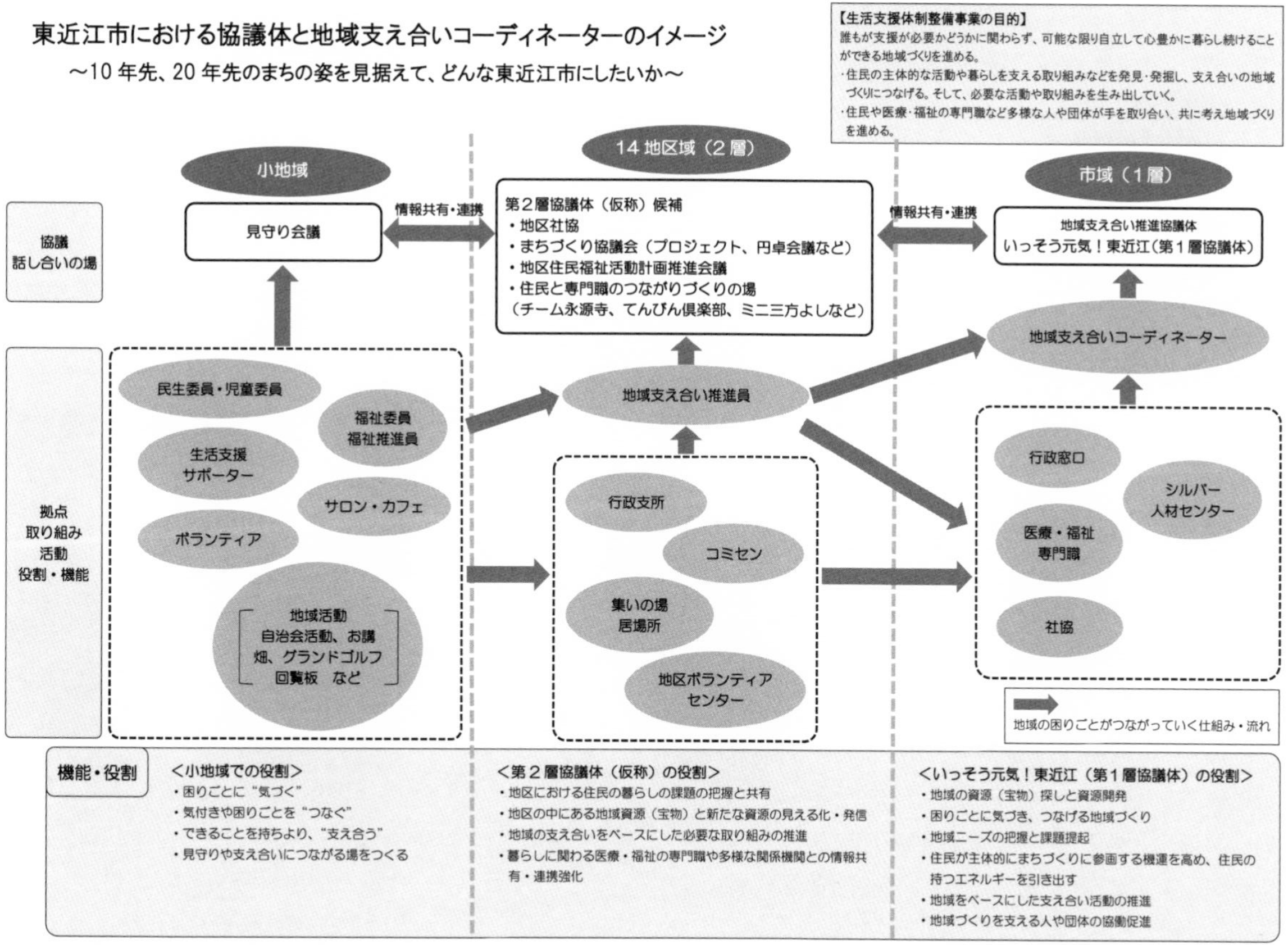

【出所】東近江市社会福祉協議会作成。

結束した地区や地域団体と社会福祉法人の連携を強化した地区など、地区における地域づくりに新たな動きが生まれているという。

第二層協議体では、「自分たちがどんな地域で暮らしたいか」という理想を描くところから始め、住民や専門職、NPO、生協、農協、地元の商店などの多様な主体が新たなつながりを築きながら、「ワイワイガヤガヤの雰囲気」で話し合いの場を運営している。そこでは、地区の課題よりも宝物、地域資源に焦点を当てて地域づくりを進めており、最初の取り組みとして、第二層SCを中心に「地域のお宝冊子」を作成した。地区にあるサロンやカフェ、趣味の会などの集いの場、困った時に役立つ商店や事業所などの地域資源を共有化しようという試みである。完成した冊子は、内容はもとよりデザインにも工夫が施され、地区の個性が光る[22]。

第一層協議体「いっそう元気！東近江」もまた二〇一七年度に設置され、生活支援サポーター、民生委員などの支援を担う住民、医療・福祉の専門職、生協、JA女性部、行政、社協などで構成されている。そのネーミングどおり「地域を元気にしていく話し合いの場」として、市全体にかかわる課題の解決と地域づくりを支える人や組織のネットワークづくりを進めている。具体的には、三つのプロジェクト「暮らしを豊かにするための外出支援プロジェクト」「住民と医療・福祉の専門職がつながるプロジェクト」「農で活躍プロジェクト」に取り組んでいる。紙幅の都合上、各プロジェクトの詳細を紹介することはできないが、東近江市の第一層協議体は単なる話し合いで終わらず、実際に実践をしているところに特徴がある。そのプロセスは楽しいものであり、「話し合ってても本当に楽しいので、怖い顔をした行政職員さんも最後は笑顔で帰りはる」という。現在、これらのプロジェクトを通して、第二層協議体をバックアップするためのツールづくりを進めている。

第四節　地域包括ケアシステムと増進型地域福祉の展開

第一項　幸福を実現する「ケアによる地域づくり」

結論から言えば、呉市および東近江市における生活支援体制整備事業の実践は、まさに増進型地域福祉の実践にほかならない。このことについて、増進型地域福祉の五つの特性をふまえながら、さらに理解を深めてみたい。小野達也が第一章に示すとおり、増進型地域福祉の特性は、㊀「理想、幸福という高いレベル」を目指す、㊁「目的実現型のアプローチを基本とする」、㊂「対話を基礎に進めていく」、㊃「目的を達成するための過程の取り組み、プロセスも同等の重みを持っている」、㊄「個人の幸せと地域社会の幸せの両方を統合的に目指す」ところにある。

呉市の実践事例では、「そのまちらしさ」をいかに見出し、つくっていくかという地域社会の幸福を目指したアプローチが特徴的であるが〈特性㊀㊁〉、そのプロセスを「そこのまちの言葉で、住民さんの考え方で、住民さん同士がやりとりする」やり方で進めていくことによって〈特性㊂㊃〉、支援を担う地域住民が支援を要する地域住民に気づき、ともに「まちの一員」としてつながるチャンスを生み出している。それは、特性㊄の「個人の幸せと地域社会の幸せ」を統合的に目指すことにつながる。そして、「三層で出たことを二層で話し合って、二層で出たことを一層で話し合う」協議体のあり方は、「住民さんの一つの声から呉の市政を動かす」ことを可能にする〈特性㊂㊄〉。

東近江市の実践事例では、これまで積み重ねてきた住民主体の地域づくりを土台として、課題の解決だけでなく「心豊かな暮らしをつくる」ことを目指して体制整備を推進しているが〈特性㊀㊁㊄〉、何よりも協議体に活気があること、「ワイワイガヤガヤの雰囲気」が特徴的である〈特性㊂㊃〉。第一層協議体「いっそう元気！東近江」は、話し合いの場の域を超え、独自のプロジェクトに取り組みながら、市全体の地域づくりを進めている。また、各地区では、第二層協議体の設置を契機として、「自分たちがどんな地域で暮らしたいか」という問いを出発点に、新たなつながり、新たな取り組みを生み出している。

さらに、第二節第二項の考察をふまえて、これらの実践をケアとコミュニティの可能性からとらえ直してみると、「ケアすること」および「ケアをつくること」によって地域住民がつながり、一人ひとりが幸せに生きることができる地域社会をつくっていく、すなわち「ケアによる地域づくり」の実践であるといえるのではないか。「ケアすること」は、支援を要する地域住民と支援を担う地域住民、地域住民と専門職、地域の多様な主体のつながりを生み出すとともに、ケアの場である地域社会とのつながりをつくり出す。「ケアをつくること」は、地域住民や専門職、地域の多様な主体が話し合い、協働する関係を生み出すとともに、すべての地域住民が心豊かに、幸せに暮らすことができる地域社会の理想の姿を描き出す。つまり、「ケアによる地域づくり」とは、ケアを基盤として、地域社会に新たなつながりを生み出し、理想、幸福を実現することを目指すアプローチであるといえる。

第二項　増進型地域包括ケアシステムへの転換

第一節のとおり、地域包括ケアシステムは、高齢者ケアに関する保健・医療・福祉の連携体制を超えて、「多様な主体による多様なサービス」や「地域の支え合いの体制」を組み込みながら、「地域共生社会の実現」を目指すものへと発展してきた。このようなケア政策の進展のなかで、地域住民および地域社会はケアの担い手という政策の期待を背負いながらも、自らケアを担い、その取り組みを通して、新しいケアのあり方、そして新しいコミュニティのあり方を模索している。

そこで求められるのが、増進型地域包括ケアシステムへの転換である。それは、地域住民および地域社会が主体としてケアにかかわり、自らの幸福を実現することができる、すなわち「一人ひとりの幸せと地域の幸せをともに生み出す福祉」（小野達也：第一章）を目指す地域包括ケアシステムである。ここで言う「主体としてケアにかかわる」とは、ケアを提供することだけでなく、ケアを受容することを含めてとらえており、すべての地域住民のかかわりを指している。

また、増進型地域包括ケアシステムへの転換は、「コミュニティによるケア」（care by the community）から「ケアによる地域づくり」（community development by caring）への転換ととらえることもできる。

「コミュニティによるケア」については、岡村重夫の『地域福祉論』に遡ることができる。岡村は一九六〇～七〇年代当時における新しい社会福祉の概念として「コミュニティ・ケア」を取り上げ、「地域組織化活動」および「予防的社会福祉」と併せて地域福祉の構成要素に位置づけるとともに、その基盤となるコミュニティのあり方として「福祉コミュニティ」を提唱した。「コミュニティ・ケア」とは、単なる「コミュニティにおけるケア」（care in the community）ではなく、「社会的不利条件をもつ少数者の特殊条件に関心をもち、これらのひとびとを中心として『同一性の感情』をもって結ばれる」という意味において、能動的な「コミュニティによるケア」を意図していた[23]。それから四〇年後、原田正樹は岩間伸之とともにソーシャルワークおよび地域福祉の実践モデルとして「地域を基盤としたソーシャルワーク」と「地域福祉の基盤づくり」からなる「地域福祉援助」を提示し、後者の目的として「共に生き、相互に支えあうことができる地域」、すなわち「ケアリングコミュニティ」（caring community）の構築を掲げている[24]。

「ケアによる地域づくり」は、「福祉コミュニティ」や「ケアリングコミュニティ」が目指してきた生活課題や地域課題の解決ではなく、理想や幸福の実現を目的とする点でより積極的な地域福祉を目指している。地域住民および地域社会は生活課題や地域課題を解決するために支え合い、助け合うのではなく、自らの幸福を実現するためにつながり、協働する。すべての地域住民が主体としてケアにかかわることを通して、地域社会に新たなつながり、新たな取り組み、そして新たな価値観を生み出し、一人ひとりが幸せに生きることができる地域社会をつくっていくことを目指す。

おわりに

二〇二一年一〇月、東近江市では第二層協議体の交流会を開催した。第一層SCの谷さんらは、多くの第二層協議体が「地域のお宝冊子」の次の展開に悩む様子をとらえ、これからの第二層協議体のあり方を見出そうと、各地区の取り組みを共有する機会を企画した。コロナ禍ということもあり、各地区のコミュニティセンターをZOOMでつなぎ、オンラインミーティングを実施した。話題提供として八日市地区の第二層協議体「まちつなぎ八日市」に取り組み状況を話してもらったところ、「第二層協議体はまちをつないでいくということを発信していく場」の考え方に参加者一同が共感した。「活動も大事やけど、いかに気持ちとか、思いを広げていくか。どうやって、話し合いの場にいろんな人に参加してもらうか。第二層協議体の〝本質〟をみんなで確かめることができた」という。第二層協議体の本質とは、「心豊かな暮らしをつくる」ことを目指して多様な主体が新たなつながりを築くことであり、そこには増進型地域福祉の息吹が宿る。

呉市および東近江市における生活支援体制整備事業の実践にみるとおり、すでに現実として増進型地域福祉のエッセンスが輝く実践がさまざまに展開されている。ケアを基盤として地域社会に新たなつながりを生み出し、理想、幸福を実現する「ケアによる地域づくり」の実践は、これまでの地域包括ケアシステムを増進型へと転換し、地域住民自らが描く「地域共生社会の実現」を促進する可能性に開かれている。そして同時に、「ケアによる地域づくり」の実践のなかで、私たちは主体としてケアにかかわることよって、多様で異質な人びととのつながり、コミュニティや自然とのつながりを新たに築きながら、ともに幸せに生きるための地域社会を創造していく可能性に開かれている。

註

1　小野達也（二〇一四）『対話的行為を基礎とした地域福祉の実践――「主体－主体」関係をきずく』ミネルヴァ書房、三一頁。

2　山口昇（二〇一二）「地域包括ケアのスタートと展開」高橋紘士編『地域包括ケアシステム』オーム社、一二～三七頁。御調町は当時、御調郡に属していたが、二〇〇五年に尾道市と合併し、現在に至る。また、御調国保病院は一九八四年に公立みつぎ総合病院に名称変更している。

3　介護保険制度における地域包括ケアシステムの変遷については、厚生労働省が作成した資料やホームページを参考に整理した。

4　厚生労働省老健局（二〇一八）「介護予防・日常生活支援総合事業のガイドライン」。

5　広井良典（二〇一三）「いま『ケア』を考えることの意味」広井良典編著『ケアとは何だろうか――領域の壁を越えて』ミネルヴァ書房、九～一二頁。

6　広井良典（二〇〇九）『コミュニティを問いなおす――つながり・都市・日本社会の未来』筑摩書房、一五九頁。

7　小野達也（二〇一四）三〇～三二頁。

8　広井良典（二〇〇一）『定常型社会――新しい「豊かさ」の構想』岩波書店、一四二～一四六頁。

9　広井良典（二〇一三）六頁。

10　広井良典（二〇一三）二頁。

11 広井良典（二〇一三）二六〜二九頁。
12 広井良典（二〇〇九）一五〜一六頁。
13 ミルトン・メイヤロフ（一九七一＝一九八七）田村真・向野宣之訳『ケアの本質――生きることの意味』ゆみる出版、一五頁。
14 訳者の田村真と向野宣之は、「訳者あとがき」において、「自分の落ち着き場所にいる」とは「静かな回心」「世界との和解」「世界における主体性の回復」と言うことができ、ケアとは「世界と自己とを再構築しよう」とする試みであると解説している。ミルトン・メイヤロフ（一九七一＝一九八七）二三二〜二三六頁。
15 広井良典（二〇一三）二九頁。
16 呉市および東近江市における生活支援体制整備事業に関する調査は、日本地域福祉学会研究倫理規程を遵守して実施した。調査協力者に対して、研究の意義・目的・方法、個人情報の保護、データの取り扱い、結果の公表などについて口頭および書面で説明し、同意を得た。また、本調査は、各市社会福祉協議会に所属する第一層SCを調査協力者として、半構造化面接法によるインタビュー調査を実施した。どちらも二〇二一年一二月に実施した。
17 呉市（二〇二一）『第五次呉市長期総合計画　令和三年度〜令和一二年度（二〇二一〜二〇三〇）』、四〜五頁。
18 呉市（二〇二二）「人口データ（住民基本台帳）　令和四年三月末日」（https://www.city.kure.lg.jp/soshiki/36/people.html, 二〇二二年五月一日取得）。
19 東近江市（二〇一〇）「東近江市について」（http://www.city. higashiomi. shiga. jp/category/2-1-20-0-0.html, 二〇二二年五月一日取得）。
20 東近江市（二〇二二）「市の人口動態（町別・年齢別・支所別人口統計表）　令和四年四月」（http://www.city.higashiomi.shiga.jp/0000006430. html, 二〇二二年五月一日取得）。
21 東近江市地域福祉活動計画は、住民の参加・参画にもとづくボトムアップ方式で策定されており、一四地区の地区住民福祉活動計画はその根幹に位置づけられる。地区を単位とした地域づくりの実際については、次の拙稿を参照されたい。渡辺晴子（二〇一八）「コミュニティワーク実践における住民とコミュニティワーカーのコミュニケーションプロセス」『広島国際大学医療福祉学科紀要』一四、四五〜五九頁。
22 東近江市社会福祉協議会（二〇二二）「地域のお宝冊子」

(http://www.higashiomi-shakyo.or.jp/tiki_fukushi/,二〇二二年五月一日取得)。

23　岡村重夫（一九七四）『地域福祉論』光生館、四一～六四頁、六五～七一頁。

24　岩間伸之・原田正樹（二〇一二）『地域福祉援助をつかむ』有斐閣、一三八～一四八頁。

〈参考文献〉

広井良典（一九九七）『ケアを問いなおす――〈深層の時間〉と高齢化社会』筑摩書房
広井良典（二〇〇〇）『ケア学――越境するケアへ』医学書院
大橋謙策編著（二〇一四）『ケアとコミュニティ――福祉・地域・まちづくり』ミネルヴァ書房
太田貞司・森本佳樹編著（二〇一一）『地域包括ケアシステム――その考え方と課題』光生館

第一〇章　増進型地域福祉と居住福祉

石川久仁子

第一節　はじめに――地域福祉と居住困窮

社会福祉に関わる近年の政策動向において地域福祉への期待がますます高まっている。二〇一八年の社会福祉法改正においても地域共生社会の実現が明確に位置づけられ、地域福祉の推進に向けての福祉関係者および何より地域住民の参加、支えあいがより求められている。

その背景には地域社会における複合的かつ多様な生活課題の積み重なりに既存の福祉システムや地域福祉実践が対応できていない現状がある。高齢者、障害者、児童福祉分野という縦割りを越えた重層的、包括的な支援体制づくりが進められているが、これらの動きのなかで実は手薄になっている課題がある。住まいをめぐる問題である。

福祉は幸福を意味し、地域福祉は地域で生活する人々の幸福、地域そのものの幸福を目指す学問・実践であろう。かつてはWelfare（良い暮らし）を指していたが、今日的にはWell-being（良い生存）が用いられている。加藤博史は福祉の原理について検討するにあたり、福祉はWelfare（生活の充実）とWell-being（生き方の充実）を目的としていると説明し、その両者の統合が重要だとしている。[1] そして、小野達也は当事者本人や住民、専門職らとの対話的行為を通じ、より理想的な目的の実現を目指した増進型地域福祉という新しい地域福祉のあり方を提唱している。[2]

しかし、そもそも地域福祉研究において不安定な生活環境下で暮らさざるをえない居住困窮についてどれだけ議論をしてきたのであろうか。安心して暮らすことのできる住まいがなければWelfare（良い暮らし）もWell-being（良い生存）も実現できない。ハードのあり方はソフトに多大な影響を与える。

かつて〝夢のマイホーム〟という言葉があったように住宅は幸福の象徴であり、現在も暮らしの器、そして幸せの器である。本来、住宅は社会的インフラストラクチャーであり、共同社会の生活を持続させるための基礎的条件だが、[3] 日本においては持ち家政策のもと、住宅は私的使用財とされ、道路、上下水道、鉄道の整備には巨額の公的資金が投入された一方で、低所得者向けの公営住宅など限られた政策が展開されてきた。

本章では、これまで地域福祉に関わる政策および実践においてもあまり問われることのなかった居住福祉という概念について紹介する。その上で、人々が暮らす場におけるWelfareとWell-beingを実現するために、何が必要なのかについて検討する。

第二節　居住福祉とは

第一項　地域福祉と居住福祉

誰もが自分らしく生きることのできる社会をめざす地域福祉において、そもそも生きる拠点である居住が安定していることや、幸福を生み出すような居住環境づくりは重要である。では、そもそも居住とは何であろうか。

〈ハード面〉
㊀　住まい
㊁　生活共同利用施設等々の生活空間
〈ソフト面〉
㊀　社会関係
㊁　意識（生活態度、生活満足度、生き甲斐など）
㊂　生活の継続性と安定性

これらが望ましい状態であること＝居住福祉

図一　居住の構成要素

（右田　二〇一三）をもとに筆者作成

なぜ住宅にとどまらないのであろうか。

右田紀久恵は「住いは人が主（あるじ）である」ことを原点に据えた居住福祉の概念と「地域は生活の拠点」であるとみる「地域福祉」は、ともに人間としての生活原理に立脚しており同根の原理・思想であると指摘する。居住とは「人間が生活主体・権利主体・生存主体として地域で生活する場と空間」であり「生活の場において、その営みが機能的・構造的にwell-beingの状態にあること」が「居住福祉」であると説明している。「人間が生活主体・権利主体・生存主体として地域で生活する場と空間」は、個人の住宅だけでなく、グループホーム等の共同生活の場や共同利用施設、生活につながる地域環境など公共空間も含んでいる。そして、生活の場と空間はハードだけでなくソフト面も重要である。その人が持つ社会関係や意識、地域生活の継続性も含んだ時間のあり方も居住の構成要素である。右田はこれらの要素がWell-beingな状態であること、すなわち保障性や安全性、利便性、快適性などが備わっていることが重要だとした。[4]

第二項　早川和男による「居住福祉」の提唱

居住福祉は、日本人の住まいがよくならないのはなぜなのかを研究してきた建築学の研究者である早川和男と、社会福祉学の研究者である一番ケ瀬康子との議論のなかでうまれた学際的な概念であり、かつ実践である。[5]

早川による「居住福祉」は、「空間価値論」にその基盤があるといわれている。早川は激化する都市開発のなかで、土地と空間の利用をめぐって地域住民、企業、自治体、国家の間の激しい対立抗争が繰り広げられたことに着目した。誰のために、何のために役立つのかという価値論的側面をおきざりに市場原理に基づきフィジカルな計画がなされていることの矛盾を指摘した。[6] 人間らしい生活空間をいかに創造するのかという「空間価値論」を基盤に、その後住宅問題を解決する公共政策について社会的発言を展開していく。

一九七九年に出版された『住宅貧乏物語』では、早川は社会政策を問い、過密住居の影響や一人暮らし高齢者や女性、障害者など社会的弱者へのしわ寄せの例として様々な事例を紹介している。人間が人間にふさわしい住居に住むことは基本的人権であり文化の基礎であるとした。在宅福祉という言葉さえもまだまだ一般化していない時代において、福祉の実現にあたってその人が生活する住まいや生活環境の重要性をとき、都市政策における居住の質軽視を厳しく批判した。[7]

早川は一九七八年、建設省建築研究所から神戸大学工学部に着任したが、当時神戸市では宮崎辰雄市長による、都市経営が展開されていた。山を削り、海を埋め立てる都市開発に対し、早川は手厳しかった。「生活空間を営利空間に変える」政策であり、阪神淡路大震災の被害は、震度七を土台としてその上につくられた「行政災害」と断罪した。

第三項　災害と居住福祉

災害は人々に日々の生活、そして街の日常の基本が住まいおよび居住環境にあることを教えてくれる。早川は、阪神淡路大震災を居住権侵害の典型と述べている。犠牲者の八割は建物の倒壊による圧死・窒息死、火災から逃れることができなかったゆえの焼死などであり、木造長屋や文化住宅などの老朽化住宅が多い地域での被害が目立った。高齢者や障害者、生活保護受給者など普段から居住差別をうけている人ほど被害が大きかった。人々の命が住宅によって守られ、そして復興のためにも良質な住まいの再建が求められたが様々な問題がおこった[8]。

本来、国や地方自治体による復興事業においてはまず被災者の実情にあわせた生活再建施策が最優先で行われるべきである。が、実際の復興事業において神戸空港や地下鉄湾岸線建設といった交通や建物、再開発事業が優先された。住宅復興については避難所・応急仮設住宅・復興公営住宅という三段階の復興策がとられたが、弱者優先策のため入居当初から高齢世帯の割合が高く、元の居住地から離れていたり、コミュニティが分断されたことを背景に孤立死がおこるなど課題がのこった。塩崎賢明はこのような現象を「復興災害」と呼び、東日本大震災においても繰り返されていると指摘している[9]。

政策によって引きおこされる「復興災害」は自治体のあり方と連動する。例えば震災から二〇年以上経過した二〇一六年に神戸市と西宮市の借り上げ公営住宅をめぐって立ち退き訴訟がおこった。しかし、同じ借り上げ公営住宅であっても伊丹市と宝塚市は希望者全員の継続入居を認めた一方、神戸市が①八五歳以上、②要介護三以上、③重度障害者のみ継続入居を認め、西宮市は全員退去と判断が分かれた[10]。

早川は『住宅貧乏物語』の終章において「わたしたちは、人間の尊厳を傷つける住居にすまわされているという現実をもっと認識すべきてはないか。そのためにも、居住空間の貧困が人間として生きる権利を奪っている事実を、みんなが認識していかねばならない」と述べている。住まいはWell-being の前提となる。

では人間の尊厳を守り、地域の文化を育むような住まいや生活環境をどのように実現していくのか。これにあたっての二つの方策が存在している。一つは日本国憲法第一三条および第二五条の幸福追求権および生存権にもとづく〝居住保障〟である。そしてもう一つは居住困窮に寄り添いながら共に生きる幸福をつくろうとする居住福祉資源を形成する取り組みである。これは憲法第一二条の自由及び権利を保持する国民の不断の努力にもとづ

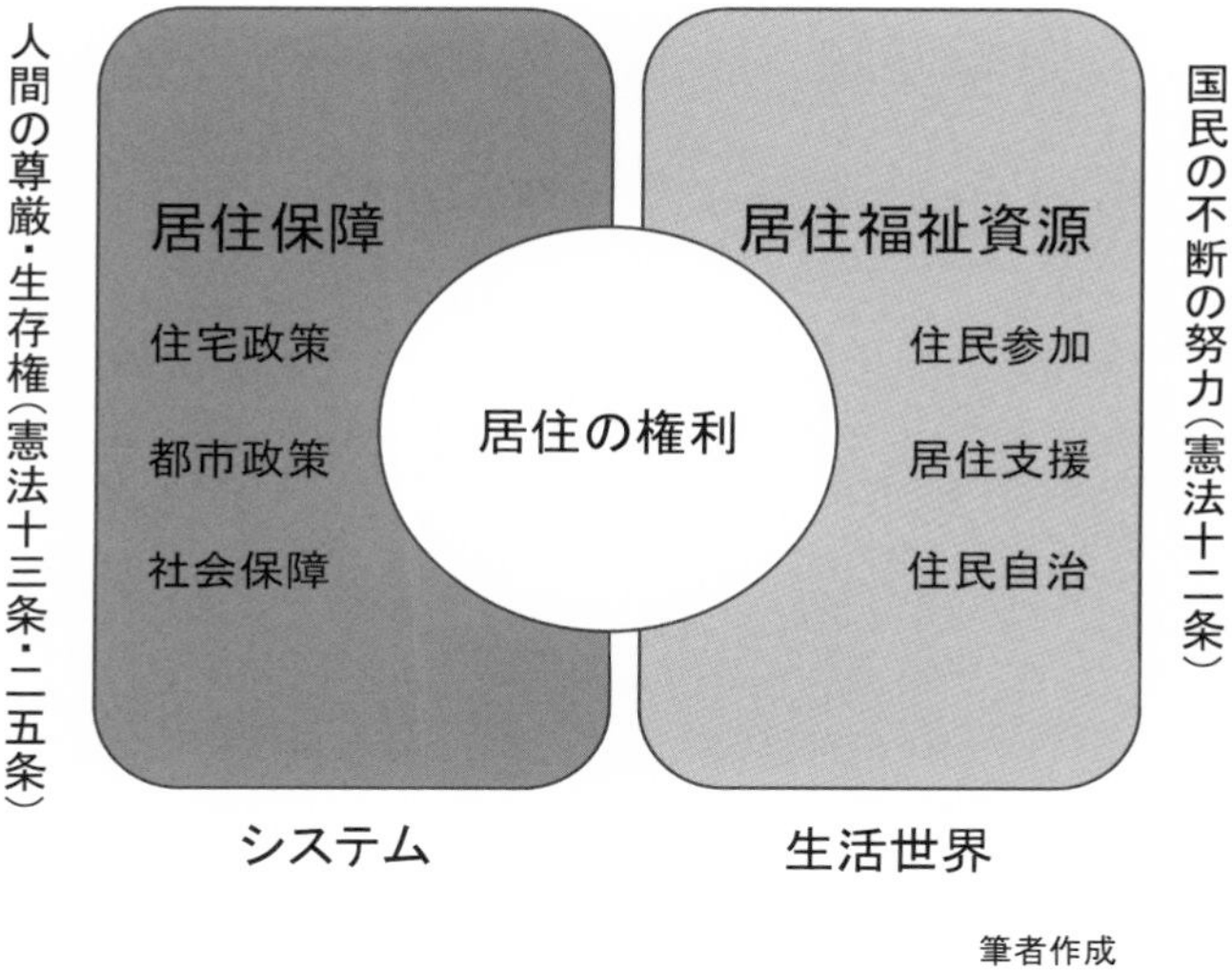

図二　居住保障と居住福祉

く実践ともいえるかもしれない（図二）。以下、それぞれ節をわけてその内容について概観する。

第三節　居住保障と居住福祉

第一項　住宅政策と福祉政策の狭間

居住保障といっても、どのような居住困窮に対して、誰がどのような手法で住宅を確保・維持するのか。まず住民自身がローンを組んで家を持つのか、自治体が公営住宅を建設し、募集条件にそった住民が入居するのか、社会福祉法人が運営する福祉施設での居住なのか、様々なパターンが存在する。

居住をめぐる問題はハード面とソフト面の両方を含んでいるため、住宅政策と福祉政策の狭間におかれてきたが、原則としては持ち家政策がとられてきた。多額の借金で購入したとしても〝夢のマイホーム〟を購入することがすなわち〝幸福〟だった。持ち家は「住まいの改善と安定」をもたらし、定年退職後に「家賃支出の回避」をする「私的社会保障」でもあった[11]。その上で、住宅に関わる政策は国土交通省の、福祉に関わる政策は厚生労働省の所管のもと展開されてきた。

まず、住宅行政においては戦後の住宅難を背景に、住宅建設計画法のもといわゆる公庫・公営・公団の三本柱での住宅供給が目指された。一九五一年、公営住宅法が公布され、公的資金によって計画的な住宅建設が開始、郊外に大規模なニュータウンが開発されていった。これらの中に公営住宅団地も含まれており、大都市の勤労者世帯の受け皿ともなった。

その一方、福祉行政としての住宅困窮者、というよりも自立困難な生活困窮者に対する支援は、低所得者に対する救護施設や児童福祉施設、障害者施設での収容保護が展開された。一九七一年に「社会福祉施設緊急整備五カ年計画」が策定され、一九七〇年代に施設数は大きく増加した。各種の社会福祉施設がこれにあたるだろう。居宅での自立生活が見込まれる困窮者に対しては生活保護法による住宅扶助が適用された。

これらの政策はどこまで人々の Well-being に貢献したのか。住まいを必要とするニーズに対応する公営住宅および社会福祉施設は、建設数の不足および福祉施設の居住面積や収容人数など課題はありつつも、ともかく最低限の生活保障するという Welfare としての一定機能は果たしていたのではないかと思われる。持ち家政策であっても高度経済成長および好景気が税収および個々人の住宅ローンの支払い能力を支えていた側面もあるかもしれない。しかし、一九九〇年代に入ると日本経済が停滞しはじめるとともにシステム不全がみられるようになった。ホームレス問題である。

第二項　住宅セーフティネット法の登場

一九九〇年代半ば以降、全国的に路上生活者が増加し、夜回り、炊き出しを基本とした支援活動が行われるようになった。これらの問題に対して、国は二〇〇二年に一〇年の時限立法として「ホームレスの自立の支援等に関する特別措置法」を制定する。全国調査と基本方針の策定を国に義務付け、一時宿泊や巡回相談などを実施、ホームレス数は年々減少していった。

一方、住宅行政における居住困窮への対応も二〇〇〇年以降、大きく変化する。民間賃貸住宅の空き家の増加を背景に二〇〇七年成立した「住宅確保要配慮者に対する賃貸住宅の供給の促進に関する法律（以下住宅セーフティネット法）」である。二〇〇六年に定められた住生活基本計画法において、それまで住宅行政による居住保障策として進められてきた公営住宅およびUR住宅などの公的な賃貸住宅に加え、民間賃貸住宅の円滑な入居促進策が住宅セーフティネットとして位置づけられた。この法律では、入居拒否などにあいやすい人々、例えば低所得者・被災者・高齢者・障害者・子育て世帯らを住宅確保要配慮者と名付け、不動産関係団体と社会福祉団体などの居住支援団体、地方公共団体が連携して、支援をおこなう居住支援協議会を各自治体ごとに立ち上げることが謳われている。

さらに、二〇一七年、住宅セーフティネット法が改正された。この改定により㈠住宅確保要配慮者の入居を拒まない住宅（セーフティネット住宅）の登録制度、㈡登録された改修費の支援とともに住宅確保要配慮者が入居しやすくなるために家賃・家賃債務保証料の低廉化策、㈢住宅確保要配慮者の入居相談をおこなったり、入居後の見守りサービスなどをおこなう居住支援法人が創設された。不動産会社、福祉系企業、NPO法人、社会福祉法人など多様な主体が所在都道府県の指定を受けており、その合計数は二〇二一年一二月時点で四一五法人であり、増加をつづけている。

この新たな住宅セーフティネット政策が生み出した居住支援協議会と居住支援法人という仕組みは、これまで連動してこなかった福祉と住宅の政策および実践をつなげようとするもので画期的とも思われる。これまで低所得者に対し民間賃貸住宅を仲介してきた不動産業者やホームレスなど民間居住支援団体、社会福祉施設を運営する社会福祉法人も居住支援法人として事業を展開している。

しかし、課題も多い。まず、住宅と福祉、行政と民間事業者をつなぐ市町村居住支援協議会の結成数が住宅セ

表一　社会保障としての住宅施策

		政策手段			
		現物給付			現金給付
		市場環境整備・市場誘導	住宅供給	福祉施設などの供給	
主な施策対象	低額所得者	新たな住宅セーフティネット制度（①住宅確保要配慮者の入居を拒まない賃貸住宅の登録制度、②登録住宅の改修か入居者への経済的な支援、③住宅確保要配慮者に対する居住支援）	公営住宅制度	無料低額宿泊所	生活保護（住宅扶助）
	特定のニーズへの対応		公的賃貸住宅（地域優良賃貸住宅など）	生活困窮者自立支援制度（一時生活支援事業）／社会福祉施設（特別養護老人ホーム、グループホームなど）	生活困窮者自立支援制度（住居確保給付金）

（阪東　二〇二一）

ーフティネット法成立から一五年経過しているにも関わらず七二市区町村とまだまだ限定的である。居住支援法人についても設立数は都道府県ごとで差が激しく、その活動内容の相違も大きい。「民間市場」で適正な住宅を確保できない人々を「民間市場」で支援しようとしているところに矛盾があり、居住支援法人も優れた実践もあるものの居住についての公的責任を曖昧にするところがあるという指摘もある。[12]

第三項　いま求められる居住保障

今後の居住保障のあり方を考えるうえで重要な点が二つある。まず、公的保障のあり方の再検討だ。阪東美智子は居住保障を社会保障としての住宅政策として捉え、主な施策対象と政策手段の観点から既存の制度を整理している（表一）。主だった住宅政策は国土交通省による「現物給付」と先に見た住宅セーフティネットを代表とする「市場誘導」、厚生労働省によるものとしては「施設給付」といった住まいそのものの供給が主であるが、現金給付、家賃補助制度の必要性に言及している。[13]

家賃補助制度といった新たな制度の創設以外には生活保護制度やセーフティネット機能の高い救護施設、養護老人ホームなど既存の制度の活用である。近年その役割が再注目されているが、措置控えなどにより十分に活用されているとはいえない[14]。既存の公的保障制度を機能させることが重要だ。

二つめは居住保障における公民連携・地域連携である。ガバナンス時代において、セーフティネットを公にすべて依存するということは考えにくく、新たな住宅セーフティネットはまさに民間市場および社会福祉法人やNPOなど民間非営利組織との連携を前提としている[15]。既存の住宅政策と福祉政策の狭間で居住困窮にある人を民間支援団体や民間事業者が支えている実態がある。

居住をめぐるWell-beingの実現には共同の力が必要である。次節においては地域の中で人と人とのつながりを再生しながら、居住困窮に陥った人々を助ける居住福祉資源について紹介する。

第四節　居住福祉資源と地域福祉

第一項　ともにゆたかに暮らすための装置としての居住福祉資源

居住福祉にしても、地域福祉にしてもその目指すところに「誰もが暮らしやすい社会」がある。前提として一人ひとりの暮らしを守る住まいと、暮らしの質を向上させるような居住環境づくりが求められる。まちには人々が集まって住むための公共的な機能をもつさまざまな装置が必要だ。

居住福祉にしても、そのような資源を社会が保障していくのと同時に一人ひとりがそのような資源をつくる力をもっていると考える。たとえ居住困窮に陥っていたとしても本来人間は主体的、能動的存在であるという人間観がある。早川は人間と環境の相互関係について以下のように説明している。

「人間は、環境のもつ意義に目覚め、環境と対話し、環境に働きかけ、環境を守ったり変える中で環境の価値にたいする自らの認識も変わり深まり、そうしてつくられた新しい環境が人間の生活の質向上に寄与していく、という環境と人間の間の相互関係がある、と思う[16]」

早川は居住福祉資源という考え方を提唱している。人の暮らしは、フローとストック、すなわち賃金、社会保障、医療・福祉サービスなどといったフローと、住宅・居住地・地域・都市などの居住環境のストックで支えられている。居住福祉ではこのストックを重視する。人々の健康や生きがい、暮らしは制度だけではなく、居住環境ストックに支えられており、早川はその例として寺社・銭湯・近隣の人が集う居場所・高齢者が集う無人駅・故郷をあげている。居住福祉資源はいったん整備されれば次世代に引き継がれ、暮らしや健康、福祉を支える資本となると述べている。

第二項　居住福祉資源の発掘

早川が二〇〇一年に設立した日本居住福祉学会（Academy of Housing for Life and Well-Being, Japan）では、二〇〇七年度より地域社会のなかで人々の健康や生きがい、暮らしを支えているものに対して、居住福祉資源として認証および居住福祉賞として毎年表彰している[17]。二〇二二年四月現在で居住福祉資源認証および居住福祉賞表彰は三四実践に及んでいる[18]（表二）。居住福祉資源とされた取り組みは、商店街、福祉施設、支援付き住宅など非常にバリエーション豊かだ。五パターンほどとりあげ、紹介する。

表二　居住福祉資源証認定および居住福祉賞受賞団体の一覧

栗生盲人会 （2007年度　群馬県）	NPOサポーティブハウス連絡会 （2007年度　大阪市西成区）	だて地域生活支援センター （2007年度　北海道伊達市）
巣鴨地蔵通り商店街振興組合 （2007年度　東京都豊島区）	琴浦八橋ふれあいセンター （2008年度　鳥取県東伯郡琴浦町）	南医療生活協同組合 （2008年度名古屋市）
西和賀町沢内長瀬野新集落 （2008年度　岩手県和賀郡）	新潟県中越大震災復興基金 （2008年度　新潟県新潟市）	長岡市山古志地域 （2009年度　長野県長岡市）
株式会社リブラン （2009年度 東京都板橋区）	愛知県高浜市 （2009年度 愛知県高浜市）	高取土佐街なみ天の川計画実行委員会 （2010年度　高知県土佐市）
コミュニティネット （2010年度　兵庫県神戸市西区）	元・入浜権運動推進全国会議 （2010年度　兵庫県高砂市）	医療法人社団ナラティブホーム （2011年度　富山県砺波市）
ウトロを守る会 （2011年度　京都府宇治市）	森の番所 （2012年度　東京都板橋区）	大阪市浅香地区「にんげんのまちづくり」 （2012年度大阪市住吉区）
宇和島地域のみなさん （2013年度　愛媛県宇和島市）	社会福祉法人きらくえん （2013年度　兵庫県芦屋市）	白澤鹿子踊保存会 （2014年度　岩手県大槌町）
まるっと西日本 （2014年度　県外避難）	のわみ相談所 （2015年度　愛知県一宮市）	みやぎこうでねいと （2015年度　宮城県仙台市）
奈良県十津川村 （2016年度　奈良県十津川村）	いくの学園 （2016年度　大阪市）	大東ネットワーク事業團 （2017年度　大阪市）
ファミール産院君津＆ドムズデザイン （2017年度　千葉県君津市）	自立支援センターふるさとの会 （2018年度　東京都台東区他）	神戸なごみの家 （2018年度　神戸市）
暮らしづくりネットワーク北芝 （2019年度　大阪府箕面市）	津別町プロジェクトチーム （2019年度　北海道津別町）	見守り大家さん （2020年度　愛知県）
つくろい東京ファンド （2021年度　東京都中野区）		

※　二〇〇七年度から二〇一一年度までは居住福祉資源証、二〇一二年度以後は居住福祉賞として表彰
※※　カッコ内の年度は表彰年度、地域名は表彰の対象となった主たる活動地域
居住福祉学会発行『居住福祉研究』６号～32号をもとに筆者作成

㈠福祉空間としての商店街

もっとも最初に認定されたのは巣鴨地蔵通り商店街振興組合である。東京・巣鴨の高台寺境内のとげ抜き地蔵寺院や神社は昔から福祉空間であり、これを中心としながら高齢者が利用しやすいようにトイレが開放されていたり、心のとげを取り除く無料相談所の設置などが高く評価された。

居住福祉資源の認定が始まった二〇〇七年は二〇〇〇年に介護保険制度がスタートし、各地にデイサービスが設置され、送迎車が走り回りだした頃である。介護が必要な高齢者は介護保険制度に定められた制度上の福祉空間に集められていた。これに対し、商店街というふつうの場所がもつ公共性に着目し、高齢者が自ら自由に訪れる空間であることが評価された。

㈡既存の公共施設や公共交通施設

制度によらない共同の空間づくりを重視する考えは、鳥取県の琴浦八橋ふれあいセンターの認定(二〇〇八年)の選定にも現れている。鳥取県の琴浦八橋ふれあいセンターはもともと駅舎だった。鉄道の廃線後も駅舎を住民の交流の場として維持、避難所としても指定されていた。駅は住民にとって身近な存在で、閉じこもりがちな高齢者が気軽に立ちよれるなど、住民の多くが利用してきた。「駅は心の故郷」でもあり、地域住民の記憶の要でもある。日本居住福祉学会による認証にはいたっていないが、地域住民の通学や通院など日常生活を支える路面電車も居住福祉資源だと早川は述べている。

㈢地域に溶け込み、あたりまえの生活を実現する社会福祉施設

脱施設化が叫ばれて久しく、また施設型居住について批判があることも事実であるが、社会福祉施設も住まい

であり、高齢者や障害者などが暮らしていく上で重要な居住福祉資源である。居住福祉資源証・居住福祉賞においても社会福祉施設が複数回受賞している。だて地域生活支援センター（二〇〇七年）と社会福祉法人きらくえん（二〇一三年）である。

北海道伊達市では一九七三年、当時のコロニー政策のなか、入所定員四百人の知的障害者施設が設置された。が、「普通の家に住んで、普通の職場に働きにいって、できれば結婚したい」という知的障害をもつ本人の願いにもとづき、障害のある人が地域に溶け込んで暮らすことが町全体でめざされるようになった。だて地域生活支援センターの取り組みが「住居と仕事の確保と日常生活支援がノーマライゼーションのまちづくりにつながっ」たと評価された。

兵庫県尼崎市や神戸市などで五つの高齢者福祉施設を運営するきらくえんは「すべての人が地域の中で一人の生活者としての暮らしを築く」ことをめざし、入居者のあらゆる生活場面でのプライバシー尊重や自己決定など人権尊重と民主的な運営に取り組んでいることが評価された。阪神淡路大震災では生活援助員が二四時間常駐する「ケア付き仮設住宅」を提案・実現させるなどの先駆的活動を行ったことも注目に値する。

㊃人々の暮らしと地域を支える医療空間

人は誰しもが病に罹る。医療空間は障害や疾病をもつ人々が暮らしていく上で重要な役割をもっている。医療法人社団ナラティブホーム（二〇一一年）、神戸なごみの家（二〇一八年）は終末期にある人のための居住福祉資源である。ナラティブホームそのものはアパートであるが、隣接する建物に事務所がある訪問診療・訪問看護・訪問介護のサポートを受けることができる。がんだけでなくＡＬＳ、老衰などの末期の人が「在宅でも病院でもなく」最期の時を家族とともに迎えることができる「居住の場」であること評価された。

ＮＰＯ法人神戸なごみの家は健康が医療だけでなく地域コミュニティや普通の生活によって支えられていることに気づいた看護師によって設立されたホームホスピスである。がんだけでなく、難病や認知症などによりこれまでの生活の継続が困難になった人が最期までその人の価値観や習慣に基づいた生活を支えていることが高く評価されている。

ファミール産院君津（二〇一七年）は産院がなくなってしまった地元の誘致によって設立された医療施設である。お産するだけでなく「産院が街をつくる」というコンセプトのもと看護師から建築家となった代表取締役が務めるドムスデザインと産院とのコラボレーションのもと建設、出産準備、育児、自分磨きまで親子が行き交う場となっている。

いずれも医療空間は治療機能のみならず、生活を取り込むことが重要であり、地域社会のつなぎめとなりうる、かつ住民同士のつながりが健康や尊厳ある最期をもたらすことを示している。

㊄万民を育む自然環境も居住福祉資源

自然環境も人間が生活していく上で重要な資源となる場合もある。海岸が古今東西、本来すべての人々のための居住福祉空間であることを主張し、入浜権を提唱した「元入浜権運動推進全国会議」（二〇一〇年）も居住福祉資源証の認定を受けている。受賞式において挨拶した元入浜権運動推進全国連絡会議代表の高﨑裕士は多くの人々が「入浜権」という言葉を使わなくとも、「万民のための」海や海浜を守ろうとして闘った先人たちがおり、自らはその代理であるとのべた。入浜権運動は環境問題解決の方向性を示唆したことが評価されている。

当事者が、地域住民が、専門職がそれぞれ環境に問いかけ、異なる主体が協力しながら資源を作り出していくという側面に居住福祉資源という概念は大きな価値を見出している。

第三項　ともに暮らすことを通じての居住福祉の実現

居住福祉資源の認定および居住福祉賞の授与は「居住の権利」「居住福祉」の実現をめざす全国の取り組みについての一種のケーススタディともいえる。どのような居住福祉資源が形成されるのかはその時代時代で、その地域地域で、人々が直面した居住困窮によって異なる。コミュニティ全体が居住困窮に直面している場合もあれば、個々人がそれぞれに居住困窮に直面している場合もある。

コミュニティ全体が居住困窮に直面しているケースとしては被差別部落や在日外国人集住地、寄せ場など多様なパターンがあるが、授与及び受賞団体の背景でもっとも多いのは被災地である。災害は住宅、社会基盤、人と人とのつながりを奪う。二〇〇四年に発生した新潟県中越大震災に際して、地域共同体のシンボルである鎮守等を「地域コミュニティ施設再生支援事業」を含め被災者の故郷への復帰の願いを支援した新潟県中越大震災復興基金（二〇〇八年度）、全村避難にかかわらず仮設住宅での住まいから木造戸建て公営住宅の建設、棚田の再生など生産・生活の両面から支え「帰ろう山古志へ」を実現させた長岡市山古志地域（二〇〇九年度）が居住福祉資源認定証を授与された。二〇一一年の東日本大震災に際しては、郷土芸能そのものおよび芸能に関する人的物的資源の活用を通じて震災復興を力づけた白澤鹿子踊保存会（二〇一四年度）、全国各地に避難した県外避難者に対して届きにくい支援情報を収集・発信し、避難者の実情にあった住居確保と居住不安の解消を自治体に働きかけたまるっと西日本（東日本大震災県外避難者西日本連絡会）（二〇一四年度）が受賞している。二〇一一年の紀伊半島大水害に際しては、大規模な土砂崩れを経験、復興に際し地元の木材と工務店による「地産地消」で木造の仮設住宅や復興公営住宅を建設した奈良県十津川村（二〇一六年度）が受賞している。

同じ地域に暮らしているには違いはないが、個々人の固有の事情による居住困窮もある。受賞の背景にある困難として近年増加しているのはホームレス・生活困窮者をめぐる問題である。二〇〇七年の釜ヶ崎における支援付き住宅の実践をおこなうサポーティブハウスを筆頭にのわみ相談所、みやぎこうでねいと（ともに二〇一五年度）、大東ネットワーク事業團（二〇一七年度）、自立支援センターふるさとの会（二〇一八年度）、見守り大家さん（二〇二〇年度）、つくろい東京ファンド（二〇二一年度）とホームレス支援から幅広い生活困窮者の住宅支援をおこなう団体の受賞が増えている。

居住福祉資源認定証に深く関わっている神野武美は資源証授与にあたっては4つのエッセンスがあると説明している。㊀市民自身が担う公共的領域に属していること、㊁市民が主体的に知恵を出して作り上げたり守り育てているもの、㊂歴史的に蓄積されたり新しく構築されたりしたストック、㊃事業の収益性よりも地域社会の生活全体を向上させる、公益重視の性格にかかわる活動や制度づくりである[19]。

つまり、居住福祉資源とは、コミュニティ全体が、また個々人が居住困窮に陥った場合であっても、コミュニティを構成する人々のかかえた受難を全体で理解し、受け止め、地域社会全体が居住困窮者の居住の権利を守り、ともに幸福になっていくことを目指しているといえる。地域資源を居住福祉に結びつける居住福祉資源を維持もしくは創造するこれらの取り組みは地域福祉実践そのものではないだろうか。

第五節　増進型地域福祉と居住福祉

第一項　居住環境がうみだすつながりが幸福をもたらす

改めて増進型地域福祉について確認したい。筆者が理解するところでいえば、「最低限度の生活（のみ）を求めるのではなく、その人らしさ、ウェルビーング」の実現を志向する地域福祉である。「住まいは人権」を標榜する居住福祉は、安心して暮らすことのできる住居の確保をめざす最低限度の生活保障を志向しているように見えるかもしれない。しかし、これまで説明してきたように居住福祉は居住困窮にある個々人の住まいの確保のみを求めるものではない。生活は住まいのみならず、地域の各種の施設や歴史、宗教、文化によって支えられている。これはホームレス・困窮者支援の現場でも同様である。

釜ヶ崎のまちづくりに長年携わっているありむら潜は『最下流ホームレス村から日本を見れば』（東信堂）において、ホームレス生活の方がかつて自分の住宅やアパートに住んでいた頃よりも家庭的雰囲気があるというパラドックスについて書いている。なぜならば、公園や河川敷の暮らしであるがゆえに近所同士の助け合いや情報交換が必要であったり、もちつきなど支援団体によるイベントなどがあるからだ。ハウスをうしなって得るホーム、「つながりこそ『居住』の核心」であると指摘している。[20]

そもそも、住まいの確保だけではその人の生活は安定しない。就労場所であったり、他者と言葉を交わさなくとも存在を確認する静かな居場所が必要である。孤立からの回復には無言の対話が必要だ。サポーティブハウスには居室のみならず談話室設置が義務であり、釜ヶ崎においては公民による多様な居場所づくりがおこなわれている。のわみ相談所では、定期的におこなわれる当事者による救生の会を活動の中核にすえ、就労の場づくりや若年者が改めて教育をうける機会を模索している。いずれの団体も無言の対話から社会につながっていくようなしくみを模索している。その人らしさをうけとめる措置がまちには必要だ。

一方で、より活発な対話と対話に基づいた行動も居住環境の再生・改善には必要である。二〇〇八年度の居住福祉資源認定証を授与された新潟県山古志村（現長岡市）では被災した翌日、村長によって全村避難の指示がだされた。残留希望者もいたものの二日で全村民が避難した。同じ村でも集落ごと、人ごと災害の程度は異なり、すれ違いも予測されたが、集落ごとの仮設住宅において村に帰りたい思いの共有が図られた。住まいが軸ではあるが、コミュニティまるごとの保持が生活の再建をもたらす。

その人の生活の継続性や他者とのつながりの蓄積、つまり地域の歴史や人生の記憶を大切にするような住まいや生活環境を保障すること、再生することが重要であり、このことが生活の安心と幸福（Life and Well-being）を生み出しているといえないだろうか。

第二項　増進型地域福祉は居住福祉を増進するのか

災害復興、ホームレス・生活困窮者支援など居住困窮のかたちは違っていても、人がまちで暮らすうえで必要なこと、居住を豊かにする要件は共通している。住まいや公共施設、福祉施設、商業施設、文化施設といった居住環境をその地域の人々の困難や実践の歴史に根付いた生きた場として認識しながら共有化することにより地域全体が豊かになり、ここから人々の幸福がうまれていく。

このような場を公的に保障するにしても、市民が主体的に生み出すにしても居住福祉の実現するためにはまず個人の尊厳を守る住宅を社会的インフラストラクチャーとして位置づけ、人々の幸福に資する土地利用を誘導するような公的な力、政策が必要である。

そのうえで、本人と支援者が、また本人同士、住民同士が居住福祉資源を通じてつながりを取り戻していく。それは非常にゆるやか、細い糸かもしれないが、暮らしはそういった有形無形のつながりによって維持されている。このような糸が無数に張り巡らされている地域が幸福であるといえるのではないか。

つながりは様々なレベルの対話によってなりたっている。個人間の対話もあれば団体間の対話、公的な居住保障と住民による地域福祉実践間の対話も必要である。小野が提唱する増進型地域福祉では地域福祉実践における対話的行為の基本ユニットとして「発話行為」「合意形成」「行為遂行」の三つのステップが示されている。[21] 居住福祉の実現にあたっては闊達な、その一方で静かな対話が必要である。「発話行為」を保障するような何気ない居住環境が「合意形成」を促し、新たな地域福祉実践を生み出していくのではないだろうか。

一人ひとりの幸福の土台を支える居住保障と、住まいを含む生活環境づくり、これをもとにした人々のつながりの形成と再生が必要だ。より高い目的実現をめざす増進型地域福祉がどのように居住福祉を実現しうるのか、注視していきたい。

註

1　加藤博史（二〇一三）『社会福祉の定義と価値の展開』ミネルヴァ書房、加藤博史（二〇二〇）『二つの福祉原理——社会的権利としての自己実現と社会福祉のバイオポリティクス』晃洋書房。

2　小野達也（二〇二一）「地域共生社会政策とこれからの地域福祉研究　生活世界とウエルビーイングの観点から」『日本の地域福祉』三四号、二五〜三四頁。

3　宮本憲一（二〇二〇）「序章　社会資本論の現代的課題」『現代社会資本論』、一〜一五頁。

4　右田紀久恵（二〇一三）「地域福祉から『居住福祉』を考える」『居住福祉研究』一五号、二六〜三四頁。

5　早川和男（一九九七）『居住福祉』岩波書店、二二六頁、野口定久・外山義・武川正吾編（二〇一一）『居住福祉学』有斐閣、八頁。

6　宮本憲一（二〇一八）「早川和男氏の業績を偲ぶ」『居住福祉研究』二六号、九〜一〇頁、岡本祥浩（二〇一八）「居住福祉をめざして」『居住福祉研究』二六号、一一〜一二頁。

7　早川和男（一九七九）『住宅貧乏物語』岩波書店。

8　早川和男（一九九七）「第一章　阪神淡路大震災に学ぶ」『居住福祉』岩波書店、一八〜五三頁、早川和男（二〇〇一）『災害と居住福祉』三五館。

9　塩崎賢明はこのような現象を復興災害と呼び、東日本大震災においても繰り返されていると指摘している。塩崎賢明（二〇一四）『復興〈災害〉——阪神・淡路大震災と東日本大震災』岩波書店。

10　市川英恵（二〇一八）『住むこと　生きること　追い出すこと　9人に聞く借上復興住宅』クリエイツかもがわ。

11　平山洋介（二〇二一）『マイホームの彼方に』筑摩書房。

12 中島明子（二〇二一）「新型コロナ禍の居住の危機を、人権としての住宅・居住保障政策の実現につなぐ」『建築とまちづくり』No.503-、六〜一三頁。

13 阪東美智子（二〇二一）「第1章　社会保障としての住宅政策」『居住保障』慶應義塾大学出版会。なお、岩田正美も最低生活保障の新たなかたちのひとつとして住宅手当を提案している。岩田正美（二〇二一）『生活保護解体論』岩波書店、一八九〜二〇六頁。

14 河合克義、清水正美（二〇一九）『高齢者の生活困難と養護老人ホーム』法律文化社、高槻温心寮編（二〇一九）『救護施設からの風』かもがわクリエイツ。

15 居住支援、居住困窮者に対する入居支援にとどまらず居住に関する保証の提供、入居後、地域社会の中で安心して暮らすことのできる居住生活支援の原型を作り上げたのはホームレス支援などをおこなっていた民間支援団体である。芝田淳（二〇一八）「居住支援全国ネットワークの居住支援とその未来」『居住福祉研究』二四号、八三〜九五頁、石川久仁子（二〇一八）「住宅確保要配慮者への支援の現状と課題」『月刊福祉』一月号、五〇〜五一頁。

16 早川和男（一九九七）『居住福祉』岩波書店、二一八頁。

17 筆者は二〇二〇年度より居住福祉賞選定委員長をつとめている。

18 早川和男（二〇〇六）『居住福祉資源発見の旅』東信堂、日本居住福祉学会では年2回発行している『居住福祉研究』においてその年度に居住福祉資源証および居住福祉賞を受けた実践および実践団体について紹介を行っている。本節における記述は基本的には『居住福祉研究』をもとにしている。

19 神野武美（二〇〇九）『居住福祉資源発見の経済学』東信堂。

20 ありむら潜（二〇〇七）『最下流ホームレス村から日本を見れば』東信堂。

21 小野達也（二〇一四）『対話的行為を基礎とした地域福祉の実践：「主体－主体」関係をきずく』ミネルヴァ書房。

第一一章　プレイス・ベースド・アプローチと増進型地域福祉

岡野聡子

はじめに

急速にすすむ少子高齢社会・人口減少社会の中で、すべての人が安心して暮らせる地域づくり、「地域共生社会」の実現が目指されている。地域共生社会とは、二〇一六年六月に閣議決定された「ニッポン一億総活躍プラン」において提案された理念である。その理念とは、制度・分野の枠や、「支える側」「支えられる側」という従来の関係を超えて、人と人、人と社会とがつながり、一人ひとりが生きがいや役割を持ち、助け合いながら暮らしていくことのできる、包摂的なコミュニティ、地域や社会を創るという考え方である[1]。

この地域共生社会を実現するために求められることの一つとして、全世代を対象とした、人と人、人と社会とのつながりをつくる場の創出があげられる。少しずつではあるが、子育て支援や子ども食堂、高齢者の介護予防などにおいて、他者との関係性を構築するための場を意識した実践も増えつつある。そして、地域における人々の生活課題に目をやると、貧困、失業、離婚・ひとり親家庭、育児と介護のダブルケア、引きこもり、ニート、八〇五〇問題、老老介護など多様に存在し、その背景には社会的孤立の問題もあり、ますます人と人とがつながりをもてる社会的な居場所の創出が必要とされている。

本稿では、社会的な居場所づくりについて、地域開発の手法である「プレイス・ベースド・アプローチ」を取り上げ、そのアプローチを採用しているカナダのブリティッシュ・コロンビア州バンクーバー市にあるコリングウッドネイバーフッドハウス（Collingwood Neighbourhood House　以下、ＣＮＨ）の取り組みを紹介する。ＣＮＨでは、全世代を対象とした人々の日常生活を支える多様なサービス・プログラムが展開されており、地域住民がボランティアとなってその提供を支えている。また、ＣＮＨ内には、コミュニティ・ディベロッパーという多文化共生を実現するための場の創出を行う職務があり、どのようにして人と人とのつながりを構築しようとしているかについて述べる。地域共生社会で目指される「支える側」「支えられる側」という関係の循環が起こる仕組み、包摂的なコミュニティをどのように創出するか、カナダの事例を通して考え、増進型地域福祉への展望を述べたい。

第一節　福祉政策としての社会的な居場所づくりとその方策

第一項　社会的な居場所づくり

一九八〇年代半ば、教育分野における不登校研究をきっかけとして、居場所という言葉は学術的に使用され始めた。当時、不登校の子どもが抱える複雑な気持ちについて、「居場所がない」と表現され、居場所が単に物理的に「居る所」という意味から、心理的な側面も含まれるようになった。[2]二〇〇〇年代以降は、物理面だけでなく心理面からも規定される居場所概念は、建築学・居住学関連から社会学・教育学まで幅広い学術領域で参照されるようになり、福祉政策の領域においても適用されている。

居場所概念については、研究者によってさまざまであるが、「ありのままでいられる」ということと「役に立っていると思える」という二つの感覚が心理学における居場所の中心的な内容であると考えられている[3]。居場所概念は、一人でいる個人的居場所と他者と一緒にいる社会的居場所に分類され、個人的居場所の機能には、一人で専有できる空間が緊張を解消させたり、課題への集中、自己内省の効果があるとされているが[4]、他者との関係性から切り離されたところに居場所を求める心性の裏には、心理的問題が潜んでいることも考えられるといった否定的な影響を示唆するものもある[5]。一方で、社会的居場所の確保は、心理的ウェルビーイングを全体的に高めることが示されており、居場所づくりや、居場所を通して精神的健康を考えていくときには、他者との関係性を育むという視点が必要であると指摘されている[6]。

さて、福祉政策の領域にしぼって、社会的な居場所づくりを見てみよう。福祉政策としての社会的な居場所づくりは、社会的排除から社会的包摂へという考え方の実践であるといえる。具体的には、地域の子育て支援事業（親と子のつどいの広場、等）、子どもの学習・生活支援事業、若年者の就労支援、障害者自立支援事業、生活困窮者自立支援事業、高齢者の介護福祉サービス、認知症カフェ、外国人労働者の相談支援事業、さまざまな自助グループの会など、社会的な居場所づくりの取り組みは、全世代におよび、その活動も多岐にわたる。村上慎司は、福祉政策としての社会的な居場所づくりの理論的枠組みを構築する試みを行う中で、福祉分野における先行研究の多くは、個別事例の紹介・検討を行っているが、多様な活動を貫く福祉政策としての社会的な居場所づくりの理論的枠組みが十分に考察されているとは言い難いと論じ、「多様な形態で複数の目的を追求している社会的な居場所づくりを総体的に把握できておらず、ある場所でのグッド・プラクティスを他の場所に政策移転させることを困難としていると考えられる。さらに、地域包括ケアシステムの批判と類似した「地域丸投げ」問題並びに地域での関連ネットワークの乱立・会議体の増加といった深刻な社会的な居場所づくりに関する課題は未解決のままである。」と指摘している。[7] 村上は、福祉政策としての社会的な居場所について、多様な定義がある中で、ひとまず「特定の福祉に関する目的を追求するが、それを強く前景化せずに、実際に人びとが参集し、同一時空間を共有し、安心感・肯定感などの心理的機能や帰属意識・社会的承認などの共同性に関する機能を果たす物理空間である」[8] と定義している。

第二項　プレイス・ベースド・アプローチ（Place-based approaches）とは

プレイス・ベースド・アプローチとは、「近隣や地域、生態系など、地理的空間内において起きた問題に対処するために、利害関係者が共同のプロセスに関与すること」[9] という定義が広く活用されている。プレイス・ベースド・アプローチが採用される目的は様々にあり、特定の場所に住む地域住民の生活や不利な状況にある地域の原因を改善することを目的としたものから、物理的なインフラや環境の改善を目指し、地域の経済的発展の促進を伴う場合もある。その目的を達成するためのプロセスとして、課題に対して専門家が直接対応するのではなく、地元住民が積極的に参加をし、対話を通して問題解決にあたるということが特徴である。

プレイス・ベースド・アプローチについてまとめられた近年の文献として、オーストラリアのビクトリア州政府が二〇二〇年に作成した「プレイス・ベースド・アプローチのためのフレームワーク―より良い結果を得るために、これまでとは違う働き方について対話をはじめよう」という報告書がある。[10] もともと、州政府に勤務する地域施策担当の公務員を対象として、地域社会への理解を深めるために作成されたものであるため、州政府の職員の立場から書かれており、自治体主導と住民主導の考え方の違い、住民が意思決定する際には、議論の優先順位や実施の不確実性が伴うことなどが明記されている。

本報告書では、場所に焦点をあてた地域開発の手法について、自治体主導の「プレイス・フォーカスド・アプ

図一　「プレイス・フォーカスド・アプローチ（Place-focused approaches）」と「プレイス・ベースド・アプローチ（Place-based approaches）」のフレームワーク

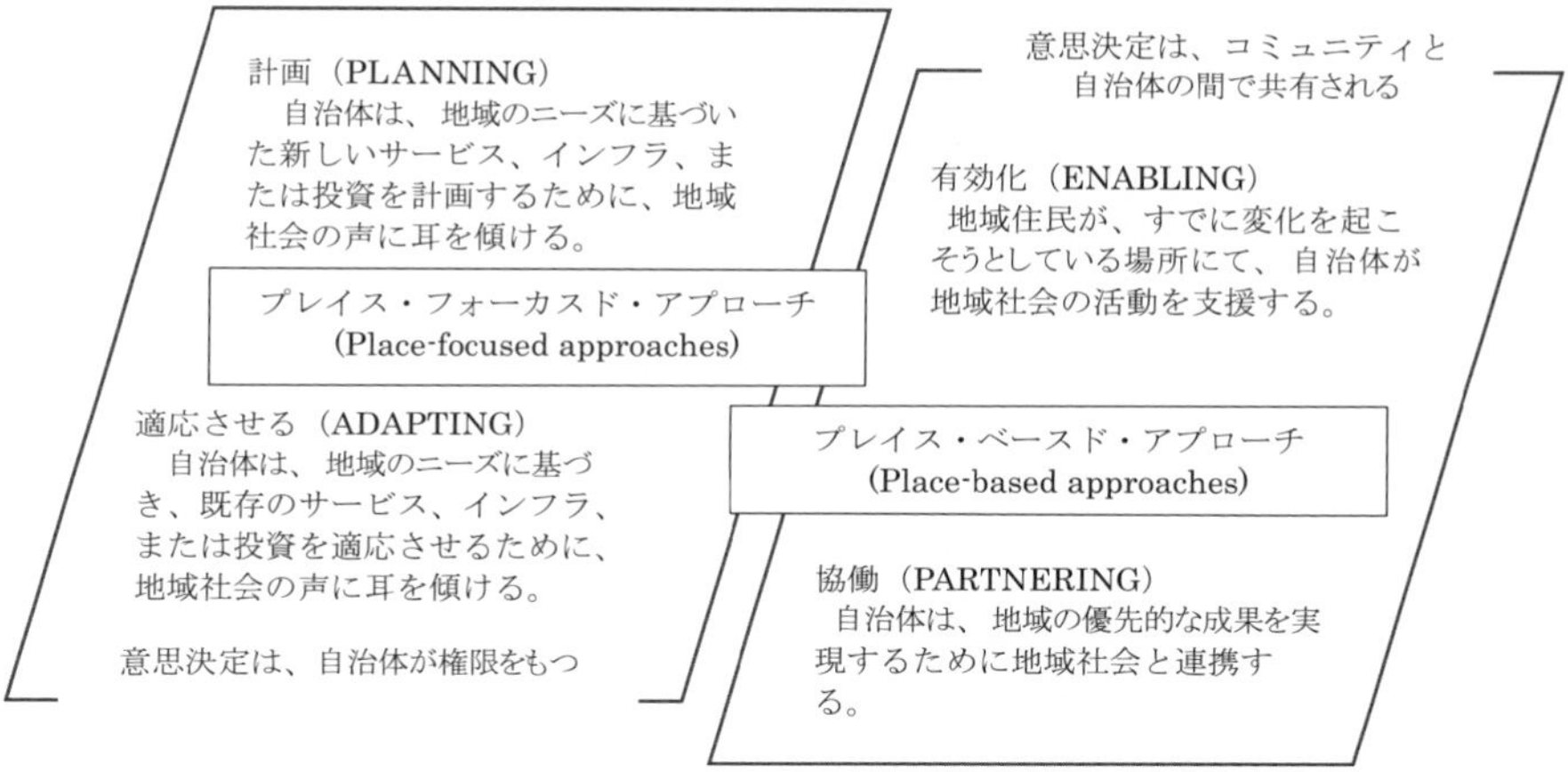

VICTORIA State Government（2020）*"A framework for place-based approaches The start of a conversation about working differently for better outcomes"* 一一頁より筆者翻訳

ローチ（Place-focused approaches）」と住民主導の「プレイス・ベースド・アプローチ（Place-based approaches）」に分けて解説されている。どちらも地域社会を舞台とし、地域住民や場合によっては学校やコミュニティ組織を巻き込みながら、地域がもつ課題を解決する際に使用される手法である。プレイス・フォーカスド・アプローチとは、自治体主導によって、地域にある特定のニーズに対して、サービス提供やインフラの整備を計画・実施・運営する手法である。自治体は、地域住民の意見を聞きながら事業を進めるが、最終的には、目的、範囲、実施をコントロールすることもある。一方で、プレイス・ベースド・アプローチとは、住民主導によって、地域住民がその課題に対して積極的に参加をし、後に自治体に意思決定などを共有するというプロセスを踏む。地域社会には、複合的でさまざまな問題が存在しているため、特定のニーズを解決するための効率的・合理的な方策よりも、セクター横断的で長期的に対応できる仕組みが必要となる場合が多い。プレイス・ベースド・アプローチを活用することで得られる成果には、㊀地域住民の智恵と情熱を引き出すこと、㊁政府に有意義な討論をもたらすこと、㊂住民が意思決定に対する当事者意識をもち、住民のスキルや知識を活用して、その成果が発揮できること、㊃地域社会のつながりとレジリエンスを高めること、㊄地域のさまざまな状況下で、根拠に基づく効果的な政策決定ができるようになること、㊅政府が個人に対する危機対応としての機能を果たすだけでなく、予防的観点から対応に重点を置き、費用対効果の高い支援を実現することができるようになることがあげられている。

また、プレイス・ベースド・アプローチを取り上げる際の問題点として附記しておくことは、国際的に、その用語の概念が使用される目的や文脈において多様に存在しており、統一された用語の概念が確立されていないことがあげられる。[11] たとえば、包括的コミュニティイニシアチブ（CCI）、ローカル・コミュニティ・ディベロップメント（RCD）、ガバメントエリア・ベースド・アプローチ（GBA）、ネイバーフッド・イニシアチブ（NI）、エリア・ベースド・イニシアチブ（ABI）、コレクティブ・インパクト、コミュニティ・チェンジなどの用語がある。いずれも住民に意思決定の権限があることを基盤とした地域開発の手法であるが、手法が用いられる目的が多岐に渡ることや使用する団体の規模が広範であることから、今後も理論研究を進め、概念整理が必要になるといえる。

第二節　ネイバーフッドハウスの特徴とその役割

第一項　ネイバーフッドハウスとは

第一節第二項のプレイス・ベースト・アプローチの「住民主導」の実践の一つがネイバーフッドハウスである。このネイバーフッドハウスとは、イギリスのセツルメント運動を源流とし、セツルメントハウスやコミュニティハウスとも呼ばれている地縁型コミュニティである。一般的にネイバーフッドハウスが対象としている区域の決め方には、ルールや定義などがあるわけではなく、道路や線路、湖などの地理的条件や人工的境界によって定められる場合が多い。また、サービスやプログラム内容は、地域が持つ特性（地理的条件、産業、経済、人種、所得階層など）に応じて多様に展開されているが、対象者を限定しないという共通点を持っている。

カナダBC州バンクーバー市におけるネイバーフッドハウス研究の先駆者であるミュー・チュウ・ヤン氏は、ブリティッシュコロンビア大学に籍を置き、カナダにおける移民の社会統合の研究を行ってきた。その中で、一九世紀のセツルメント運動が、人道主義と共同体意識の信念に基づいた人間の連帯（the solidarity of human race）を基盤とし、人々の生活全体を支える汎用的なマルチサービスのモデルを確立させてきたこと[12]、セツラーが地域に住む者と共同して地域改良をしてきた歴史を振り返り、現代においてもネイバーフッドハウスの活動は受け継がれ、分断化・流動化・多様化の様相をみせる社会をつなぎ合わせる可能性を持っていると言及している[13]。また、彼は、バンクーバー市にある九ヶ所のネイバーフッドハウスにて一〇年以上のボランティアをしてきた者（N＝三五一）を対象とし、彼らが社会関係資本をどう構築しているか検討した。その調査からは、ネイバーフッドハウスを通して、スタッフも含めて五名以上の親密な関係を築くことができたと回答した者が六八・五％に上り、ボランティアワークがカナダでの生活方法や語学の獲得、友人関係の構築、特にカナダで就業をするための能力開発に役立っていることを明らかにしてきた[14]。また、二〇〇九年度から二〇一一年度にかけては、バンクーバー市におけるネイバーフッドハウス（一四施設）を対象とし、「ネイバーフッドハウス・パイロット・プロジェクト」を立ち上げ、個人や家族がコミュニティネットワークを開発し、個々人の健康と福祉を改善するための施設運営の在り方やそこに集う人々の活動内容および成果を報告書としてまとめている[15]。

カナダにおけるネイバーフッドハウスに関する他の文献には、レオニー・サンドロックの「コスモポリスⅡ：

二一世紀のモングレルシティ」[16]やヴァル・ケイヴァーズらの「見知らぬ人が隣人となる時：ネイバーフッドコミュニティディベロップメントを通した市民社会の構築」[17]の研究があり、これらの文献にも、ネイバーフッドハウスが、日常生活を包括的に支援する社会サービスの提供のあり方、プレイス・ベースド・アプローチによって住民の多様な活動を統合化させ、社会関係資本を構築する場の役割を担っていることについて評価している。

第二項　ネイバーフッドハウスの役割

ここでは、「バンクーバー市ネイバーフッドハウス協会の現在と過去 ― ネイバーフッドハウスの役割およびバンクーバー市ネイバーフッドハウス協会の歴史」[18]の資料や筆者が実施してきたフィールドワーク、インタビュー調査の結果から、ネイバーフッドハウスの役割について述べる。ネイバーフッドハウスの役割は、プレイス・ベースド・アプローチ、マルチサービス・プログラムの提供、ボランティア主導、地域活性化やソーシャルアクションの拠点としての役割の四点にまとめられる。

第一に、プレイス・ベースド・アプローチとは、地域活動に住民が参加・参画しながら、地域に住む人々の生活を向上させる地域開発の手法である。ネイバーフッドハウスは、地域に住む全ての人が気軽に立ち寄り、リラックスができる「自宅のリビング」のようなものであり、その場所を通して人々が出会い、個人・家族・地域が持つ力をつなぎ合わせて補強するという役割を担っている。

第二に、マルチサービス・プログラムの提供では、日常生活を包括的に支援する体制がとられており、コミュニティのニーズに応じて広範囲に展開されている。たとえば、子どもの預かり保育や小学生のための学童保育、サマーキャンププログラム、若者のための職業訓練プログラム、親支援プログラム、高齢者のためのランチ提供サービス、移民の社会的孤立を防ぐためのプログラム、健康増進のためのレクリエーション活動など多岐に渡る。

ネイバーフッドハウスにて展開されるサービス・プログラムは、全ての人々が利用できるように無料もしくは安価（三〜五ドル＝約二七〇〜四五〇円）で設定されている。

第三に、ボランティア主導である。ネイバーフッドハウスの活動は、地域に住む人々の自発的活動によって成り立っているといえる。地域に住む人々の生活を向上させるためには、施設を訪れる全ての人が主体性をもって活動に参加・参画することが望まれ、実際にサービス・プログラムの提供は地域に住む人々によって支えられている。その提供方法は、教会や医者などがクライエントに対して行う専門的な援助としてではなく、非専門的な友人としての手助けであり、これは、サービス・プログラムを地域住民自身が提供することで、地域に住む一人ひとりが持つ能力を発揮したり、他者と関わることでつながり合えるなど、人々の親睦を深めること、活動に参加をすることを通して地域への帰属意識を高めることを目的とした仕組みであるといえる。

第四に、地域活性化やソーシャルアクションの拠点としての役割である。ネイバーフッドハウスにはコミュニティ・ディベロッパーと呼ばれるサービス・プログラムの策定・評価者がおり、地域社会の誰もが参加できるイベント（アートイベント、コミュニティガーデン等）を企画し運営している。また、ネイバーフッドハウスを拠点としたソーシャルアクションには、都心部における低家賃住宅の開発や移民に対する支援施策、地域の治安維持などがあげられる。

以上のようにネイバーフッドハウスの役割を述べたが、最も重要な点は「自宅のリビング」のような場所、すなわち誰もがありのままの自分で、リラックスをして過ごせる居場所の形成を第一として、人と人とが親睦を深めやすい環境を作る役割を担っている点である。日常生活を営む上で必要とされるサービスやプログラムの提供は、実質的に人々の生活を支える目的を果たしていると同時に、人々が集うための一つの仕組みとしての機能を有しており、サービスやプログラムの「質」にこだわったものではない。年齢や性別、人種、社会的役割などを超えた人と人とがネイバーフッドハウスで出会い、カードゲームの相手や一緒にコーヒーを飲みながら他愛もない話をしながら過ごす。その場所を通して、人と人との基本的な信頼関係を構築してゆく場としての「人間の連帯」、社会関係資本を醸成する役割が最も期待されているといえる。

第三節　コリングウッドネイバーフッドハウスの取り組み

第一項　コリングウッドネイバーフッドハウスの概要

ここでは、カナダのネイバーフッドハウスの中でも場の創出を積極的に展開しているコリングウッドネイバーフッドハウス（Collingwood Neighborhood House　以下、ＣＮＨ）の取り組みを紹介したい。ＣＮＨは、一九八五年に設立され、バンクーバー市のダウンタウン中心部から東へ電車で一五分程度に位置する場所にある。[19] 一九八〇年代当初、バンクーバー市は万国博覧会一九八六（ＥＸＰＯ、八六）の開催を控え、ダウンタウンからコリングウッド地区を通る形で、イーストバンクーバーへと続くスカイトレインの建設が始められた。当時、コリングウッド地区は、移民が多く住む労働者階級の居住区であった。スカイトレインの建設に伴い、バンクーバー市の都市計画担当者と地元住民との話し合いが行われ、地域住民を対象としたニーズ調査からは、家族や子どもたちのためのサービス提供を求める声が最も多かった。また、人が集まる場所や公共空間が少なく、隣人と挨拶を交わしたり、アイデアを共有したり、プロジェクトを立ち上げて協力するといった場所がなく、人々が集まり、他者と出会い、コミュニティの帰属感を育む場所が必要であるという議論がされた。ＣＮＨは、子どもの保育や家族の居場所づくりから始まり、その後、青少年のリーダーシッププログラム、子育て支援、コミュニティイベント、家族向けの住宅開発への提言等、家族のためのサービス・プログラム開発を中心として展開された。また、カナダに移住してきたばかりの者に対し、セツルメントプログラムを用意し、その活動は今日まで多岐に渡る。一九八五年の設立当初は、三万ドル（約五二〇万円）の年間予算でスタートし、二〇二〇年から二〇二一年度版の最新の決算報告書を見ると、一〇六五万五一七〇ドル（約九億二〇〇〇万円）までになっている。代表的な資金源は、バンクーバー市、ブリティッシュ・コロンビア州政府、カナダ政府であり、その他、六〇以上の異なる団体から得ている。[20]

二〇二一年現在、CNHはメインオフィスの他に、一〇の別館を有し、それぞれでサービス・プログラムが展開されている。なお、別館は、メインオフィスから約二キロメートル圏内に位置しており、プレイス・ベースド・アプローチの考え方から、徒歩圏内の原則が守られている。CNHのスタッフ構成は、代表者の次に、ディレクターが六名おり、その下にコーディネーター・スタッフの三一名が在籍している。ディレクター部門は、㈠子ども・子育て支援、㈡コミュニティ・ディベロップメント、㈢RISEコミュニティヘルスセンター、㈣ユースサービス、㈤コミュニティサービス、㈥オペレーション（事務方）がある。理事会メンバーは一三人おり、委員会は月に計八～一〇時間程度の委員会が開催され、スタッフとの情報共有がされている。また、CNHと共に事業を行ったり、CNHが専門的な支援を受けている協働のパートナー数は、一九九団体にのぼる。さて、CNHのミッションには、「コリングウッド地区の社会、教育、経済、健康、文化、レクリエーションのニーズに応える包括的、革新的、持続可能な取り組みやサービスを開発・支援するために、リーダーシップを発揮し、個人、家族、機関、その他のグループと協働することによって、コリングウッドコミュニティのウェルビーイングを促進すること」と掲げられている。また、ミッションとは別に活動に参加する際の行動指針が掲げられており、㈠個人のつながり、帰属意識、包括性のある場所としてのネイバーフッドハウスであること、㈡人間関係の基礎となる個人の強みと才能、㈢多文化共生と多様性の尊重、㈣協働と相互尊重、㈤エンパワメントと自己実現の手段としての参加型意思決定、㈥社会的公正と、あらゆる種類の質の高いコミュニティリソースへの公平なアクセス、㈦他組織との統合、パートナーシップおよびコラボレーションと明記されている。なお、メインオフィスにおける一日の利用者数は約百〜二百人、年間の利用者数は約三〜七万人である。

第二項　マルチサービス・プログラムの実態とその提供方法

まず、CNHのサービス・プログラムを利用したい場合、メンバーシップに入る必要がある。メンバーシップ料金は、年齢によって異なり、年間二ドルから一生涯一四〇ドルまでのプランがある。

マルチサービス・プログラムの種類は、㈠一般的な案内（貸し教室案内、パソコン利用サービス、等）、㈡レクリエーション活動（アート&クラフト、ダンス教室、等）、㈢ファミリーとコミュニティのための活動（親支援プログラム、ホームレス支援、等）、㈣子ども・若者・大人・シニア向けの活動（学習支援、ランチ提供プログラム、等）、㈤多文化共生のためのコミュニティ・ディベロップメント（コミュニティガーデンプログラム、等）の五つのカテゴリーに分けられ、総計一〇四にのぼる。[21] 他のネイバーフッドハウスも、すべての人を対象とし、地域のもつ特色に応じたサービス・プログラムが展開されているが、特にCNHの特徴としてあげられるサービス・プログラムは、「多文化共生のためのコミュニティ・ディベロップメント」のカテゴリーであるといえる。このカテゴリーの中には、「あなたには価値がある（You count in Renfrew-Collingwood）」という名のプログラムがあり、利用者や住民、地域に住む芸術家、さまざまな職に就く人が集まって話し合い、芸術や文化経験を共有できるコミュニティイベントのプロジェクトを考案している。また、「インターカルチャラル・ダイアログ」という人種差別や差別的振る舞いについて話し合い、強いコミュニティを作るための方策を話し合う場も設けられている。

そして、この広範囲に渡るマルチサービス・プログラムの提供は、施設の利用者でもある住民のボランティアやCNHのホームページや市の広報資料を見てボランティアになった者達によって支えられている。各サービス・プログラムには、必要に応じて二〜三名程度のボランティアが募集され、たとえば、シニアのためのランチ提供サービスでは、常時三名ほどのボランティアスタッフがいる。ボランティアスタッフは、もともと、レクリエーションプログラムを利用していた高齢者であったり、ファミリープレイスを利用している保護者が、スタッフから声をかけられて手伝いをするようになった者が多く存在している。なお、CNHにおけるボランティアの登録者数は、現在のところ不明確である。ボランティア申請用紙も存在しているのだが、スタッフから「手伝って」と気軽に声をかけられた施設の利用者が、手助けの感覚でボランティアになる場合が多く、彼らには申請書類の提出が求められない。求められない理由としては、メンバーシップ登録の際に、名前や住所等の個人情報をすでに提出していること、また、スタッフと利用者間で人間関係や信頼関係ができていること、管理よりも共に働く仲間としての意識を作ることに重きが置かれているからである。

第三項　コミュニティ・ディベロッパーの役割――場の創出を通して人々をつなげるために

CNHには、「コミュニティ・ディベロッパー」という職務がある。筆者は、二〇一八年九月にCNHを訪問し、コミュニティ・ディベロッパーにインタビュー調査を実施した。CNHにおけるコミュニティ・ディベロッパーの業務内容の聞き取りからは、地域に住む「人」に着目し、個々人が才能やスキルを発揮できる場の創出、住民自身が考え、行動できるようになるためのリーダーシップトレーニングに力を入れており、人と人をつなげ、コミュニティの帰属感を醸成する役割があることが述べられた。また、「すべての人を受け入れる」という多文化共生の観点から、あらゆる人がCNHの活動に参加できるように、芸術事業、食育事業、リーダーシップ開発の三つの事業に分かれ、各事業には、それぞれファシリテーターがいる。芸術事業の活動は、コリングウッドデイズ、パブリック・アート・プロジェクト、彫刻プロジェクト、巣箱づくり等のワークショップがある。食育事業は、コミュニティ・ガーデン、コミュニティ・キッチン、栄養や食の安全に関するワークショップがある。リーダーシップ開発は、役割をもって働く機会の創出（ボランティアとして活動に参加する）と自分の学びを活かす場の創出（ボランティアからファシリテーターへと育成する）がある。リーダーシップ開発は、芸術事業と食育事業のプロジェクトに参加をする中で行われる。

コミュニティ・ディベロッパーは、芸術事業や食育事業、リーダーシップ開発の運営の責任者であり、事業運営の評価を毎月一度行う。コミュニティ開発は、時間がかかる取り組みであり、事業の進行中に目的が逸れてしまったり、事業の課題点が見えなくなることも多い。そのため、定期的な評価を行った後、振り返りができるようにファイルを作成し、ボランティアスタッフやスタッフが自己成長を感じられるようにしている。評価項目への記入は、アンケート形式ではなく、事業に対する思いや課題点などを直接記入してもらう形式をとっている。なお、ボランティアスタッフの中には英語ができない者もおり、その場合は母国語で記入し、翻訳者が翻訳をして共有される。

多数の事業が存在するが、事業企画のアイデアは、利用者との何気ない会話やボランティアスタッフのつぶやき、スタッフが利用者の才能（たとえば、ロビーでイラストを描いている姿を見かけた、等）を見たという話を聞いたという日常性から生み出される。コミュニティ・ディベロッパーは、「私は、オーケストラの指揮者のようなもの」と言う。実際に事業を企画した段階で会議を開き、CNHの利用者に会議への参加を促す。そこで、話し合いがもたれ、事業が調整されていく。特に、話し合いの場では、事業計画の目標設定をする際には、「最良の方法で、この地域に一緒に住むことを想像してみる」ことを伝え、「私たちの人生と子ども達の人生の未来が、皆にとって幸せで健康で価値あるものであるかどうか、それは平等性と中立性が保たれているのか」を考慮して計画が練られていく。企画書としてまとまった段階で、CNHに予算申請をし、場合によっては直接、自治体や企業の競争的資金を取りに行くこともある。以下は、コミュニティ・ディベロッパーからのインタビュー調査からの語りである。

私たちは、「コミュニティのニーズを探す」のではなく、「コミュニティにいる個々人の能力を引き出す」という観点から、人材開発に力を入れて取り組んでいる。地域には、すでに多くのニーズが存在しており、CNHもすでに地域のニーズに即したマルチサービス・プログラムの提供を行っている。人々は、解決すべき事案として、ニーズの話をよくするが、常にニーズの話ばかりしていると、他者のために何かをしなければならないと思うようになる。

私たちは、人々のために何かをする場所と機会を創出している。たとえば、実際にあった話で、シリアの難民がネイバーフッドハウスに来たのだが、言葉も通じないし、おびえてもいる。とりあえず、ハウスに招き入れ、食事を提供する。彼らは、家もない、お金もない、言語もできない、すべてない。それらは全て重要だが、彼らに一番必要だったのは、心のケアだった。その後、難民の一人が身振り手振りで、フライパンで料理を作るジェスチャーをした。それを見たスタッフが、彼にシェフの役割を与え、コミュニティのために働く機会を与えた。彼は、コミュニティに自身のスキルを与えることができるという「スキルと価値をもつ人」になった。常に人々を困っている立場に置いたならば、彼らは困っている人とみなされる。自分自身の才能を引き出すことで、周囲の人々と仕事をすることができれば、人として成長できる。人の価値、情熱、帰属意識、つながりを成長させるための能力開発が重要なのである。

コミュニティ・ディベロッパーは、地域にいる人々の才能を見つけ、彼らがもつ才能やスキルを強化・開発する役割を担う。そのためには、まず、コミュニティ活動に参加をしたいと思える場の創出が必要となる。アート教室に通う利用者が、地域住民向けにワークショップを行ったり、コミュニティ・キッチンでボランティアをしていた者が、自分の家のレシピを公開するといった、専門家による講演やワークショップを開催するのではなく、CNHの利用者や地域住民がそれを行う。コミュニティ・ディベロッパーは、人々の活動が彼らの人生の物語と共に他者へ共有されていく場の創出を担っているのである。

第四節　住民主導の地域福祉拠点づくりに向けて―増進型地域福祉への展望

増進型地域福祉には、五つの特性がある。第一に理想、幸福という高いレベルを目指すこと、第二に問題解決型ではなく目的実現型のアプローチを基本とすること、第三に対話的な進め方であること、第四にプロセスを重視すること、第五に個人の幸せと地域社会の幸せの両方を統合的に目指すことである。[22] これらの特性は、第三節で述べたCNHの取り組みに当てはまるものである。セツルメント運動を源流としたネイバーフッドハウスは、「すべての人を受け入れる」という大きな理想が掲げられており、CNHの施設運営にもその理想は貫かれ、結果としてマルチサービス・プログラムの提供につながってきた。また、問題解決型ではなく目的実現型のアプローチでは、コミュニティ・ディベロッパーがインタビューに答えているように、「コミュニティのニーズを探すのではなく、コミュニティにいる個々人の能力を引き出す」という観点をもって、その人らしさが実現できる場の創出をしている。そして、対話的な進め方では、何らかの事業を企画した段階で、利用者に会議への参加を促し、「最良の方法で、この地域に一緒に住むことを想像してみる」ことを事業計画の目標設定として、理想を思い描き、楽しみながら話し合いを通して決定されていく。それは、プロセスを重視することにつながる。最後に、個人と地域社会の幸せを統合的に目指すことでは、個人の能力やスキルを発揮できる場を創出することで、コミュニティに自身のスキルを与えることができ、その個人は、「スキルと価値をもつ人」になれる。また、個人や地域にとっての困難は、誰かの能力やスキルを活かせる機会としてポジティブに捉えることが重要であるといえる。

これからの日本における地域福祉拠点づくりには、まず、その地域で生活を営む住民が、挨拶を交わす程度から他者を気遣うといった関係性が構築されるように意識した居場所の創出を考える必要がある。その中で、増進型地域福祉の考え方である「どうありたいか」という最良の状態、理想をその場に集う者同士が語り合える場を創出し、その理想を実現するための方策を共に考えていくことが求められる。そして、どのような地域福祉拠点においても、施設側が利用者に対して優良なサービス・プログラムを提供しようと考えるだけに留まらず、その利用者自身と対話を通して人生を分かち合い、その個人がもつ能力やスキルを理解しようとし、個人の能力やスキルを活かせる機会と場の提供を考えることで、利用者は支えられる側から支える側へと役割が転換していく。気軽に「手伝って」と声をかけ、施設の活動に巻き込んでいく。そうした日常性から、社会的な居場所は生み出されていくのだと考えられる。

註

1　厚生労働省（二〇一九）「地域共生社会に向けた包括的支援と多様な参加・協働の推進に関する検討会」（地域共生社会推進検討会）、二頁。

2　荻原建次郎（二〇〇一）「子ども・若者の居場所の条件」田中治彦編『子ども・若者の居場所の構築』、学陽書房、五一〜

六五頁。

3　石本雄真（二〇一〇）「こころの居場所としての個人的居場所と社会的居場所――精神的健康および本来感、自己有用感との関連から」カウンセリング研究Vol.43 No.1、七三頁。

4　泊真児・吉田富二雄（一九九九）「プライベート空間の機能と感情及び場所利用との関係」社会心理学研究一五、七七～八九頁。

5　山岡俊英（二〇〇二）「大学生の居場所とセルフエスティームに関する一研究」佛教大学教育学部学会紀要創刊号、一三七～一六七頁。

6　石本雄真（二〇一〇）「こころの居場所としての個人的居場所と社会的居場所――精神的健康および本来感、自己有用感との関連から」カウンセリング研究Vol.43　No.1、七七頁。

7　村上慎司（二〇二〇）「社会的な居場所づくりと福祉政策――理論的枠組み構築のための試論」医療福祉政策研究三巻一号、二頁。

8　村上（二〇二〇）。

9　Bellefontaine, T., & Wisener, R.（2011）"*The evaluation of place-based approaches: Questions for further research.*" Ottawa, Canada: Policy Horizons Canada.

10　VICTORIA State Government（2020）"*A framework for place-based approaches The start of a conversation about working differently for better outcomes*" https://content.vic.gov.au/sites/default/files/2020-03/Working-%20together-in%20place-Policy%20Framework.pdf（二〇二二年二月四日閲覧）。

11　Lankelly Chase.（2017）"*Historical review of place based approaches.*" Institute for Voluntary Action Research、一六頁。

12　Miu Chung Yan（2002）"*Recapturing the History of Settlement House Movement: Its Philosophy, Service Model and Implications in China's Development of Community-based Centre Services*" Asia Pacific Journal of Social Work and Development, 12:1、二一～四〇頁。

13　Miu Chung Yan（2004）"*Bridging the fragmented community: Revitalizing settlement houses in the global era.*" Journal of Community Practice, Vol.12、五一～六九頁。

14　Miu Chung Yan, Sean Lauer（2008）"*Social Capital and Ethno-Cultural Diverse Immigrants : A Canadian Study on Settlement House and Social Integration*", Journal of Ethnic & Cultural Diversity in Social Work, Vol.17（3）、二二九〜二五〇頁。

15　Association of Neighbourhood Houses of British Columbia, etc（2010）"Building Welcoming and Inclusive Neighbourhoods pilot project（2009-2010）"

16　Sandrtcock, L（2003）"*Cosmopolis II: Mongrel Cities in the 21st Century.*", Great Britain: MPG Books Ltd

17　Cavers, V. with Carr, P. and Sandercock, L.（2007）"*How Strangers Become Neighbours: Construction Citizenship Through Neighbourhood Community Development*", Metropolis British Columbia Working Paper Series No. 07-11

18　Association of Neighbourhood Houses, "*Association of neighbourhood houses vancouver present and past-A report on the History and the role of NeighbourhoodHouses, and background information on the Association of Neighbourhood Houses of Greater Vancouver*" Association of Neighbourhood House of Greater Vancouver
この資料には、作成された年の記載およびページ数がない。

19　Collingwood Neibourhood House のホームページ：https://www.cnh.bc.ca/（二〇二二年二月二十八日閲覧）。

20　Collingwood Neibourhood House（2021）"*Collingwood Neibourhood House Annual Report 2020-2021*" https://www.cnh.bc.ca/AnnualReport/2021/（二〇二二年二月二十八日閲覧）。

21　Collingwood Neibourhood House（2018）"*2018 Programs & Services*"

22　小野達也（二〇一六）「増進型地域福祉への考察」社会問題研究六五、一〜一六頁。

〈参考文献〉

Leonie Sandercoo and Val Cavers（2009）"Chapter 5 The Story of the Collingwood Neighbourhood House: A Unique Gathering Place" Leonie Sandercook, Giovanni Attili "Where Strangers Become Neighbours: Integrating Immigrants in Vancouver, Canada, pp. 123-157

岡野聡子（二〇一二）「非営利団体における社会サービスの提供に関する一考察：カナダのバンクーバー市におけるゴードンネイバーフッドハウスの取り組み」環太平洋大学紀要五、三一〜三九頁

（二〇一五）「カナダ・ネイバーフッドハウスにおける世代間交流の研究：フロッグホロウネイバーフッドハウスにおける世代間交流プロジェクトの事例から」奈良学園大学紀要三、九〜二七頁
（二〇一五）「カナダ・ネイバーフッドハウス研究Ｉ‐利用者とボランティアスタッフの双方向的関係性に着目して」日本人間教育学研究三、一八一〜一九七頁

第一二章　社会的連帯経済と増進型地域福祉

柴田　学

はじめに

本章は、資本主義の弊害（貧困・格差・失業など）に対して、市民社会側から経済交換についての再考を求める形で台頭してきたオルタナティブな経済活動である「社会的連帯経済」に焦点をあて、増進型地域福祉にどのような示唆を与えるのか、その理論的な接合について検討する。

社会的連帯経済の実践については、グローバルに捉えれば、貿易の仕組みの転換や消費行動を通じて途上国で弱い立場にある生産者を支援するフェアトレードの取り組み、ローカルな実践でいえば、コミュニティ・ビジネスのような住民主体の地域づくりなど、多岐にわたる。もちろん、本章の関心は、ローカルな地域づくりの実践にある。

そもそも、地域づくりが盛んに論じられるようになったのは一九七〇年代のことであり、高度経済成長に伴う都市問題（人口集中等）と農村部における過疎問題が発生し、その後日本の低成長と中央集権的な政策の弊害や地域経済の停滞、地方分権化が進むなかで、外発的な開発ではなく、地域主体の開発のあり方が模索されるようになっていった。[1]こうした地域づくりが論じられるようになった背景を踏まえて、社会学者の宮本結佳は、地域づくりを「地域固有の資源を生かし、住民が中心となって行う、暮らしやすく快適な地域社会形成のための創造的・協同的活動」[2]であると定義している。

小野達也や朝倉美江が執筆した本書の基礎編を読み解けば、増進型地域福祉とは、上記の「地域づくり」の定義と同様に、きょうどう（共同や協同）という互助行為や創造性が内包された概念であると理解できる。また、増進型地域福祉は、その実践に関わる住民・当事者、専門職、行政、団体・組織などの総てのステイクホルダーがプロセスに関わり合い、喜びを分かち合い、その成果もみんなで共有し合うなかで幸福を生み出すという、相互連関の営みともいえる。そして、こうした増進型地域福祉をより地域生活や日常生活に落とし込んで考えた場合、そのアウトカムとして表出されるのが「福祉文化」[3]であると考える。特に、きょうどう（共同や協同）という互助行為や創造性が内包されている増進型地域福祉の実践が、地域における労働（働き方、働く場）と生活を結ぶことで、住民・当事者のやりがいや生きがいを作り出すような仕事・活動を創出できるとするならば、そうした相互連関の営みそのものが「福祉文化」の表出であると捉えることもできよう。

そこで、本章では、増進型地域福祉がつくる「福祉文化」を把握するための実体概念としても、社会的連帯経済がどのような理論的貢献ができるのかについて、具体的な事例も踏まえながら、考察を試みることとしたい。

第一節　何のための経済活動か？

第一項　「市場の論理」と「生活の論理」

まず、社会的連帯経済とは何かを論考する前提として、そもそも私たちが暮らしを展開する地域社会において、

「経済活動」とは何を意味するのか。そこを出発点にしたいと思う。広井良典は、「二〇五〇年、日本は持続可能か」という問いをテーマ設定した場合、「財政破綻、人口減少加速（↑出生率低下↑若者困窮）、格差・貧困拡大、失業率上昇（ＡＩによる代替を含む）、地方都市空洞化＆シャッター通り化、買物難民拡大、農業空洞化等々といった一連の事象が複合的に生じる」[4]という「破局シナリオ」を提示しているが、こうした現象は、全国各地の地域社会において既成の事実として起こっていることである。また、このような地域社会の諸問題については、グローバル化と連動したローカル化のなかで生じている。グローバル化の特徴は、「①世界の市場を高速に流通する資本や金融の量的規模の拡大、②発展途上国から先進国へ労働力の移動、③情報の瞬時の移動、④生活資源の流動化」[5]という点にある。ある意味では暴走する資本主義のグローバル化により、日常生活から遠く離れたところで生み出された諸問題が、実際には身近な地域社会のなかにおいて様々な形で影響を与えることとなる。結果として、その問題の解決の場を地域社会に求めるというローカル化の視点が、地域福祉における環境的背景になっている。

そんなローカルな地域社会のなかでは、更に資本主義を代弁する「市場の論理」と、その地域で暮らす側の「生活の論理」による対立の構図が浮かび上がることとなる。以下は、向井清史が示した「市場の論理」と「生活の論理」という観点から整理を試みたい。[6]

そもそも市場とは、同じ土俵で競い合うことであって、比較を成立させる通約性（価格に換算できるもの）と同等性が機能している。同じ土俵で競い合うということは、最も収益的な（＝競争に耐え得る）生産方法を採用しないと生き残れないということになる。

本来の経済における資源（モノ、ヒト、カネ）は、〈生産要素〉としての規定を受けるが、これが市場（マーケット）に入った瞬間に、利益の源泉としてみなされない資源は〈生産要素〉から外れることとなる（市場からの排除＝利益を生まない不必要な資源としてみなされる）。ここで「有用物〈生産要素〉＝資源」という関係に切断（有用物〈生産要素〉≠資源）が起こる。つまり、「市場の論理」においては、全ての資源が有用物であるとは捉えないことになる。例えば、労働市場から排除されがちな高齢者や障害者、金銭的なインセンティブを生まないとされる休耕地や有休農地および規格外の農作物など、「生活の論理」からすれば多様な可能性を有していても、「市場の論理」からすれば利用されない資源が発生することになる。

また、市場における必要性とは、貨幣的裏付けを持つものとしての規定を受けることとなる。その場合、市場のなかで需要がないとみなされた瞬間に、「必要＝需要〈求め〉」という関係に切断（必要≠需要〈求め〉）が起こる。本来、「生活の論理」からすれば需要〈求め〉には生活保障の問題（ケア、就労など）が潜在化しているはずだが、市場が持つ効率性（「市場の論理」）からいえば、その〈求め〉に貨幣的な裏付けが担保されない場合（利益を生まないとみなされた場合）には、不必要なものとして除外されてしまう。

この「有用物〈生産要素〉≠資源」「必要≠需要〈求め〉」という二つの関係の切断（≠）こそが、市場の作用力であり、市場の持つ効率性の縮図となる。つまり、「市場の論理」のみを追求していけば、その分だけ「生活の論理」は成立せず、結果として排除される資源や〈求め〉に内包された生活保障の問題が解消されない形で顕在化することになる。

第二項　「人間の経済」

現代の経済とは、このような資本主義を代弁する「市場の論理」、つまり「市場経済」の考え方が支配的といえる。塩野谷祐一は、「経済は社会の中に埋め込まれており、その埋め込まれ方によって経済のあり方が変わってくる」[7]ことを指摘する。本来、市場経済も社会のなかに埋め込まれているはずだが、現代では逆転して、社会

表一　異なる経済行動の特徴的区分

特徴＼経済行動	市場	再分配	互酬
経済主体間の関係／交換の目的（ゴール）	財の間の等価という意味での対照的な関係	中央集権との階層的関係	対照的な個人・集団間の関係
時間	交換の即時性	継続的な関係	社会的関係のネットワークにおける長期的な強化
典型的な制度	資本的企業	国家、地域圏と地方政府、準公共機関	連帯経済組織
資源配分のタイプ	財やサービスの購入	公的資金（補助金など）	贈与、ボランティア、寄付など
支配的な原理	個人的利益—利潤	一般的利益—コミットメント	Give and take—相互性

出所：Gardin（2014:116）を筆者訳

が市場経済のなかに埋め込まれている状況下にあるといえよう。

この「埋め込み」という概念を最初に提唱したのがカール・ポラウニーである。ポラウニーは、「人間の経済」とは本来的に社会のなかに埋め込まれていることを指摘している。[8] そして、「人間の経済」における主要な統合形態（経済行動原理）とは、交換、再分配、そして互酬であると論じているのである。[9] 表一は、異なる三つの経済行動の特徴を区分したものになる。[10] ここで言う交換とは、厳密には市場経済を意味するが、元々ポラウニーは著書『大転換』のなかで、これまでの歴史を分析し、社会のあらゆる体系が市場経済のシステムに組み込まれてしまったことを指摘していた。[11] その状況を最も表しているのが「商品」と「擬制商品」との違いである。ポラウニーは商品を「市場での販売のために生産された品物」[12]と定義したのに対して、元来市場で販売されるために生産されたものでないはずの土地（自然）、労働（人間）、貨幣を「擬制商品」と呼んだ。そして、資本主義のグローバル化においては、この「擬制商品」が市場競争のなかにさらされることとなり、人間の生活や生命・生存を脅かして破壊されてしまうと警告を鳴らしていた。こうした人間の生活に必要な土地（自然）、労働（人間）、貨幣がどんどん「商品化＝市場化」した結果、先述したように、ローカルな地域社会の暮らしに様々な影響を与えているのである。

そういう意味で、地域社会で暮らす私たちは、経済活動を市場経済（交換）だけではなく、再分配、互酬も含めた「人間の経済」として捉え直すことが求められている。ポラウニーの三つの経済行動原理を踏まえて、改めて「人間の経済」とは何かと問い直したときに、かつて岡村重夫が提唱した「社会福祉固有の視点」が浮かび上がる。岡村は、人間（生活者）を「社会生活上の基本的要求」を持つ存在として捉え、その基本的要求に対して人間（生活者）が「社会制度」に結びつこうとする「社会関係の二重構造」を提唱していた。[13] その際、既存の社会制度としての経済は、あくまで社会関係の客体的側面に関わるものであった。しかし、「人間の経済」は、社会関係の主体的側面から立ち上がるものである。すなわち、「市場の論理」のみで独走する経済ではなく、市場、再分配、互酬も含めて、生活者側の視点からコントロールしていく経済活動のあり方を示しているといえよう。

第二節　社会的連帯経済とは何か

第一項　社会的経済と連帯経済

こうした「人間の経済」を推進するのが、「社会的連帯経済」である。社会的連帯経済に関する考え方については諸説あるが、本章では福原宏幸に依拠して「社会的経済と連帯経済が重なり合い、市場原理と異なる互酬性を基準とした価値規範に支えられた経済システム」[14]と定義する。社会的連帯経済は、表一でも示したように、ポラウニーの経済行動原理に基づいて理論形成されたジャン＝ルイ・ラヴェルによる「多元的経済」論がその基盤となっている。[15] その特徴の一つを先取りすれば、社会的連帯経済では、多元的経済（市場、再分配、互酬）をそれぞれ「市場資源」「非市場資源」「非貨幣資源」として捉え直すとともに、これら資源を複合的に活用することでその実践を安定させている側面がある。なお、福原の定義でも察しがつくように、社会的連帯経済という用語は、社会的経済と連帯経済という二つの言葉から構成された合成語である。どちらも議論が活発なのはヨーロッパであり、その起源はフランスにある。

社会的経済とは、協同組合や共済、財団、ＮＰＯや社会的企業といった組織の民主主義的ガバナンスの次元に着目する、「もう一つの企業のあり方」「企業の多元性」というアプローチによって特徴づけられた経済活動を指す[16]。いわゆる「サードセクター」の担い手として理解され、言葉としてもほぼ同義に扱われていた[17]。サードセクターとは、「経済社会全体からみて、公共セクターを第一のセクター、民間企業セクターを第二のセクターとして捉え、政府機関でもなく、民間であっても営利を追求する企業ではないという第三の組織[18]」というのが一般的な解釈であろう。社会的経済の概念としての原則は、㈠目的は利潤よりもメンバーや構成員への貢献であること、㈡管理運営の独立性、㈢民主主義的な意思決定過程、㈣収益の分配における資本に対する人間と労働の優越性といったものである[19]。

一方で、連帯経済とは、「市民同士の相互的な掛かりあいを基盤にして経済の民主化に貢献する経済活動の集まり[20]」であり、「近隣公共圏」をベースとした「もう一つの経済」「経済の多元性」を問うアプローチである[21]。ラヴェルによれば、連帯経済は、「フェアトレード、ラテンアメリカの民衆運動、北米のコミュニティ活動、ヨーロッパの近隣サービスなどのミクロの集合体行為は呼称こそ異なるが、いずれも社会的つながりの性質や経済交換について再考を迫るものである[22]」という。つまり、連帯経済の概念自体は、ヨーロッパでの議論を超えて、資本主義のグローバル化や新自由主義への対抗軸としての「もう一つの経済（オルタナティブな経済）のあり方」を提示しており、「地域での自治的な公共空間を拡大しつつ、オルタナティブな経済のあり方を志向する当事者運動（普通の人々による運動）としての性格」[23]を帯びたものでもあると理解できる。

一九八〇年代を通してフランスにおいては、社会的経済と連帯経済は激しく対立した概念として捉えられてきた。幡谷則子によれば、「この対立的な捉え方は、協同組合、共済組合およびアソシエーションの中から生産活動によっては協同組合・共済組合と同列に置かれる『社会的経済』としての法制度が定められ、これを国家が認知することで、トップダウン型の社会的経済推進の政策が展開されたためでもあった」[24]という。その後、この対立軸は徐々に軟化していくこととなる。一九九〇年代に入ると、フランスでは、連帯経済との結びつきが強かった緑の党が地方政治において影響力を増すことも重なり、地方レベルでは社会的経済と連帯経済との対話が進み始める。[25]一九九七年には国際的な実践者のネットワークとしてＲＩＰＥＳＳ（社会的連帯経済推進のための大陸間ネットワーク）が組織化される[26]など、社会的経済と連帯経済という対立していた二つの概念は、「社会的連帯経済」という一つの概念として、徐々に包含されるようになってきている。

第二項　社会的連帯経済の特徴

社会的連帯経済の概念については、連帯経済を中心に多様な考え方や解釈があり、その抽象度の高さが指摘されている。[27]特に、社会的経済と連帯経済という二つの別概念からの合成語であるがゆえに、「この二つの言葉の関係性や軽重によって、国ごとの用語の違いも生じている」[28]のだという。[29]

そのような状況を踏まえた上で、社会的連帯経済の特徴を抽出して挙げるとするならば、概ね五つに集約できるのではないかと考えている。

一つ目は、社会的連帯経済の行動原理が、「互酬性の推進力」に基づくことである。概ね連帯経済の概念に依拠するものだが、互酬性の推進力とは、平たくいえば「人と人とのつながり」をベースにしていることであり、地域住民の相互扶助という意味合いもあれば、同じ価値を共有した人たちで構成されるアソシエーションのような意味合いも考えられる。現代的な解釈でいえば、社会関係資本（ソーシャル・キャピタル）の構築であり、「社会関係資本が指し示しているのは個人間のつながり、すなわち社会的ネットワーク、およびそこから生じる互酬性（reciprocity）と信頼性の規範」[30]を基盤とした経済活動を推進していくものである。ただし、この場合の前提条件として、社会関係資本の〝負の側面〟の制約を受けないことが重要である。つまり、閉鎖的かつ抑圧的な共同体のような、互いを拘束する関係性で展開されるものではなく、小野が第一章でも引用した「自由の相互性」[31]が担保されなくてはならない。

二つ目は、「地域自治」への着目である。社会的連帯経済の文脈では、「討議・対話と決定の空間（近隣公共圏[32]）」や「多元的公共空間[33]」の構築という点が特徴づけられており、生産者や労働者、社会サービスの利用者、ボランティア、市民・地域住民など、その経済活動に関わる多様なステイクホルダーが対等な関係性のなかで協議・参加する地域自治の空間を生み出す役割を果たすものである。それは、地方自治体とのパートナーシップ構築とともに、経済の民主化を通じて社会サービスの利用者の意見を活かせるような仕組みづくりを設計していく政治的プロジェクトという意味合いも包含される。

三つ目が、「コレクティブな経済活動」の展開である。「連帯」というキーワードや「互酬性の推進力」を基盤とすることにも関連するが、コレクティブとは「集合的」という意味合いであり、その経済活動を通じて価値を共有する集合的なアプローチといえる。例えば、フランスにおける連帯経済論では、要支援者への就労支援プロジェクトに対して、ソーシャルワーカーのイニシアティブを中心に、その価値を共有した人々が集まることで、経済活動の取り組みが展開されていったという[34]。つまり、就労困難な当事者や市民・地域住民、専門職等によるコレクティブな経済活動が展開されてきたといって良いだろう。

四つ目は、「地域資源の複合的活用」である。社会的連帯経済のユニークな点は、そのコレクティブな経済活動が、市場資源による経済交換（販売等からの収入など）だけではなく、非市場資源（公的な資金など）、非貨幣資源（ボランティア、寄付など）という異なった資源の複合的活用によって展開されていることであろう。これは先述した「多元的経済」の考え方が原理となっている。

五つ目が、「コモンズ／コモングッドの形成」である。最終的に、社会的連帯経済が目指すのは、コレクティブな経済活動による地域資源の複合的活用を通じて、地域社会におけるコモンズ（共通資産）の維持・拡大とともに、地域のコモン・グッド（共通善）としての可能性を導き出すことで、地域における多元的経済の蓄積と循環に貢献することである。

第三節　社会的連帯経済と増進型地域福祉への接合点を求めて

第一項　地域資源の複合的活用

増進型地域福祉と社会的連帯経済については、地域資源の複合的活用という点において接合を見出せると考えられる。地域福祉における地域資源の活用を考える際に参考になるのが、かつて牧里毎治が提示した、地域組織化（コミュニティワーク）におけるまちづくり活動のフローとストックの関係図式である（図一）[35]。社会福祉学で言及されてきた社会資源という意味合いも含めて考えると、人的資源や制度サービス等の制度的資源も追加されるように思うが、総じてこの図式は、社会的連帯経済の視点で捉えれば、先述した「コモンズ／コモン・グッドの形成」に関する特徴（地域における多元的経済の蓄積と循環）ともオーバーラップするものである。

この関係図式を踏まえたうえで、改めて増進型地域福祉の視点から整理すれば、図二のような展開可能性を見

図一　まちづくり活動のフローとストック

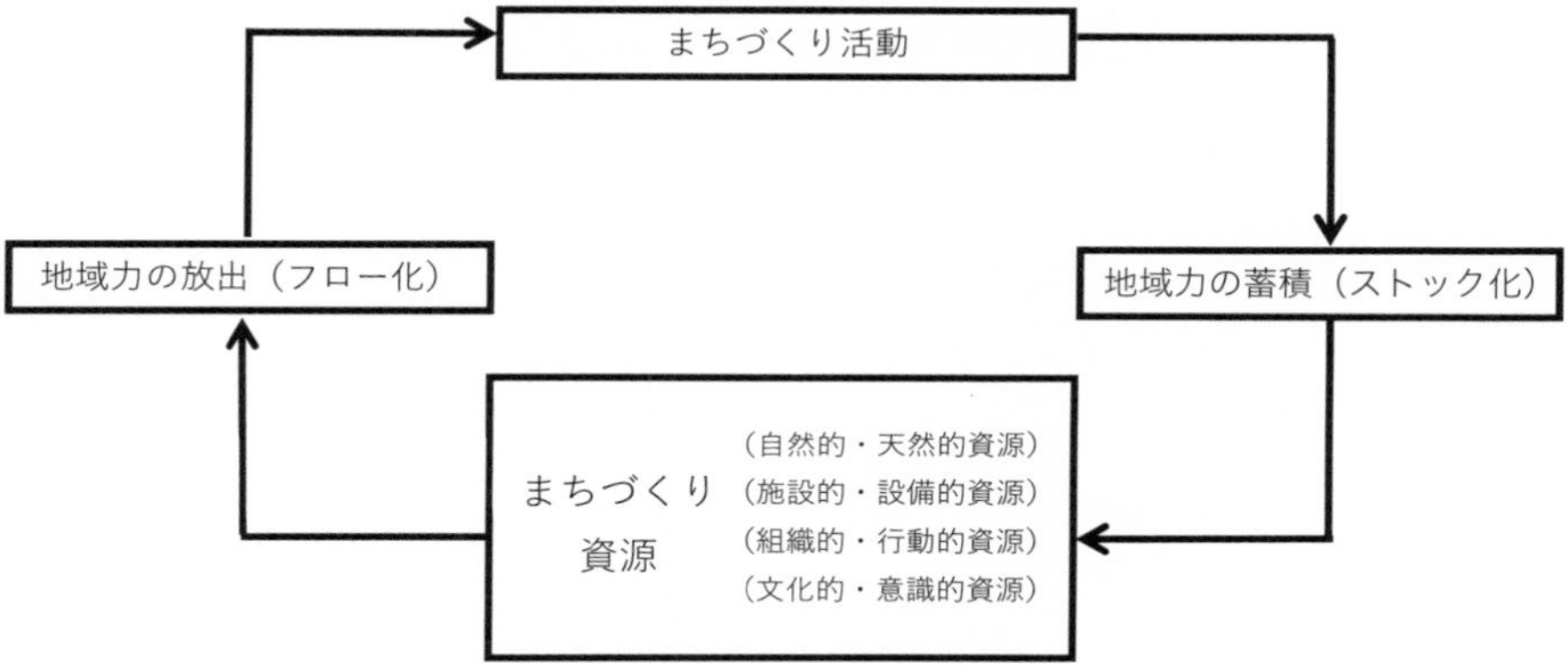

出所：牧里（一九九四：三八〇）

出すことができる。つまり、第一章で小野が提示した「地域福祉の幸福の三角錐」において、a政府に関連するのが再分配＝「非市場資源」、b市場＝「市場資源」、そしてc生活世界に関連するのが互酬＝「非貨幣資源」ということになる。さらに、こうした三つの資源を地域資源として要素分解して考えた場合、この三角錐を支える土台としての多様な地域資源が存在することになる。この三角錐の土台となっている多様な地域資源を社会的連帯経済における三つの資源（市場資源、非市場資源、非貨幣資源）に変換することによって、コレクティブな経済活動[36]による地域資源の複合的活用の展開を把握することができる。

上述した展開を通じて、社会的連帯経済の実践は、増進型地域福祉でいう〝その地域らしさ〟や〝相互実現〟、すなわちウェルビーイングを目指すものである。その際、地域資源を、「ないものを満たすためのもの」であるとか「消費するためのもの」という消極的な視点で捉えるではなく、「あるものをどう生かすか」「資源の可能性をどのように導き出すか」というプラスの発想から積極的に捉え直す必要があるといえる。したがって、地域資源の複合的活用をポジティブな地域づくりとして把握していくことが、増進型地域福祉と社会的連帯経済の接合を考える上でも有益な示唆を与えるもの

図二　「地域福祉の幸福の三角錐」から把握する社会的連帯経済の展開可能性

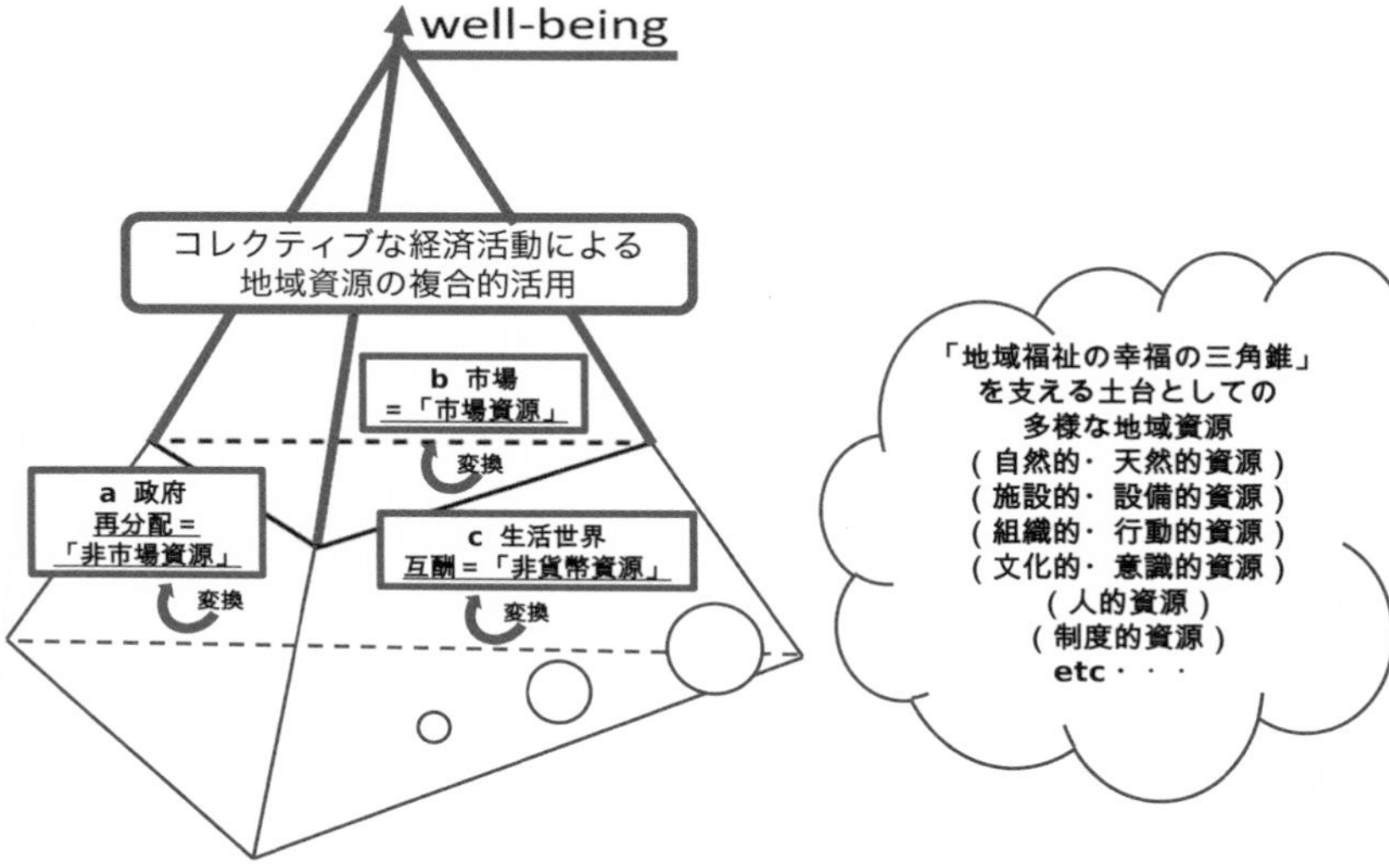

出所：小野（第一章：図表三）を引用して筆者修正・加筆

であると考える。

それでは、実際の社会的連帯経済の実践では、どのような経済活動が展開されているのだろうか。社会的連帯経済は、地域自治を特徴としてあげたことからも理解できるように、実際の取り組みについては、地域レベルでの実践を中心に把握することになる。本章では、愛知県新城市八名地域（以下、八名地域）で展開されている「やなマルシェ・やなまるっ人」における地域づくりの実践に注目したい。

第二項　「やなマルシェ・やなまるっ人」における地域づくり

八名地域は、静岡県との県境に位置し、自然も豊かな田園風景とともに、愛知県の伝統野菜である八名丸里芋の生産地としても知られている。二〇二二年一月末時点の人口は四八二八名、高齢化率三三%（二〇二〇年四月現在）、一六九一世帯、一〇の行政区が存在する。地域内には保育所（八名こども園）一ヵ所、小学校二校、中学校一校とともに、市営の工業団地、東名高速道路の新城パーキングエリアなどもあるが、少子高齢化の波は激しく、子どもの数はこの一〇年間で約一〇〇名減少しており、個人商店も次々と閉店を余儀なくされていた。

そのような状況のなかで、二〇一七年一月に八名地域唯一のスーパーマーケットであったJA愛知東のAコープ八名店（以下、Aコープ）の閉店が決まった。当時、八名地域協議会[37]（以下、地域協議会）の委員でもあった地域の女性たちは、その会合後の雑談中に、Aコープの果たす役割は買い物だけではなく、八名地域の住民にとって唯一の交流の場であった事を再確認した。そして、何かできることはないかと模索した結果、閉店後の店舗の軒下で「朝市」を計画することで話がまとまった。地域の女性たちのなかには、以前からJA愛知東の女性部員（以下、JA女性部）もいた。

そこで、女性たちはJA愛知東の事務局からの快諾を経て、Aコープが閉店してわずか数日後の二〇一七年四月に「なんでも朝市」を開催した。この朝市では、地域の農産物だけではなく、家にある不用品や手芸品も自由に対面販売することを可能にした。JA女性部としても、地元の伝統野菜である八名丸里芋を使用した「八名丸コロッケ」などを販売した。その結果、初回は出店者が三〇名、来店者も約一五〇名あり、売上の合計も約一五万円に達するなど、予想以上の好スタートを切った。二〇一七年六月からは名称を「やなマルシェ」に変更（七月から毎週土曜日午前中に開催）するとともに、JAの移動販売車である「J笑門[38]」が朝市開催時間に合わせて立ち寄るようになった。Aコープが閉店し、買い物難民が増加していた八名地域にとって、移動販売車は「やなマルシェ」との相乗効果を生み出しており、現在においても欠かすことのできない存在となっている。

その後も、「やなマルシェ」の活動は続き、朝市だけではなく、小学校のバザーで「八名丸コロッケ」を販売するなど、出張する機会も増えていく。店舗内も使用したいとJA愛知東の事務局にも相談した結果、二〇一八年四月からは店内のスペースも活用できるようになった。一周年祭と銘打って開催されたイベントでは、生協、農家、市内のハンドメイド作家など三七組の出店者が参加し、来店者数も約三〇〇名を突破した。拡大した店舗はフリーマーケットのスペースとして活用され、これまで朝市で売られていた手芸品や食器等のバザー品も常設販売（週三日店舗を開放）できるようになる。旧Aコープ店舗の開放により、建物も「JAプラザ」と呼称されるようになり、二〇一八年五月からは週二回、八名地域協議会の役員が住民の提案や相談を受け付ける窓口として駐在したり（～二〇二一年三月まで）、自主的に集まってイベントや活動を行えるサロンスペースも加わった。また、八名中学校の総合学習の一環として生徒が「やなマルシェ活性化」をテーマに活性化プランを考え、JAプラザの外観やレイアウトの提案、「八名丸バーガー」を開発・試食するなど、地域のなかでも活動が認知されるようになった。八名地域では、新城市の教育理念である共育（子どもだけではなく、大人も共に実践する）行事を大切にしており[39]、JAプラザで学校と地域による寄せ植え教室や手芸教室が共育行事として実施されるなど、多目的な地域拠点としても機能するようになる。現在では、地元中学生によるイベントでも活用されるなど、中学校とも「学びの場」としての信頼関係を構築している。

二〇一九年四月からは、旧Aコープ店舗内に残っていた厨房が、改修・工事を経て使用できるようになった。厨房を活用することで、地産地消による農作物の調理も可能になり、惣菜づくりや弁当配達も開始した。同時に、二〇一九年からは、老若男女問わず誰でも参加できる「やなまるっ人」の活動も立ち上がった。「やなまるっ人」の名称には、「八名地域全体まるごと活性化」することを目的として、それを行うのは〝人〟であるという意味が込められている。「やなまるっ人」の立ち上げ以降は、地域協議会における「地域活動交付金」も申請・活用しながら、「やなマルシェ」と一体となって、ボランティアベースで地域づくりを進めている。

「やなまるっ人」では、主に㈠JAプラザを活用したイベント・活動や、㈡耕作放棄地を活用した「まるっ人農園」の運営（有機栽培での農業、農園での地域交流など）、㈢軽トラック「軽トラハウス」での移動販売（やなマルシェの朝市での雑貨や野菜、惣菜や弁当など)、㈣「まるっ人通信」の隔月発行といった形で多種多様な地域活動を展開しており、一三名の会員(二〇二一年四月現在)によって運営されている。また、未就園の親子が八名地域でつながって交流・学習の場づくりを展開する「まるっ子くらぶ」(毎週水曜日午前)、新城市内で展開している認知症カフェ「結カフェ」(毎月第一・二水曜日午後:参加費一〇〇円)、折り紙やストレッチなどを通じて高齢者の介護予防を目的とした健康サロン「まるまるサロン」(毎月第三・四・五水曜午後:参加費一〇〇円)など、JAプラザを活用した新たな地域福祉活動も創出されている。さらに、今後は、JAプラザで実施している健康サロンに加えてミニデイサービスを始めたり、JAが高齢者への有償の生活支援サービスを展開することを機に「やなマルシェ・やなまるっ人」としても配食や家事援助、(男性も巻き込んだ)草刈り等の生活支援に携わる計画があるなど、新たな展開を予定している。

第三項　社会的連帯経済の実践としての「やなマルシェ・やなまるっ人」

「やなマルシェ・やなまるっ人」の実践からはどのような示唆を得ることができるのだろうか。社会的連帯経済における特徴から把握することとしたい。

まず、「互酬性の推進力」と「コレクティブな経済活動」については、地域住民による互酬性と集合的な実践として「やなマルシェ・やなまるっ人」を捉えることができるが、それ以上に重要なのは、「やなマルシェ」の立ち上げメンバー五人のバックグラウンドにある。そもそもメンバーは、消費者組織である生協(元みかわ市民生協・現コープあいち)の組合員として地域活動を展開してきた。つまり、消費者である生協組合員としての「やなマルシェ」メンバーが、農協という資源を活かしながら、「生産者組織としての農協の組合員でもある」という形で融合することで、消費者と生産者のコラボレーションを実現したのである。そういう意味では、協同組合

（組合員）という互酬性の推進力及び集合的な知見・経験が基盤として確立していたことは大きい。

次に、「地域自治」という点については、地域協議会が「やなマルシェ・やなまるっ人」の実践においても重要な役割を果たしている。一時期は、「やなマルシェ」の立ち上げメンバー全員が地域協議会の役員だったが、現在は地域協議会に関わるメンバーと、「やなまるっ人」に関わるメンバーで役割分担をして、地域で解決できる課題を「やなまるっ人」が受け入れる体制づくりを自発的に整えている。なお、行政との交渉・協議の場としての地域協議会と、実践の場としての「やなマルシェ・やなまるっ人」との連動が、八名地域そのものを支える基盤になっていると考えられる。つまり、「やなマルシェ・やなまるっ人」からすれば、地域協議会の存在は、重要な「組織的・行動的資源」となっているともいえよう。

そして、「地域資源の複合的活用」については、新城市の地域自治政策として財源も予算化されている地域協議会を再分配的な資源、すなわち「非市場資源」として把握することができよう。「市場資源」については、地域の農産物を「やなマルシェ」へ出店することで、農家の追加的収入や地産地消を促す側面がある。「やなまるっ人」における農園運営においても、有機栽培による様々な農作物を販売するなど、新たな「市場資源」となる可能性を有している。また、農園に参加する住民の生きがいづくりの醸成とともに、最近では子どもの芋掘り体験の交流などの波及効果を生み出しているという。地産地消に関連すれば、八名丸里芋を使った八名丸コロッケなどの物菜、弁当の販売・開発、中学生による商品開発の提案（八名丸バーガー）など、いわゆる「非貨幣資源」に分類できる「八名ブランド」ともいうべき「文化的・意識的資源」を積極的に活用しており、新たな「市場資源」の可能性を引き出している。そして、「手芸品・食器等のバザー品」は、市内のハンドメイド作家商品の出店に一役買っているとともに、不要となった食器などのバザー品販売を通じて、「やなマルシェ」がリサイクルショップ機能を果たしているともいえる。これは、不要と思われる品物を「やなマルシェ」を通じてマネタイズ

（換金化）する機能でもあり、リサイクル資源としての新たな付加価値を提供することにもつながっている。なお、「JA移動販売車（J笑門）での買い物支援」は、「やなマルシェ」による直接的な機能ではないが、毎週朝市と同時に販売が行われており、住民は地産地消の農作物の購入とともに、食料品や生活用品等も購入できる。つまり、「やなマルシェ」での朝市は、買い物支援の機能を間接的に果たしており、「市場資源」との接点を構築する役割を担っていると考えられる。何より、「やなマルシェ・やなまるっ人」の活動自体が、ボランティアによる自発的な活動によって成立している。したがって、たくさん創出されていた「市場資源」も、実は多くの「非貨幣資源」によって支えられていることが理解できるだろう。

第四節　ポジティブ・サムアプローチと福祉文化

「やなマルシェ・やなまるっ人」における地域づくりは、コレクティブな経済活動による地域資源の複合的活用の展開によって、様々な活動・事業を創出しながら、地域資源の有する可能性を引き出している。そして、それら活動・事業が地域力（パワー）として蓄積・共有化されるとともに、その蓄積された地域力（パワー）が、また次のコレクティブな経済活動による地域資源の複合的活用を通じて放出（フロー）されていくという、多元的経済の蓄積・循環を形成していると理解できる。つまり、「やなマルシェ・やなまるっ人」そのものが、八名地域におけるコモンズ（共通資産）／コモン・グッド（共通善）として、必要不可欠な存在として機能しつつある。

この循環形成の視点は、マリリン・テイラーが提唱したポジティブ・サムアプローチの議論とも重なるところがある。[40] ポジティブ・サムアプローチとは、コミュニティ・エンパワメントを考える際に、パワーを有限的・固定的なものと捉えず（例えば、誰かに権力も含めて集中していたパワーを他の誰かに移譲する、などではなく）、流動的な財として捉えて、パワーを地域で共有化し、さらにパワーの量を増やしていくことで地域を新しいポジティブな方向へ変えていく可能性を示唆するものである。ここでいう財やパワーとは、地域の有する資源（地域力）そのものであると捉えることができよう。つまり、地域で共有できる資源をパワーとして、より増やしながら循環していくことで、コミュニティ・エンパワメントを促進するのである。「やなマルシェ・やなまるっ人」における地域づくりは、まさにポジティブ・サムアプローチが内包された社会的連帯経済の実践であるといえる。

こうしたポジティブ・サムアプローチの考え方は、増進型地域福祉がつくる「福祉文化」を把握する上でも有効に作用するのではなかろうか。例えば、地域における「文化的・意識的資源」は、その地域の象徴や歴史、場所（自然）との関係のなかで生み出されたものである。第2章で朝倉は「文化とは私たちの日常生活のなかにある」と指摘しているが、こうした「文化的・意識的資源」への着目は、これまで私たちが日常生活で見落としがちだった地域の魅力を再発見・再認識することにつながるものである。特に、「やなマルシェ・やなまるっ人」の実践では、この「文化的・意識的資源」を活かしながら他の地域資源を組み合わせることによって、新たな地元特産品が開発されるなど、地域にとって必要な「市場資源」を創出する可能性を導き出していた。こうした地域の文化を地域力（パワー）として共有し広げていくという相互連関の営みが、増進型地域福祉のアウトカムでもある「福祉文化」の表出へとつながっていくのではないだろうか。つまり、地域資源を活かすだけではなく、地域資源を共有し広げていく（＝地域のパワーの量を増やしていく）という発想が、ポジティブ・サムアプローチにおける重要な視点であり、その広がりのなかから「福祉文化」は育まれていくものと考えられる。

図二でも示したように、社会的連帯経済の実践は、増進型地域福祉でいう〝その地域らしさ〟や〝相互実現〟、すなわちウェルビーイングを目指すものである。その達成のためには、コレクティブな経済活動による地域資源の複合的活用を通じて、地域資源を共有し広げていく（＝地域のパワーの量を増やしていく）なかで、多元的経済

の蓄積・循環の形成を「福祉文化」として育む必要があると考える。そういう意味で、ポジティブ・サムアプローチの考え方は、増進型地域福祉と社会的連帯経済との理論的な接合を、さらに深化させていく視点を提供しているといえるだろう。

註

1　宮本結佳（二〇一八）『アートと地域づくりの社会学：直島・大島・越後妻有にみる記憶と創造』昭和堂、五二頁。
2　宮本結佳（二〇一八）、五二頁。
3　福祉文化の定義については、第二章の朝倉論文を参照されたい。
4　広井良典（二〇一九）『人口減少社会のデザイン』東洋経済新報社、二一頁。
5　野口定久（二〇〇八）『地域福祉論：政策・実践・技術の体系』ミネルヴァ書房、五頁。
6　向井清史（二〇一八）「つながりから拓く地域の未来：市場の作用力と有休（未利用＝潜在的埋没資源ではない）資源の利用を考える」「二〇一八国際協同組合デー記念行事ｉｎ愛知」基調講演資料（日時：二〇一八年七月六日、場所：生活協同組合コープあいち生協生活文化会館）、三九〜四〇頁。
7　塩野谷祐一（二〇〇二）『経済と倫理：福祉国家の哲学』東京大学出版会、一頁。
8　ポラウニー、カール（一九五七＝二〇〇三）玉野井芳郎・平野健一郎訳『経済の文化史』ちくま学芸文庫。
9　ポラウニー、カール（一九七七＝一九八〇）玉野井芳郎・栗本慎一郎訳『人間の経済Ⅰ：市場社会の虚構性』岩波現代選書、八九頁。
10　Garlin, L. (2014) Solidarity-based initiatives: Field realities and analysis. Defourny, J. Hulgard, L. and Pestoff, V. eds. Social Enterprise and the Third Sector: Changing European landscapes in a comparative perspective, Routlege, 一一四〜一二九頁。
11　ポラウニー、カール（二〇〇一［一九四四］＝二〇〇九）野口建彦・栖原学訳『［新訳］大転換』東洋経済新報社。
12　ポラウニー、カール（一九四四＝二〇〇九）、一二四頁。
13　岡村重夫（一九八三）『社会福祉原論』全国社会福祉協議会。

14 福原宏幸（二〇一四）「アクティベーション」岩崎晋也・岩間伸之・原田正樹編『社会福祉研究のフロンティア』有斐閣、三〇頁。
15 ラヴィル、ジャン＝ルイ（二〇〇七＝二〇一二）北島健一・鈴木岳・中野佳裕訳『連帯経済：その国際的射程』生活書院。
16 北島健一（二〇一六）「連帯経済と社会的経済：アプローチ上の差異に焦点をあてて」『政策科学』二三（三）、一五～三二頁。
17 アメリカ的理解では、サードセクターは「非営利セクター」と評されており、協同組合や共済組合についてはサードセクターから除外している。詳細は、エバース、アーダルベルト・ラヴィル、ジャン＝ルイ編著（二〇〇四＝二〇〇七）内山哲朗・柳沢敏勝訳『欧州サードセクター：歴史・理論・政策』日本経済評論社、を参照されたい。
18 山本隆編（二〇一四）『社会的企業論：もう一つの経済』法律文化社、一四頁。
19 ドゥフルニ、ジャック・モンソン、ジョセL。編著（一九九二＝一九九五）富沢賢治・内山哲朗・佐藤誠ほか訳『社会的経済：近未来の社会経済システム』日本経済評論社。
20 ラヴィル、ジャン＝ルイ（二〇〇七＝二〇一二）三一〇頁。
21 北島（二〇一六）。
22 ラヴィル、ジャン＝ルイ（二〇〇七＝二〇一二）三一〇頁。
23 藤井敦史（二〇一九）「社会的連帯経済を考える：カール・ポランニーのレンズを通して見る社会的連帯経済」『協同組合研究』三九（二）、一五頁。
24 幡谷則子編（二〇一九）『ラテンアメリカの連帯経済：コモン・グッドの再生を目指して』上智大学出版、八頁。
25 藤井敦史（二〇一六）「日本の労働統合型社会的企業（ＷＩＳＥ）と中間支援組織」藤井敦史代表『公募研究シリーズ六〇：中間支援組織調査を通して見た日本の労働統合型社会的企業（ＷＩＳＥ）の展開と課題』全労災協会、一～一八頁。
26 田中滋（二〇一九）によれば、ＲＩＰＥＳＳは「市民活動の波の中で資本主義の暴走とそれが問題解決の手段と化していくことに懸念を覚え、経済成長に依存しない、別のあり方でもっと暮らしと環境とグローバル化の実現を模索するための手段」（二五頁）として、ペルーのリマでの会合をきっかけに結成されたという。詳細は、田中滋（二〇一九）「社会的連帯経済を推進する大陸間ネットワーク（ＲＩＰＥＳＳ）と市民の手による国際的な連帯経済運動の潮流」『協同組合研究』三九（二）、二一～二七頁を参照されたい。

27　北島健一（二〇〇七）「連帯経済論の展開方向：就労支援組織からハイブリッド化経済へ」西川潤・生活経済政策研究所編『連帯経済：グローバリゼーションへの対案』明石書店、六〇～六一頁。
28　藤井（二〇一九）一五頁。
29　例えば、藤井（二〇一九）によれば、南米や北米では「連帯経済」が使われ続けている一方で、韓国では「左翼を連想させる『連帯』という言葉に対する忌避から、むしろ社会的経済が使われている」（一五頁）のだという。
30　パットナム、ロバートD。（二〇〇〇＝二〇〇六）柴内康文訳『孤独なボウリング：米国コミュニティの崩壊と再生』柏書房、一四頁。
31　柄谷行人（二〇〇六）『世界共和国へ：資本＝ネーション＝国家を超えて』岩波新書。
32　北島（二〇一六）。
33　藤井敦史（二〇二一）「社会的連帯経済と若者支援」宮本みち子・佐藤洋作・宮本太郎編『アンダークラス化する若者たち』明石書店、一四五～一六一頁。
34　北島（二〇〇七）。
35　牧里毎治（一九九四）「地域組織化とまちづくり活動の支援」『社会問題研究』四三（二）、三七七～三九三頁。
36　コレクティブな経済活動とは、まさしくきょうどう（共同・協同）という互助行為と捉えることができる。
37　新城市の地域自治政策の一つとして、「地域自治区制度」がある。地域自治区は、地方自治法の規定に基づき設置され、住民による自律的な意見を反映させながら地方内分権を推進する役割を担う。具体的には、市内を一〇の地域自治区に区分けし、地域の課題解決や将来について話し合う住民組織としての「地域協議会」とその活動をサポートする行政組織としての「自治振興事務所」を設置することで、地域と行政が協働して活動を展開する仕組みを整えている。「やなマルシェ」の立ち上げメンバーは、八名地域協議会の立ち上げ・運営にも関わっている。
38　新城市がＪＡ愛知東に補助金を出して運行している。
39　八名地区共育推進協議会が組織化されており、「やなマルシェ」のメンバーも推進委員として参加している。
40　テイラー、マリリン（二〇一一＝二〇一七）牧里毎治・金川幸司監訳『コミュニティをエンパワメントするには何が必要か：行政との権力・公共性の共有』ミネルヴァ書房。

第一三章　多文化共生と増進型地域福祉

朝倉美江

はじめに

市民と住民の違いはなんだろうか。市民は、citizenであり、現代社会の市民は主権者であり、市民権をもっている。他方、住民は、residentであり、特定の地域に住む人のことである。私たちは市民であると同時に住民である。その私たちとは誰のことだろうか。地域には子ども、若者、高齢者、女性、男性、ＬＧＢＴＱ、障がいのある人など多様な属性をもった人々が生活し、働き、活動などを行っている。本章では、多様性のなかでも国籍や文化、言語の異なる移民に焦点をあてて論じていきたい。

宮島喬は、日本は「外国人」の受け入れに対して、「労働力」や「人材」の受け入れととらえ、「人」として迎えるのは二の次にとどまっていることを指摘し、「『人』として受け入れるとは、人権の保障を基本に、家族帯同を認め、家族共々の生活を支援し、言語習得、福祉、医療、教育などの条件を意味しよう」[1]と論じている。つまり日本では「外国人」に適切な市民権を与えていないことに問題の本質がある。「日本人」であれば、不十分さや課題はあるとはいえ、子ども、若者、高齢者も社会保障制度や福祉サービスの対象として明確に位置付けられている。しかし、国籍や言語、文化が異なる「外国人」に対しては、生活の基盤である雇用や住居も不安定であり、多言語の情報・相談も多文化のサービスも整備されているとは言い難く、「市民」としての権利が保障されていない現実がある。

愛知県の瀬戸市にNPO法人エム・トウ・エム（以下エム・トム・エム）という市民団体がある。そこで活動しているMさんは、三〇年前にペルーから日本に来た。彼女は最初山梨県甲府市で五年間働き、ペルーに戻り、その後また千葉県成田市に来て働き、またペルーに戻り、その後香川県丸亀市で働き、またペルーに戻り、その後愛知県名古屋市で働き、二〇二〇年から愛知県の瀬戸市で働いている。この三〇年間に五年置きくらいに日本とペルーを行ったり、来たりし、その間、自動車・航空関係等の製造業で長年働き、近年は食品関係、スーパーなど小売業でも働いてきた。三〇年間日本にいたが工場では通訳もいたこともあり、ほとんど日本語を話す機会も学ぶ場もなかったという。

Mさんは瀬戸市に来て一年になる。このコロナ禍のなか、ペルー人など外国籍の人々が多く暮らす瀬戸市の菱野団地の一角にあるエム・トウ・エムの活動拠点さるなかとんなｔｏｔｏで開催している「どうぞフード」「どうぞランチ」で、Mさんは毎月ペルー料理を作り、参加者をもてなしている。

一九八〇年代後半以降日本では、Mさんのような「外国人労働者」が急増し、コミュニティは多文化化しつつある。グローバリゼーションが進展するなかで多文化共生が求められる一方、コロナ禍においても外国人労働者は排除され、生活困窮に陥り、ヘイトスピーチなど差別も増大し、彼らのコミュニティからの排除はより深刻な課題となっている。

本章では、多文化共生とは何かを明らかにするなかで、多文化共生と増進型地域福祉をつなぐ多文化主義の概念「一つの社会の内部において複数の文化の共存を是とし、文化の共存がもたらすプラス面を積極的に評価しようとする主張ないしは運動」[2]に焦点をあてて、多文化共生と増進型地域福祉との関係とその推進方法について検討したい。[3]

第一節　住民とは誰か

第一項　住民と外国人労働者

住民とは、特定の地域に住む人であるとともに市民であるが、具体的には誰をさすのだろうか。Mさんは日系ペルー人であるが、一九八〇年代後半以降南米からデカセギできた日系人たちの多くは日本の製造業などが集積する地域で「顔の見えない定住化」[4]が進み、彼ら、彼女らは排除されてきた。具体的にはブラジルやペルーから工場のある地域にピンポイントで移住し、派遣会社が準備したアパートや寮に住み、工場で働き、地域の人々とのつながりもなく、ゴミ問題や騒音問題が「外国人問題」として捉えられ、住民の苦情やトラブルが顕在化していた。さらに派遣労働であることからもリーマンショックやコロナ禍では真っ先に派遣切りに遭い、仕事も住宅も同時に失い、たちまち生活困窮に陥っている。

丹野清人は、コロナ禍の日系人労働者の置かれた状況を「日系人どもは死なぬように生きぬように」と表現している。「日系人の労働市場は、全体として、賃金も低く、経営の安定度も低い方にシフトしてしまった」。日系人労働者は「省人化投資のできない古く・低生産性の事業所が生き残るための労働資源になっている」[5]という。

一九九〇年に施行された改正「出入国管理及び難民認定法」（以下「入管法」）の新たな在留資格「定住者」である「日系人」（日本にルーツを持つブラジル、ペルー、フィリピンなどの国籍の人々、三世まで）は、明治元年にハワイに移住した「元年者」以降、当時「国土狭小・人口過剰」な日本で、生活困難な状況に置かれた多くの人々が、国の移住推進政策によって南米など各国に移住したことによって誕生した。その彼／彼女らやその子孫がブラジルなどから工場労働者として派遣会社等を経由し、渡航費などを借金して来日してきた。

多くの日系人が急増した背景には、製造業、建設業などにおける「単純労働者」不足が切迫していたことがある。日系人の多くは、日本人がやりたがらない「単純労働」を不安定な労働条件で担い続け、そして彼／彼女らの多くは工場周辺など限られた地域で「日本人」との交流もほとんどなく、さらには医療、福祉、住宅、教育などの社会サービスからも排除されがちであった。私たちが岐阜県で行った日系人の生活実態調査では、「企業が私たちを解雇しないことを願う」、「仕事を探すのが困難」、「アパートによっては外国人を受け入れてくれない」、「日本人と一緒に税金を払うなら同じ待遇がほしい」[6]など雇用の安定や差別の解消を求める声が多くあった。

つまり、日系人は日本の製造業等が求めたことから法改正によって急速に増加してきたのである。にも関わらず「定住者」の受け入れは移民ではないとされ、一九九三年の外国人技能実習制度による受け入れも期限が置かれ、帰国を強いられている。このような状況について宮島喬は、血統主義と経済優先主義があり、日本の入管政策および外国人施策における「ナショナリズムバイアス」だという。これは普遍的な国際人権の理念、すなわち血統や国籍に関わりなく、人に権利を認めていくという考え方とは距離がある、[7]と指摘している。

以上のとおり、日本では「単純労働者」は受け入れないという政府の見解のもと例外的に「定住者」や「技能実習生」などの労働者を受け入れ、彼らは住民でも、市民でもなく「外国人労働者」として地域で生活している。

第二項　外国人労働者のトランスナショナルな移住

日本で生活している外国籍の人は、近年増加傾向にあり、現在、約二八二万人（二〇二一年）で、日本の総人口の約二％を占めている。その出身国は一九六カ国であり、彼らは、国境を越えたトランスナショナルな移住を

図一　トランスナショナルな移住家族の概念図

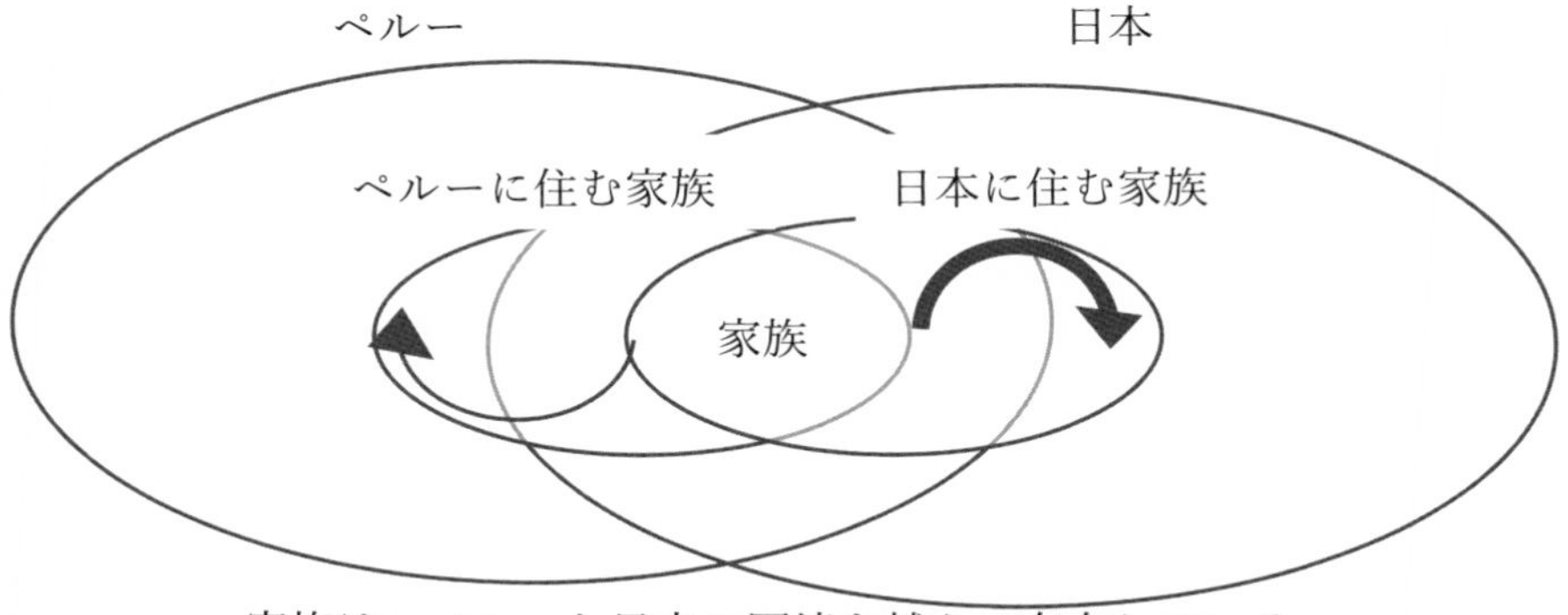

家族は、ペルーと日本の国境を越えて存在している。

してきた。その移住は、個人が、家族やその生活の場である地域社会、さらにはグローバル化のなかで多様な要因の影響を受けながら行われている。そして送出国と受入国にまたがる家族を生み出すことになる。今日増加しつつあるトランスナショナルな移住は、移民自身の生活に影響を与えるだけではなく、残された家族、また新しく形成される家族、次世代にもわたって大きな影響を与える。

　また、雇用が不安定であったり、制度を十分把握できないなどにより必要な医療や失業手当などが利用できない場合も多くある。ペルーと日本は社会保障協定を締結しておらず、年金保険料の二重負担、もしくは受給資格が得られないなどの深刻な問題も発生している。それぞれの国の教育や福祉（高齢者、障害者など）制度などの違いも家族の生活には大きな負荷となる。

　瀬戸市で暮らしているMさんは、先述のとおり三〇年前にペルーから甲府市にある工場にデカセギにきて以来現在に至るまで、五年置きくらいにペルーと日本を行ったり来たりしている。図一にあるように現在もペルーには彼女の親もおり、家もある。そして日本にも自宅があり、二人の子ども達も独立して日本で働き、生活している。彼女は、日本で子ども達と一緒に暮らし続けたいという思いをもちながらもペルーにいる親や家のことも気になり、ペルーへの帰国を望む気持ちももっている。Mさんの家族は、日本にいる家族とペルーにいる家族を含み、さらにMさんはその間を行ったり、来たりしてきた。

また、韓国籍のモーメント・ジューンは、「二〇一八年のある日、自分が置かれていた状況を冷静に考えた時、初めて自分は『移民』だと気づきました」、「これからの未来を考えた時に『日本でしか生きていけないし日本で生きていきたい』という結論にたどり着きました」と記述している。彼は、身につけた知識や芸、愛している人、味方になってくれる人々がいるのも日本だという。彼の「いない」と言われても僕はここに「いる」として綴った『日本移民日記』という「留学生、外人、ラッパー、韓国人……以前まで私を飾っていた他の言葉を置いておいて、あえて『移民』というタイトルにした」本がある。モーメントは、「移民」は単なる労働力ではなく仕事が終わった後も日本で人生を過ごす「人間」であり、彼は「キャラクター」ではなく「移民」として日本で生きていく[8]という。

この本のなかで、モーメントは彼のバンド仲間が「在日になるために必要なものは絶望」だという言葉の具体的な意味について、日本に生まれ育って日本語しか話せない人が「帰れ」と言われる時に感じる絶望、自分の本当の名前を使うことがつらくて、通称を使いながらもまた苦しむ時の絶望、関東大震災の記憶から、いざ何かあった時に自分は隣人たちから危害を加えられるかも、という絶望[9]などを紹介している。この絶望の背景には、先述のナショナリズムバイアスがある。

日本では、日本国籍をもたない人を「外国人」と称するだけでなく、日本国籍をもっていたとしても「日本人」の血統をもたない人を「外国人」と位置付けている。Mさんやモーメントが日本で移民として、つまり住民であり、市民として生活していくことができる社会を多文化共生社会として創造することが求められている。

第二節　多文化共生と移民政策

第一項　多文化主義と移民政策

「多文化主義」(multiculturalism)とは、一つの社会の内部において複数の文化の共存を是とし、文化の共存がもたらすプラス面を積極的に評価しようとする主張ないしは運動をさす。梶田孝道はこの概念には三つの側面があり、第一は、事実として多文化が存在するという点であり、第二は、多文化の共存を好ましいものとみる規範ないし運動としての「多文化主義」であり、第三は、政府(中央政府、地方政府)による政策としての「多文化主義」である、と論じている[10]。本節では、第三の側面である、政策に焦点をあてていく。

アンドレア・センプリーニは「多文化主義の基本的問題の一つは差異の問題である」としたうえで「その差異の統合は極めて困難である」[11]と指摘し、ユルゲン・ハーバマスも「『差異に敏感な』包摂という困難なゴール」[12]と述べているように多文化主義の本質にある差異は相当困難な課題である。しかし青木保が「『文化の多様性』を守ることは個人を守ることにつながる」[13]というように文化の多様性の尊重なしに、グローバル化のもとでの人権の保障、一人ひとりの尊厳が守られるコミュニティの形成はあり得ない。

グローバル化のもと移民社会が現実化しつつあるこんにち、多文化共生がもつ多文化主義という思想を実体化するため「外国人」の権利を守る政策と実践が求められている。「外国人」とは当該国の国籍をもたない人を表す言葉である。国際的には、少なくとも一二カ月間当該国に居住する人を「移民」と定義している。そして、彼らの社会的権利や政治的権利が認められつつある。したがって移民政策は、通常、入管政策と統合化政策によって推進されている。

しかし、日本政府は、一貫して移民政策はとらないと主張し続けている。二〇一九年四月に施行された新入管法では、一定の知識や経験が必要で家族を帯同できない「特定技能一号」（通算五年まで）と、より熟練した技能が必要で、家族の帯同を認める「特定技能二号」（在留期間更新可）という新たな在留資格が設けられた。この制度の意図は「外国人材」は受け入れるが、彼らの家族帯同、滞在期間は限定し、定住化は可能な限り認めないということである。つまり彼らの労働力は必要であるが、彼らは使い捨てであり、その人権は侵害したままという状態がつくられている。

なぜこのような状態になっているのだろうか。日本における入管政策は、経済成長を目指す、つまり生産性を高めるものとしての位置づけが色濃いものとなっている。人口減少の急速な進行のもと政府は、「一億総活躍社会」を少子高齢化に直面した日本経済の活性化策と位置づけ、推進を図っている。二〇一五年の「一億総活躍社会の実現に向けて緊急に実施すべき対策─成長と分配の好循環の形成に向けて」では、「女性・若者・高齢者等の活躍促進」として多様性を示している。この段階では移民は位置づけられていない。しかし、二〇一六年三月の経済産業省の「内なる国際化研究会報告書」によると日本は高度外国人材の獲得競争で遅れをとっていることが大きく取り上げられ、対策が検討されている。

さらに二〇一八年には経済産業省が「競争戦略としてのダイバーシティ経営（ダイバーシティ二・〇）の在り方に関する検討会」を設置し、「ダイバーシティ二・〇行動ガイドライン」を改訂して発表した。このダイバーシティ二・〇とは「多様な属性の違いを活かし、個々の人材の能力を最大限引き出すことにより、付加価値を生み出し続ける企業を目指し、全社的かつ継続的に進めて行く経営上の取組」と定義されている。つまり人材の能力を高めることによって「付加価値を生み出す」ことが期待されている。このように政府や企業等による多様性の推進は、経済的に有用な特定の人材を注視しており、高度外国人材に期待していることが明確である。

第二項　日本の「外国人政策」の歴史

人類最初の移住者が東アフリカの森林と渓谷を出発したのは六万年ほど前であったと言われている。[14]日本でもアイヌなどの先住民[15]やかつて琉球王国であった沖縄の沖縄人[16]の存在もある。先述のとおりアジア地域の植民地化によって生まれた多くの在日コリアンの存在は、今も大きな課題を抱えたままであり、今日的な課題であると同時に歴史的な課題でもある。つまり歴史的にもコミュニティは、多文化的な側面をもっており、グローバル化によって多文化化がより進展してきた。

一九五一年以降、「外国人」の入国は「在留資格」によって管理されているが、日本政府は、一九五二年の平和条約（サンフランシスコ講和条約）発効を機に、旧植民地出身者は「日本国籍」を喪失し、「外国人」になったとの見解を出した。そして「外国人登録法」が登場した。[17]在日コリアンが抱えさせられた差別問題の大きな要因はここにある。在日コリアンとは、日本による朝鮮植民地統治（一九一〇年から一九四五年）、および戦後の朝鮮半島における政治的混乱を背景に渡日、定住した人々とその子孫などである。日本の朝鮮統治の時期には、多くの朝鮮人が炭鉱や土木工事、建設現場、港湾荷役など劣悪な労働環境で日本人が忌避する職場に動員されていた。

さらに難民に対しても日本は積極的に受け入れているとは言い難い。日本が難民を受け入れるようになった背景には、一九七五年南ベトナムのサイゴン陥落によって「難民」が大量に流出し、国際的な課題となったことがある。当時日本が「一時滞在」しか許可しなかったことへの国際的な非難も大きくなり、ようやく一九七九年に国際人権規約に加入し、難民条約も批准した。この条約の社会保障の内外人平等原則によって国民年金法および児童手当法の国籍条項が撤廃された。それ以前、国籍による差別が多かった時代には、在日コリアン達の「児童手当」「市営住宅への入居」などの署名活動や「日立就職差別裁判」の闘い、「指紋押捺」制度をなくす活動など地道な活動・運動があった。

その後、一九八〇年代後半以降、日本の製造業や農林水産業等の人手不足は深刻化し、工場の集積地や農山漁村地域には国境を越えて多くの外国人労働者が来日した。その背景には三K労働と称される工場労働や農林漁業等に日本の若者が就職しなくなったことなどがある。また、コンビニで働く外国人は、全国で四万人超[18]だと言われているが、現在、私たちの身近なところで多くの外国人が働いている。彼らの在留資格は、「定住者」もしくは「外国人技能実習制度」による「技能実習」が大部分を占め、「留学生」、「非正規滞在」の外国人労働者も一定数存在している。

なかでも一九九三年に創設された「外国人技能実習制度」は、技能実習生と受け入れ企業の間に費用を徴収する管理団体を通すというしくみである。そのようなしくみを監督する権限をもつ外国人技能実習機構が設置され、現地の悪質な送り出し機関を取り締ったり、受け入れ企業の監視を行うことになっている。しかし、二〇一八年には九〇五三人、二〇一九年には八七九六人もが失踪しており、公正な管理・監督が行われているとは言い難い。そのうえコロナ危機下では、帰国困難になったり、もともと低賃金の技能実習生は、休業等によりさらに生活困窮に陥っている。

以上のとおり住民でも市民でもなく、「外国人労働者」と称されている多様な国籍の人々は、日本の建設・製造・農林水産業、サービス業など多様な産業を支えるために日本の「入管法」のもと全国各地で働いている。そして彼／彼女たちは、言うまでもなく「ここにいる」、つまり地域で生活している住民である。

第三節　人口減少と移民

第一項　地方の外国人労働者

近年、人口減少社会となり、労働力不足はますます深刻化している。二〇五〇年には人口は一億人を割り、二〇六五年には高齢化率は三八・四％にまで上昇し、労働力人口は三九四六万人で、四四％になると予測されている（厚労省）。このような人口減少と労働力不足の深刻化を背景に二〇一九年に施行された改正「入管法」では、介護や建設など一四業種で「外国人労働者」を今後五年間で「最大三四万五一五〇人」受け入れることを見込んでいる。

二〇一八年の市区町村別人口では、一四一三自治体で住民総数が減少している一方で、一三九一自治体で外国籍住民が増加している。全国で住民登録上の外国籍住民がいない自治体はわずか五村となっている。鈴木江理子はこのような実態を踏まえて、新入管法でわずかに受け入れる「定住型外国人に選ばれるためには、家族も含めた彼／彼女らのライフサイクルを支える取り組みが欠かせない[19]」と指摘している。

外国人労働者数は、約一七三万人（二〇二一年一〇月現在）であり、国籍別では、ベトナム、中国、フィリピンが多く、対前年増加率が高い国は、ペルー、フィリピン、ブラジルである。また産業別では、「卸売業、小売業」、「製造業」、「宿泊業、飲食サービス業」、「建設業」、「医療、福祉」の割合が高い。さらに都道府県別では、東京、愛知、大阪が多いが、前年比増加率では、山梨、茨城、和歌山の順に高く、また事業所の増加率が高いのは栃木、和歌山、山梨と都市部以外で増加傾向にある。コロナ禍により増加率は減少したとはいえ、外国人労働者数も事業所数も最高値であり、製造業、サービス業の割合も高く、さらに地方でも多くの外国人労働者が働き、生活している。

二〇一四年には人口減少に歯止めをかけ、東京圏への人口の過度の集中を是正し、将来にわたって活力ある日本社会の維持を目的とした「まち・ひと・しごと創生法」が施行された。その後二〇一九年にはその基本方針のなかに「多文化共生の地域づくり」として外国人材の地域への定着促進が示されている。徳田剛は「将来的に人口減少がさらに進行するにつれて、国内での移住・交流人口の増大に依存した地域振興策の行き詰まりと、海外からの人口誘致への政策転換が起こる可能性がますます高まってゆく[20]」ことを指摘していたが、現実のものとなりつつある。

人口減少が急速に進行し、労働力不足が深刻化するなかで、外国人労働者の受け入れ政策も少しずつ整備されつつあり、各地で多文化共生のまちづくりへの取り組みも進展しつつある。そのような地方の政策について丹野清人は「現代日本の外国人を巡って地域間競争（あるいは自治体間競争）」が生じていることを評価している。具体的には、横浜市ではベトナムの自治体と協定を結んで、横浜市で介護人材として働く者を送り出してもらえるよう市は日本語教育と専門学校の費用負担なども行っている。浜松市では浜松経済同友会があらゆる業種で正社員として外国人を受け入れるための情報提供などをし、浜松市もサポートしていることを紹介している[21]。

他方、二〇〇六年に総務省が地域における多文化共生推進プランの策定を都道府県・市町村にもとめたが、一七八八市町村のうち策定しているのは八八五市町村、四九％（二〇二〇年四月現在）にとどまっている。二〇二〇年にはコロナウイルス感染症拡大も踏まえ「感染症流行時における対応」なども含み改訂プランが提起されている。すべての市町村が多文化共生推進プランを策定し、多様な国籍・言語・文化をもつ住民のニーズに対応できる地域づくりを推進することは当面する課題となっている。

第二項　瀬戸市のＮＰＯ法人エム・トウ・エムの多文化共生の地域づくり

外国人労働者は全国各地の工場やサービス業など多様な現場で働いているが、コロナ危機は、彼／彼女らの生活に大きな影響を与えている。二〇二〇年四月七日に日本で初めて新型コロナウイルス感染症対策として緊急事態宣言が発令されたが、それ以前から生活困窮者は増加しつつあった。なかでも外国人労働者は、コロナ危機で大きな影響を受けた宿泊・飲食業などで働いている人や非正規労働者などが多く、たちまち生活困窮に陥った。全国各地の特例貸付などの生活相談窓口や食糧支援の現場に多くの外国籍の人々が殺到していた。そのような相談窓口では、多言語の情報提供や相談対応などに追われることになり、改めて外国人労働者の実態が顕在化し、その対応が一定程度進むことにつながった。

コロナ危機が続き、生活困窮者の問題が深刻化する中、瀬戸市内の菱野団地でも二〇二〇年九月から食料支援活動が開始された。瀬戸市は人口一三万二一一一人（二〇二一年）、外国籍住民は四二七六人で、総人口に占める外国籍住民の割合は三・三三％である。国籍別には、ブラジル、韓国・朝鮮、フィリピン、ペルー、中国などの割合が高い。

二〇二〇年八月に瀬戸市の菱野団地に暮らす外国人からの「緊急支え合い基金」（特定非営利活動法人　移住者と連帯する全国ネットワーク）への「赤ちゃんのミルクが買えなくて困っている」、「お米を早く送ってほしい」など急を要する電話相談が多いとの連絡があったことをきっかけにエム・トウ・エムや社会福祉協議会、フードバンク愛知などによる話し合いがもたれ、その後すぐに菱野団地ウイングビル商店街にあるエム・トウ・エムの活動拠点「さるなかとんなｔｏｔｏ」で毎日（火曜から土曜）食料支援を実施した。九月の土曜日は菱野団地の集会所で実施されることになった。[22] その際、周辺住民等からの寄付を生活困窮者に配布するとともに、支援を必要とするペルー国籍の人達に運営への参加を相談した。その結果九月の毎週土曜日には、ペルーの人達が集会所で配布を担当し、毎回外国籍の人達が五〇世帯以上受け取りにきた。二〇二一年一月からは食料支援「どうぞフード」（水曜から日曜）と地域食堂「どうぞランチ」（日曜）を開始した。

Mさんは、瀬戸市に隣接する豊田市にある日系ブラジル人が集住している保見団地で癌になって困窮している日系ブラジル人の友人などにも声をかけ、彼らのところにも食料を届けた。さらに日系人のネットワークを活用して、多くの日系人にこの「どうぞフード」の利用を勧めてきた。友達も一緒にここに来ることが楽しいと言う。そんななかで、「どうぞランチ」でペルー料理を作り、仲間たちや地域の人達とともに食べるようになってきた。

エム・トウ・エム代表の服部悦子さんは、「Mさんは、毎週何回もここに来て、掃除を丁寧にしてくれたり、料理も上手で、自分たちもペルーのことやペルー料理も教えてもらっている」と言い、Mさんが瀬戸市の市民という同じ立場でお互いにできることをやって、助け合っていけることが重要だと話している。さらに「Mさんから日本語を教えて欲しいと言われているが、理事会でも日本語だけでなく、スペイン語の翻訳や通訳も必要になる。お互いの言葉を学び合うことがしたい」と言う。この地域では、外国籍の子どもたちへの日本語支援は原山保育園で、原山集会所では母語教室が開催されている。Mさんは「ここ（さるなかとんなｔｏｔｏ）はいつも人を助けているから好き。ここから素晴らしいことが始まっている。ここには神様の祝福がある」と笑顔で語っていた。

このさるなかとんなｔｏｔｏでのMさんは、瀬戸市の住民であるとともに地域の外国籍の人々をつなぐネットワーカーであり、地域で生活に困窮している子ども達や若者、高齢者など多様な人々とともに問題解決に挑戦する市民となりつつある。

第四節　多文化共生と増進型地域福祉の展開

第一項　瀬戸の市民活動と仕事づくり

Mさんは瀬戸市民として瀬戸市の地域づくりを支えている。このようにMさんが生き生きと活動している背景には、さるなかとんなｔｏｔｏを運営しているエム・トウ・エムの創設の思いや活動の実績がある。代表の服部さんは、「現在のように投票率五〇％ではだめ。ともに責任を背負って地域に関わることが大事」だと言う。「市民はボランティアとしてではなく、地域の問題解決を継続的に事業として担っていく。瀬戸市は市民のものだから市民が責任をもつことも重要」だという。この言葉の実践として生協でのワーカーズの事業と指定管理者制度を活用した公園管理事業を紹介したい。

服部さんは企業で働きながらも地域社会とつながりたいと子どもが小さい時に人形劇をやっていた。集会所で紙芝居もやり、そのような活動をするなかで、福祉は幸せという意味だと知り、仕事起こしが一番の福祉だと考えた。そこで雇われるという働き方ではなく、「みんなで出資し、みんなで働き、みんなで運営する」というワーカーズ・コレクティブについて学んだ。その時「サービスのほとんどは行政、企業が提供し、私達はそれを選び、利用する側だが、私達市民も必要なサービスを提供する側になる。それが本当の意味の第三セクターだ。サービスのボリュームの三分の一くらいが市民になれば世の中が変わる、という言葉を聞いて面白そうだと思い、ワクワクした」という。

その後さっそく同じ思いに共感した人達と協同で一九九五年に「いきいきワーカーズ瀬戸」を立ち上げた。同じ時期に名勤生協（現コープあいち）の組合員でもあった服部さん達にモーニングコープ事業という早朝配達の事業をワーカーズでできないかという相談があった。最初の説明会に一〇人の組合員が集まり、宅配・お知らせの配布も担った。それまでの消費者としての関わり方から、その事業をいくらで引き受けるのか、利用者であり事業を担う側にもなり、折り合いをつけることも学んだ。そのなかで賞味期限が近づいた商品を二割引きで売ったり、注文を出さない人は忘れているのではないか、など気づいたことを提案してきた。常に自分たちで考え、生協と協議の場をもち、事業を継続してきた。このように愛知県内でいくつかのワーカーズを立ち上げ、仕事を作り、担うことで、自立した市民が増えていく手ごたえを感じたという。

このような経験を発展させるために二〇〇三年にエム・トウ・エムを創設した。このＮＰＯの役割は「ｔｏ」（と）のつなぐことを専門にするという。つまり地域の人と人や組織をつなぎ、つなぐことによって活動や事業、仕事を生み出そうという意味である。瀬戸市内の空き地に場所を確保し、建設資金を募ってみんなで活動拠点を建てた。そこでは、瀬戸の便利屋（そうじ、買い物、ゴミ出し、片付け、家具移動、庭木の剪定など）、野菜市、健康ランチ、お祭り、外国人の無料健康チェック医療相談会などを行ってきた。

また、服部さんは、瀬戸市は市民のものであるともいう。したがって瀬戸市の指定管理者事業を地元の市民による仕事づくりとしてやってきた。二〇〇三年に指定管理者制度が始まり、チャンスだと思ったという。瀬戸市自然児童遊園の管理についての説明会に遊園のある地元住民一〇人が参加し、チームリーダーを一級建築士の市民が引き受け、プロポーザルに挑戦した。その際団体として実績がないなかで地域の人々の意見や工夫を得たことによって引き受けることができた。それまでの管理事業者によって作られた禁止だらけのリーフレットを作成し直したり、メンバーや住民が協力し、キャンプ施設や事務所も綺麗に整備し、駐車場も確保するなど市民が楽しめる児童遊園となり、利用者も増えたという。指定管理者制度は、「公助」の縮小の危険性と隣り合わせだが、エム・トウ・エムが運営することで、より豊かな公園を創り、瀬戸市内の市民の仕事も生み出した。そのプロセスのなかで、瀬戸市との協議を継続しながら事業を延長し、実施している。

第二項　多文化共生と地域づくり

エム・トウ・エムが、Mさんに出会うに至った背景を振り返ってみたい。エム・トウ・エムは、先述のとおりいろんな人や組織とつながり続けてきた。二〇〇六年には瀬戸市の深川神社と共催で民ｍｉｎまつり民ｍｉｎ村を開設し、瀬戸市在住の外国籍の人々との交流が始まった。そのなかで外国籍の人々に必要なものは何かと考え、二〇〇八年には外国人無料健康チェックを開催した。ここでは、医師や看護師、検査技師、理学療法士、弁護士など多くの専門職が協力し、ポルトガル語、スペイン語、中国語、英語、仏語の通訳ボランティアなどによって、無料の健診・相談会が開催された。ブラジル人、ペルー人、日本人など多様な人々が参加した。二〇一二年からはこの事業の主催は外国籍の人々が多く住む団地自治会に移し、実行委員会方式で開催している。

また、エム・トウ・エムの拠点を二〇一四年には外国籍住民が多く住む菱野団地のなかに移転し、「さるなかとんなｔｏｔｏ」、反対から読むと「ｔｏｔｏなんとかなるさ」という居場所を開設した。ここは「ｔｏ」の場所になるという。その意味について服部さんは「私たちは支援する側ではなく、つなげていく。つながりをつくっていく役割を担っている」という。現在会員は、三五人で、そのうち一三人が仕事として参加している。「市民ができるインフラ整備をしていると考えている。行政には必要な経費を出してほしい」と強調した。「どうぞフード」には瀬戸市の福祉部からの紹介が多くなり、社協からも支援の要請がある。そのようななか、子ども未来課とは情報共有のための協定書を二〇二二年二月に結んだ。福祉部とも協議を予定している。二〇二二年度は共同募金の助成金で食材の運送費を賄え、フードバンク愛知、ヘルピングハンズなどのＮＰＯやスーパーなど企業との連携も広がってきた。必要な支援を継続していくためには協同の場が必要であり、行政も含めて様々な立場の人が話し合うことが不可欠であるという。

またこの活動は、地域のミニコミ紙やFMラジオ、新聞・テレビなどマスコミにも多く取り上げられ、瀬戸市内、愛知県内、全国、世界（NHKワールドニュースなど）の人々にも発信されている。そしてそのことで、瀬戸市内外のより多くの人々がエム・トウ・エムの活動・事業に関心をもち、参加者も増え、活動・事業内容も豊かになりつつある。

活動・事業が広がり、参加者や協力者も増えつつあるなかで、今後については、「さるなかとんなtotoが行っている食料支援事業に予算がついてMさんも仕事として関われるといい」という。エム・トウ・エムでは活動に必要な情報や資金を確保するために行政や議会にも積極的に働きかけている。多くの若いボランティアを確保するためにもボランティアの交通費の支援等が行える制度を作ってほしいと陳情を行ったり、食料支援が必要な人に届くように個人情報に関する協定なども締結してきた。指定管理者制度の活用によって公園管理も実績を積んでいる。このように瀬戸市に必要な活動・事業を市民が担い、瀬戸市を市民の手で創造しつつある。

第三項　多文化共生と増進型地域福祉の推進方法

以上のようにエム・トウ・エムの活動は広がり、多くの市民はもとより行政、社協、他のNPO・NGOや企業などとの「to」の関係、連携・協同が広く、深くなってきたことがわかる。コロナ危機の中で、拠点のさるなかとんなtotoでのどうぞフード、どうぞランチがより重要な役割を果たしつつあるが、その活動について服部さんは以下のように話している。

最近のどうぞフードには、平日は毎日五世帯前後、日曜日は二〇世帯前後の人たちが来ている。瀬戸市各課からの紹介で来る方が多く、事前に市から連絡を受け、必要な物を聞き取って用意をする事もある。行政と連携してきたことによって必要な方につなげていくことができつつある。そしてそれらの品々は、地域の住民や団体が食材を届けてくれたり、中には子ども達へのお菓子や洋服なども購入して持参してくれたり、共同募金の助成金で購入した物、フードバンクを通じての企業からの物品、野菜やパンやお米などがある。そしてこの頃は新品の下着や衣服、靴下、絆創膏など必需品も集まって来るようになり、活動により深く関心をもってくれる市民も増えてきた。

また、私達は食糧を受け取りに来た方に事情等を聞かないようにしてきたが、ペルーの方からは、どうしたの？ と聞いてあげる方が優しいと言われ、（こんなところに）違いがあることに気づいた。この頃は少し顔見知りになり、ご自分からお話される方もいる。電話を持ってないペルー人男性は在留資格のお知らせハガキを持ってきたり、ワクチン接種の案内が来た時や何かしらの手続き書類が届いた時、『何が書いてある？』等問い合わせてくれるようになった。高齢の方からは、『一〇分見ただけで業者から床下の工事を勧められた』との相談の電話があり、騙されないようにと便利屋担当に引き継いで対応した。（以上のように）ここを思い出して多くの人が来てくれるようになってうれしい。そして、（地域の人達が困っていることを）想像して考えてくださっている人達がたくさんいることを嬉しく思う。私達が窓口となっているが、その後ろに沢山の支えがあってこそできている。

服部さんの話からは、増進型地域福祉の理想のレベル、目的実現型、対話的進め方、プロセス重視、個人と地域の両方実現という特徴が、エム・トウ・エムの活動推進方法にも表れている。具体的には、瀬戸市の住民が、瀬戸市に必要な事業を継続的に担っていくことによって主体的な「市民」となり、そのような市民が増えることで瀬戸市が変わることを理想として掲げている。その理想を具体的な目的として、瀬戸市に必要な便利屋や食堂などの事業を創り、継続し続け、指定管理者制度など瀬戸市の事業も積極的に引き受けている。事業内容や地域のニーズについて法人内外の人達、地域のＮＰＯや行政、企業も含め多様な人たちとの対等な関係と対話を大切にしながら推進している。

また何人の人が利用したかなどの数値目標ではなく、事業を通して、必要な人が利用できているのか、その利用した人も事業運営に関わっていくなどその活動・事業のプロセスのなかで、アウトリーチ、ネットワーク、エンパワメントなど多様なアプローチが展開されている。さらに外国籍住民の医療の問題や生活困窮の問題など個別の問題をこの瀬戸市で生活する国籍や言語、文化の異なる人達に共通する課題であると捉え、さらに国籍の異なる人や子どもや高齢者など多様な人々が生活していることを意識しながら活動・事業を発展させている。

服部さんは先述のとおり「私たちは支援者ではない」ことを大切にしながら活動しているのが重要なポイントである。Ｍさんもエム・トウ・エムのメンバーとして、理事として活動・事業や運営にも参加している。Ｍさん以外にも外国籍の人達自身が食料支援の活動を担い、多様な人達が「どうぞランチ」でおしゃべりしながら楽しそうに食事し、便利屋の活動・事業などにも参加しつつある。外国籍の人々を含む多様な人々が瀬戸市民として活動・事業を担いつつあるプロセスのなかで、多文化主義のもつ複数の文化の共存がプラスに作用し、より居心地がよく楽しい場となる、そのような活動・事業・関係が瀬戸市に広がりつつある。

おわりに——多文化共生と増進型地域福祉への展望

本稿執筆中、二〇二二年二月二四日のロシアのウクライナへの侵攻によって始まった戦争によって多くのウクライナ難民が生まれている。日本政府は「ウクライナ避難民」の受け入れを表明し、「特定活動（一年）」の就労可能な在留資格を与えるという。これまでも多くの難民が来日し、彼らも祖国に帰りたいと願いながらも長期に渡って日本で生活し続けている。Mさん同様トランスナショナルな移住は、本人の意志だけではどうにもならない不安定なものである。彼／彼女らの命と生活を支えるために私達は人道的な観点からも多様な国籍、言語、文化をもつ人達の人生に寄り添う多文化共生社会を目指したい。

服部さんは「どうぞランチの日には、高校生になるN君がペルー人のMさんと朝から一緒に調理し、スペイン語を教えてもらいながら手伝ってくれている。予定のない時はひとりで率先して来てくれ、帰宅すると『今日も楽しかった～』と言っているという。」さらに、さるなかとんなｔｏｔｏでの活動・事業には、瀬戸市近辺の複数の大学の学生達が楽しそうに参加し続けている。名古屋外国語大の学生は通訳や翻訳を担当したり、名古屋文芸大の学生が子ども食堂で料理教室を開催したり、金城学院大の学生も「どうぞランチ」の活動、市民フェスタ、クリスマス会の準備などに参加している。このように地域の若者達が積極的に活動に参加している意味は大きい。

参加した学生達は「ｔｏｔｏを訪れる人は、高齢者、外国籍の人、子ども連れ、子ども達、みんなとても楽しそうで、素敵な場所」「ご飯を食べにくる子ども達がとても楽しそうに周りの子どもや大人達とお話しているのをみてｔｏｔｏの居心地の良さが伝わってきた」「毎回温かく迎え入れて下さり、就職の悩みなども聴いて下さったり、色々なことに挑戦する機会を与えて下さり、様々な経験ができた」「服部さんやペルーの人達がいつも優しく迎えてくれて、この場所にみんなが集まる訳がよくわかった」などの感想を寄せてくれた。

エム・トウ・エムの活動は、問題解決型ではなく、多様な地域住民が、地域で必要な活動や事業（仕事）を創造し、そのなかで多くの市民が生まれ、市民による新しい地域づくりへと発展している。このような活動の方法や実績がコロナ危機下でも発揮され、より困難な状況に陥った外国籍住民＝移民とともに誰もが利用できる「さるなかとんなｔｏｔｏ」で、誰もが「なんとかなるさ」という多文化共生の増進型地域福祉の実践が展開されつつある。

註

1　宮島喬（二〇二一）『多文化共生の社会への条件　日本とヨーロッパ、移民政策を問いなおす』東京大学出版会、ⅱ頁。
2　梶田孝道（一九九六）『国際社会学のパースペクティブ　越境する文化・回帰する文化』東京大学出版会、二三五頁。
3　本章で実施した調査は、日本地域福祉学会研究倫理規定に則り行った。調査協力者には調査の趣旨や個人情報の保護及び人権尊重に配慮すること等を文書と口頭で説明し、同意を得ている。
4　丹野清人（二〇〇五）「企業社会と外国人労働市場の共進化—移住労働者の包摂課程」梶田孝道他著『顔の見えない定住化　日系ブラジル人と国家・市場・移民ネットワーク』名古屋大学出版会、七一～七二頁。
5　丹野清人（二〇二一）「〝日系人どもは死なぬように生きぬように〟それが日系人労働者の置かれた状況」『Migrants Network　216号』移住者と連帯する全国ネットワーク。
6　朝倉美江（二〇一七）『多文化共生地域福祉への展望　多文化共生コミュニティと日系ブラジル人』高菅出版、一一九～一二〇頁。
7　宮島喬（二〇二一）、八～九頁。
8　MOMENT JOON（二〇二一）『日本移民日記』岩波書店、一一～一四頁。
9　MOMENT JOON（二〇二一）一二六～一二七頁。
10　梶田孝道（一九九六）二三五～二三六頁。
11　センプリーニ、アンドレア（一九九七＝二〇〇三）三浦信孝訳『多文化主義とは何か』白水社、一六八～一六九頁。
12　ハーバーマス、ユルゲン（一九九六＝二〇〇四）高野昌行訳『他者の受容　多文化社会の政治理論に関する研究』法政大学出版会、一七一～一七二頁。
13　青木保（二〇〇三）『多文化世界』岩波新書、二六頁。
14　キング、ラッセル他（二〇一〇＝二〇一一）竹沢尚一郎他訳『移住・移民の世界地図』丸善出版、一七頁。
15　二〇〇八年六月六日に衆参両院は「アイヌ民族を先住民族とすることを求める決議」を採択し、二〇一四年六月には「民族共生象徴空間」の設置が閣議決定され、二〇二〇年七月に開設した。しかし現実には未だアイヌの人たちの貧困や差別の問題は続いている。
16　日高六郎監修・神奈川人権センター編集（一九九六）「沖縄人の人権」『国際化時代の人権入門』明石書店、加山弾（二〇一四）『地域におけるソーシャル・エクスクルージョン　沖縄からの移住者コミュニティをめぐる地域福祉の課題』有斐閣、一一頁。

17　田中宏（一九九一）『在日外国人――法の壁、心の溝』岩波書店、七四頁。

18　芹澤健介（二〇一八）『コンビニ外国人』新潮新書、五頁。全国のコンビニで働く外国人はコンビニ大手三社だけで二〇一七年に四万人を超えた。

19　鈴木江理子（二〇一九）「移民／外国人受入れをめぐる自治体のジレンマ」『別冊環　開かれた移民社会へ』藤原書店。

20　徳田剛（二〇一九）「日本の地方部における多文化対応の現況」徳田他編著『地方発外国人住民との地域づくり　多文化共生の現場から』晃洋書房、一四頁。

21　丹野清人（二〇二一）「外国籍住民の受け入れと基礎自治体－自治体だからできることに立ち戻る」『住民と自治　二〇二一年六月号』自治体問題研究所。

22　神田すみれ（二〇二一）「愛知県菱野団地における外国人住民への食糧支援活動と地域連携」『地域福祉実践研究』日本地域福祉学会。

〈参考文献〉

朝倉美江（二〇一九）「貧困の広がりと新しいコミュニティ――多様性と生活を守る砦」文貞実編著『コミュニティ・ユニオン　社会をつくる労働運動』松籟社

小木曽洋司（二〇一三）「地域社会と生協の回路を求めて――「地域」と「生活」の分離と融合」小木曽洋司他編著『未来を拓く協同の社会システム』日本経済評論社

デランティ、ジェラード（二〇〇〇＝二〇〇四）佐藤康行訳『グローバル時代のシティズンシップ　新しい社会理論の地平』日本経済評論社

三浦知人（二〇二一）「一周遅れのトップランナー――『さくらもと共生のまちづくり』の40年」井出栄策編『壁を壊すケア「気にかけあう街」をつくる』岩波書店

おわりに

朝倉美江

本書は、「増進型地域福祉」とは何か、を理論と実践によって初めて形にしたものである。この新しい地域福祉の誕生の背景を少し紹介したい。手元に一九九三年に発行された『一人ひとり・みんなの花開くまちに』（一九九三年、神奈川県社会福祉協議会）という冊子がある。その表紙にはカラフルな街並みの上に色鮮やかな花が描かれている。この冊子は横浜市立大学（当時）の佐々木一郎先生が研究代表となって、コミュニティづくりの開発調査研究として取り組んだ成果である。

この研究は㈠少子化社会という人口構造の急激な変化のなかで、全世代を対象に住民のニーズ調査を行い、住民達と共に議論しながら進めた調査研究であり、㈡ベルリンの壁の崩壊や湾岸戦争など世界史的な変換の時期に国際化や世界各地との交流も視野に入れ、㈢バブル崩壊後慢性的な不況のなか、公的な住宅整備や労働環境の改善なども含め積極的な福祉主導型への転換を目指すことを提起していた。本研究の調査対象は横須賀市田浦地区と横浜市南区であり、政治学、社会学、建築学の研究者や横須賀基督教社会館、横浜愛泉ホーム（当時）、社会福祉協議会等の専門職、地元の自治会や学校、ボランティアの方々などと対話を積み重ねながら試行錯誤的に多様な調査研究と実践を積み重ねてきた。

この「一人ひとり・みんなの花開くまち」こそ「増進型地域福祉」を象徴する言葉だと思う。本書では、序章で増進型地域福祉の理論的枠組みを福祉とはそもそも幸福を目指すという目的概念であるとともに実体概念であることを示し、幸福をリアルに検討し、どのように実体化するのかが問われていることを論じている。そして第一章では増進型地域福祉の理念と推進方法を検討している。第二章ではその増進型地域福祉を労働と環境という視点から検討し、福祉文化を生み出すという可能性を論じている。そのうえで、第三章から第八章まで増進型地域福祉の萌芽といいうる実践を紹介している。

第三章の「認知症になっても輝けるまちづくり」では「RUN伴」、「ゆめ伴カフエ」、「ゆめ伴ファーム」と次々にワクワクするような新しい協同の活動が生まれ、「かどま折鶴一二万羽プロジェクト」ではドバイの国際博覧会への参加など地域の小さな活動の思いは世界にまでどんどん広がっている。第四章でも地域のニーズや当事者の声に向き合い、そこに徹底的にこだわることで、制度を活用しながら地域の誰にも必要なものを生み出し続けている。「施設でラーメン店」、「みんなのスーパーるぴなす」など豊かな想像の世界が次々現実のものとなり、誰もが輝く働き、集う協同の場が創設されている。

第五章では御池台という一つの校区で、毎月地域新聞が発行され、地域活動計画も策定し、㈠楽しむ(文化祭やふるさと祭りなど)㈡助け合う(自主防災、いきいきサロンなど)㈢育てる(見守り隊、冒険山あそびなど)㈣情報(「好きやねん御池台ニュース」、ブログなど)という盛り沢山の住民主体の活動がにぎやかに展開されている。第六章は、大阪府の富田林市が地域福祉計画策定のなか、増進型地域福祉を市の重点施策にも位置づけ、行政全般で推進しつつある。なかでも市職員と住民が共に地域の課題を共有しながら地域の理想の姿を目指した「地区担当職員」制度の創設、市長はじめ各部長職による「増進型地域福祉推進会議」の開催、さらに個別支援の現場で「増進型地域福祉アプローチシート」の活用など富田林市全体が増進型地域福祉推進組織になりつつある。

第七章では、長年の住民主体の社協実践を踏まえ、政策的に住民の役割が変化しており、地域共生社会では、住民が地域生活課題の解決主体として位置づけられていることを示している。そしてその実現には課題が大きいことからも期待される住民役割を果たすためには課題克服と並行し理想や幸福の追求を目指す取り組みが求められ、堺市社協では、子ども食堂とアートコーディネータとのコラボ実践などが始まりつつある。第八章では、ワーカーズ・コレクティブ運動の実践のなかで、協同という理念を組合員一人ひとりの参加による組織運営や協同の活動・事業として実体化している。雇用という働き方ではなく、自分たちが出資し、経営するという協同労働のなかでは、消費材の配送、介護、デザイン・編集、学習など多様な事業を生き生きと展開し、協同労働の輪が広がりつつある。

右記の実践を踏まえ、第九章から第一三章までは研究編となっている。地域包括ケアシステム（第九章）、居住福祉（第一〇章）、カナダのプレイス・ベースド・アプローチ（第一一章）、社会的連帯経済（第一二章）、多文化共生（第一三章）という共同研究者それぞれの多様な専門領域から増進型地域福祉との関連、展望等を論じている。この多様性こそ増進型地域福祉研究の可能性を示しているともいえる。

改めて現在は、㈠人口減少が進展し、「単身社会」、「多死社会」などとも称されている。㈡ロシアのウクライナ侵攻が行われ、核の脅威のなかで戦争が開始されてしまった。㈢より一層、暴走する資本主義によって格差・貧困が拡大し、気候危機も深刻化しつつあるなかで、地域社会のつながりは断たれ、差別や分断が深刻化しつつある。

そのようななかで生まれた「非正規の友よ、負けるな　ぼくはただ書類の整理ばかりしている」「箱詰めの社会の底で潰された蜜柑のごとき若者がいる」という萩原慎一郎という若い歌人の歌がある。若い世代の不安や葛藤、希望を求める姿を描き多くの共感を集めた。その若き歌人は「木琴のように会話が弾むとき『楽しいなあ』と素直に思う」「生きているからこそうたうのだとおもう　地球という大きな舞台の上で」と対話と歌の素晴らしさも歌っている。

不安や絶望と夢や希望いずれももちながら私達は生きている。だからこそ私たちは、人と人とのつながりと希望につながる地域福祉実践を創造し続けたい。二〇二二年二月二四日から始まった戦争のさなか、ウクライナの地下鉄のシェルターで始まったコンサートを聴いた避難民は「希望の光です」と語っていた。希望は、絶望のなかからこそ生まれてくるともいう。それは絶望から目を背けるということではない。絶望は見据えながらも一人ではない、協同の夢や希望を語ることで、協同の行動に移すことが可能になる。

私たちは、気候危機、コロナ危機、さらに戦争が繰り返される時代を共に生きている。そのような生活のなかで、絶望も希望へと転換しうる実践を増進型地域福祉実践として展開し、その理論、方法論を今後も研究し続けていきたいと考えている。

本書は、ＪＳＰＳ科研費ＪＰ１９Ｋ０２２１４の研究成果の一部である。

出版事情が厳しい昨今、本書の出版を快諾し、編集作業も丁寧にしてくださった同時代社代表の川上隆さんに深く感謝申し上げたい。

執筆者紹介

編著者

小野達也（おの・たつや）　桃山学院大学社会学部　はじめに・序章・第一章・第五章

小地域の福祉活動から自治体レベルまで増進型地域福祉の可能性を探索しています。主な著書に『対話的行為を基礎とした地域福祉の実践―「主体-主体」関係をきずく―』（単著、ミネルヴァ書房、二〇一四年）、『単身高齢者の見守りと医療をつなぐ地域包括ケア』（共編著、中央法規出版、二〇二〇年）

朝倉美江（あさくら・みえ）　金城学院大学人間科学部　第二章・第一三章・おわりに

多様な人々が、地域で生活と労働を協同することで幸せをつくる地域福祉を研究中です。主な著書に『多文化共生地域福祉への展望　多文化共生コミュニティと日系ブラジル人』（単著、高菅出版、二〇一七年）、『多文化福祉コミュニティ　外国人の人権をめぐる新たな地域福祉の課題』（共編著、誠信書房、二〇二〇年）

著者（執筆順）

森安美（もり・やすみ）　ゆめ伴（とも）プロジェクト・in門真実行委員会　第三章

認知症になっても輝けるまちをめざして、認知症の人が主役となり活躍できる活動を仲間と共に楽しく創出しています。ゆめ伴プロジェクト総合プロデューサー、介護支援専門員。「みんなでつなごう！笑顔の輪！」を合言葉に、認知症の人の笑顔から広がるまちづくりを大切にしています。

原田徹（はらだ・とおる）　社会福祉法人　ライフサポート協会　第四章
「一緒に考える」「一緒に楽しむ」をモットーに、生活が面白く思える地域づくりを実践しています。障がい者福祉事業を活用し、地域のスーパーの再生、農福連携でのジュースやジャム作り、ユニクロとの連携でのバッグなどを作っています。遊び心を大切に増進型福祉に参加中です。

戎谷悦子（えびすたに・えつこ）　御池台校区連合自治会・校区福祉委員会　第五章
地域会館を中心として自治会活動や福祉に関する活動をしています。災害が起きた時のコミュニティの必要性を感じ、誰もが御池台に愛着を持ち、住み続けられることを目指しています。

植田憲治（うえだ・けんじ）　大阪府富田林市役所　第六章
「一人ひとりの幸せと地域の理想を実現する　富田林」の実現に向け全身全霊で挑みます。子育て福祉部長兼福祉事務所長、大阪社会福祉士会相談センター成年後見支援班所属。

所正文（ところ・まさふみ）　社会福祉法人　堺市社会福祉協議会　第七章
平成一八年に地域福祉総合企画を担当し、平成二一年からの行政と合同の地域福祉（活動）計画を機に様々な事業の企画推進に携わっています。主な著書に「共生社会実現に向けた社会福祉協議会の戦略」上野谷加代子編著『共生社会創造におけるソーシャルワークの役割』（ミネルヴァ書房、二〇二〇年）

藤井恵里（ふじい・えり）　愛知ワーカーズ・コレクティブ連合会　第八章
ワーカーズ・コレクティブで協同の文化と実践を拡げ、誰もが豊かに住み暮らせる地域社会を目指します。生協配送のワーカーズ・コレクティブで働く傍ら、協同労働の制度化を全国の仲間と進め、当事者団体代表として二〇二二年一〇月一日施行の「労働者協同組合法」づくりに参加しました。

渡辺晴子（わたなべ・はるこ）　広島国際大学健康科学部　第九章

すべての人が自らの生活の主体として生きることを守り、支える地域福祉の方法・技術を模索しています。主な著書に『持続可能な地域福祉のデザイン―循環型地域社会の創造―』（共著、ミネルヴァ書房、二〇一六年）、『ソーシャルワーク演習［社会専門］』（共編著、中央法規出版、二〇二一年）

石川久仁子（いしかわ・くにこ）　大阪人間科学大学人間科学部　第一〇章

どのような環境にあろうとも本来人がもつ主体的で能動的な力を取り戻し地域の力とする実践を模索中です。主な著書に『「複合的不利地域」におけるコミュニティ実践に関する研究：京都・東九条を中心に』（関西学院大学大学院博士論文、二〇一三年）『地域福祉のエンパワメント』（共著、晃洋書房、二〇一七年）

岡野聡子（おかの・さとこ）　奈良学園大学人間教育学部　第一一章

地域に住むあらゆる人々が交流し、つながりを構築できる地域づくりの手法について研究をしています。主な著書に『子育て支援』（共編著、ミネルヴァ書房、二〇一八年）、『子どもの生活理解と環境づくり』（共編著、ふくろう出版、二〇一九年）

柴田学（しばた・まなぶ）　関西学院大学人間福祉学部　第一二章

人と人との支え合いによる経済活動を、地域福祉実践と捉えて研究しています。主な著書に『これからの社会的企業に求められるものは何か』（共編著、ミネルヴァ書房、二〇一五年）、『社会福祉法人はどこに向かうのか』（共著、大阪公立大学出版会、二〇二一年）

増進型地域福祉への展開
——幸福を生みだす福祉をつくる

2022年8月31日　　初版第1刷発行

編著者　　小野達也・朝倉美江
発行者　　川上　隆
発行所　　株式会社同時代社
〒101-0065　東京都千代田区西神田2-7-6
電話　03(3261)3149　FAX　03(3261)3237
組　版　　精文堂印刷株式会社
装　幀　　クリエイティブ・コンセプト
印　刷　　精文堂印刷株式会社

ISBN978-4-88683-930-5